回想の人類学

山口昌男

聞き手 川村伸秀

晶文社

編　集：川村伸秀
装　幀：大森裕二
写　真：石山貴美子
（口絵、九三頁、帯）

目次

＊本書中、特に断りのない絵は山口昌男画

◉ブル島、ワグラヒ村

第一章　二つの誕生日

――最初にお父さんのことからお伺いしたいんですが、親《ちかし》さんとおっしゃるんですよね。鳥取のご出身なんですね。

山口　鳥取県倉吉市大原というところなんだ。一回行ったんだよね。大きなふいご、最後のふいごのある島根県の吉田村で、以前に〝鉄のシンポジウム〟が行われたときに講演したことがあるんだ（一九八八年十一月に「鉄の文化人類学」を講演、この講演はのちに『山口昌男ラビリンス』に収録された）。講演が終わってホテルに泊まったんだけど、そこにあった電話帳を調べてみたら大原という地名に山口という名前が二十軒くらいずらっとあった。この辺だというのはまず確かなんだね。次の朝、そのなかの何とか右衛門という名前のついている一番古そうな家に電話してみたんだ。そうしたら奥さんが出て、どうぞと言うから行ったわけですよ。そこで話を聞いてみた。

僕の父親自身は四歳のときに母親に連れられて鳥取から出て行ったから、あまり記憶にないわけね。人に話を聞いただけで。ですけど、母親は四人の子どもを連れて北海道に行った。それで長男は、北海道の宇登呂《ウトロ》という斜里の近くの町に住んでいた。長女は、札幌の女学校を出たところで、札幌の医者と結婚したらしい。その倅で北大の吉田正夫という人物がいて、それが数学の対数表の吉田洋一と共に編者になった（吉田洋一・吉田正夫共編『数表』培風館、一九五八年一月）。それで数学者として吉田洋一と共に名前は知られているんだ。その後、吉田正夫は北大の理学部に残って、のちには室蘭工大の数学の教授になって行った。最後は室蘭工大の学長になっている。だけどそこの家は、僕の親父が北海道の片隅で、お菓子屋をやっていると馬鹿にしているところがあって、僕は一度も会った記憶がないんだな。

――すみません。いまおっしゃった長男とか長女というのはお父さんの子どもということですよね。

山口　いや、違うちがう。父親は死んでるわけよ。日清戦争で。その子どもが四人くらいいたんだ。

――そうすると山口さんのお父さんというのは、その四人の中の一人ということですね。

山口　最後だと思うんだ。

――山口さんのおじいさんは何をやってらっしゃったかたなんですか。

山口　知らないんだ。父親の家は中国山地の麓にあったんだな。山脈の高台の側に行くと、刀鍛冶として近世まで有名な系統がいたんだ。その辺は確かに由緒ある家柄だったけど、これが父親の家と繋がっているとは限らないからね。僕の見たところでは大原郷の上の方に中国山地の高台があって、その高台の下に水清きところがある。そこに山口姓が散らばっている。だからそれはみんな江戸時代まで姓のなかったのが、そこら辺一帯、山の入口にいたから山口になったんだろうと思うんだ。僕が『文化と両義性』のなかで『常陸国風土記』のなかの「山口に至り」ということに触れて「境」の両義性と言ったことは正しいんだよね*一。

水辺で百姓をやっている人間だから、水は豊富にあるわけだからね。僕の先祖は、刀鍛冶の下人だったと思うんだ。鍛冶屋のことは異人であるけれども神聖であることが前提とされる。鍛冶屋は神に近い姿の人間だからね。エリアーデの本（大室幹雄訳『エリアーデ著作集第五巻　鍛冶師と錬金術師』せりか書房、一九七三年十月）にも出てくるけれども。だから、その下人とみるのがいちばん正しいんじゃないかな。それで、ずっと来たんだと思うんだ。

大原の話は平安時代まで遡ることができる。大原の話を繋ぐと大ロマンができるんだ。阿倍比羅夫、坂上田村麻呂、そういう人の佩刀《はいとう》は大原製作のものだと言うし、藤原薬子《ふじわらのくすこ》の乱のときに薬子を倒したのは、大原の刀だと言うんだ。それから話はだんだん怪しくなってくるんだけど、酒呑童子を源頼光が倒したときに使ったのも大原の刀である……ということを向こうの図書館の雑誌で調べてくれた人がいてね。刀というものの持つ魔術性を計算に入れると、大変面白い、一大ロマンができる。ところが話ができすぎていると思うのは、歴史上、藤原薬子は毒薬を仰いで死んだことになってるからね、刀では殺されていないんだな（笑）。酒呑童子の話もさることながら、その一言でこの話はがたがたになる恐れがあるから、歴史としては使わない方がいいな。

――神話のレベルということで。

山口　要するに刀鍛冶の下人の系統だったということだけで満足しておいた方がよさそうだな。

――そうすると、まあその系統に繋がるおじいさんがいて日清戦争で出兵されたんですね。

山口　そう、日露戦争だと遅すぎるからね。それで戦死した。

――その下に四人の子どもがいて。

山口　その子どもたちを母親が連れて行って北海道に移住した。訪ねて行った家におばあちゃん

＊一　「この「荒ぶる神」という形で現わされた混沌は、論理上の対立というスタティックな位置づけから離れた文脈において、時間軸にそって表現される。こうした形態を示すのが同じ常陸国風土記の中における夜刀《やと》の神の記述であった。

「古老の曰へらく、石村の玉穂の宮に大八洲知らしめしし天皇の世、人あり箭括氏《やはずうち》麻多智《またち》といふ。郡より西の谷の葦原を点《み》墾開《ひらき》て新に田を治《は》りき。此の時、夜刀の神、相群れ引き率て悉尽《ことごと》に到来《いた》り、左に右に防障げて、耕佃《たつく》ることなからしめき。（中略）ここに麻多智、大きに怒の情を発し、甲鎧を著被けて、自身仗を執り、打ち殺し駈せ逐ひき。すなはち山口に至り、杭を標てて堺の堀を置き、夜刀の神に告げて曰ひしく『此より上は、神の地たることを聴《ゆる》さむ、此より下は人の田と作すべし、今より後、吾、神の祝と為りて、永代に敬ひ祭らむ。冀《ねが》はくは祟ることなく恨むことなかれ』といひて、社を設けて、初めて祭りきといへり。」

この説話は麻多智を素戔嗚尊と夜刀の神を八岐の大蛇と入れ換えればそのまま、八岐の大蛇退治説話に転化する形態を備えている。（中略）この際、麻多智は混沌と秩序の境界を明確に劃する役割を演じている。つまり、彼は「杭を標てて堺の堀を置」いている。」『文化と両義性』〔三～四頁〕

が一人いて、聞いてみると、幕末・明治時代に分家のひとつが移住したという話を聞いていると言っていた。そのうちの一人がいまから四、五十年前に、墓参りに来たと言うんだね。分骨して北海道にお墓を作ったんじゃないかな。移住するときにそういう問題があるでしょ。

――そうすると四人のうちの長男が宇登呂にいらっしゃって、長女が札幌の女学校を出て結婚されたと。末っ子がお父さんだとすると、もう一人いらっしゃるわけですよね。

山口 それは判らなくって、どこか稚内の付近にいたらしいんだけど、この人物については全然語られたことがないんだ。だから、話は三人としておいた方がいいかもしれないな（笑）。

――じゃ、まあ三、四人くらいということで（笑）。

山口 三、四人というのも、あまりにアバウトだな（笑）。

――お父さんも北海道に行かれたんですよね。

山口 うん、北海道に行った。小学校を出て、親は坊主にするつもりでお寺にやったんだけど、すぐに逃げ出してね。そのあと小学校の給仕として小学校で働かされた。それも厭でしょうがなくてね。父親の話だと、そのときに、中学講義録というのを確かに読んだと言うんだ。その点では若いとき勉強を始めたということなんだけど、それも途中で止めちゃった。それで十九歳くらいのときに斜里岳の麓、知床半島の宇登呂に行った。自分の兄貴が、音田という家に養子に入ったから、そこに行ったんだな。僕はその地点に行ったことがあるんだけど、その家というのはまだ残っていた。そこで伐採の作業をやっていたらしい。その音田の倅というのが網走の付近にいてお菓子屋をやっていた。歳は自分と同じくらいで、その自分の従兄弟みたいな人物のところに弟子入りしてね、そのあと美幌に行ってお菓子屋を開いたんだな。

――それは店舗を持ったということなんですか。

山口　小さい店を持った。だけど、技術からいってそんな複雑なことをやっていないんだよね。アメを作る程度のものだからね。

――山口さんのおかあさん、みわさんの方は？

山口　母親の系統も移住したんだ。北海道の南は……何々藩、何々藩で固まっていたんだけど、そういう藩の固まりではなくて、僕の母親は漁師の系統だからさ。佐渡島の漁師の一団が、やって来たわけだな。漁師は、だいたい新谷《しんや》という漁場の親方が中心になったわけだ。母親はサロマ湖のほとりでその新谷系統の漁師の娘として生まれたんだ。

その指導者になったのが、中川国造商店という金物屋なんだな。本店はいまでも佐渡にあるそうだけど、それが網走へ来て、鉄筋三階建てのお店を開いた。僕が小さいときは、世の中にはこんなに高い建物があるんだと感心して見ていたんだ。中学校に入ったら、新谷も中川国造の次男も三男も僕の同級生にいたわけね。僕はそういうことは知らないで、連中とつき合っていたけどね。

で、父親はアメを売っている。それを、当時の言葉で言うと「チッキ」ね。「チェック」のことでしょうね。荷物にして送るわけだ。駅に荷物を止めて置いて自分が行ったら、駅の近くに預けておいたリヤカーに載せて、十数件回る。それで昼飯はいつも中川商店の横の玄関に座って食べてたんだ。どういう関係だろうと僕は思っていたわけね。あとで聞くと、母親は網走にある中村という家に嫁に行った。中村の家は、倅の嫁として僕の母親をもらったんだけど、その倅は死んじゃった。それで母親を中川の家に頼んで、僕の母親はそこで女中をやっていたらしい。それで父親と再婚したんだ。

母親は前の亭主との間に子どもが一人いた。これが僕より遥かに秀才だったかもしれない人物でね、中村康助《こうすけ》という名前だった。その中村康助というのは、網走の中学校に行って、常に試験ではトップの秀才だったと言う。おじいさん、おばあさんが育てていたから、網走中学校を卒業しても高等学校や大学に入れるお金はない。それで拓銀（北海道拓殖銀行）に就職した。

―― 中村家の亡くなった旦那さんのご両親が面倒を見ていたわけですよね。

山口 中学のときから油絵を描き始めていたんだ。

―― いま山口さんはその絵をお持ちなんですか。

山口 いや、僕は持っていないけど、中村の家に行ったら置いてある。絵はリアリスティックな描写できわめて上手いんだ。居串佳一《いぐしかいち》（網走出身の画家）が目標だったらしいが、いまの時代だったら、そのまま美術学校へでも入ったら、相当なところまで行ったと思うんだよね。田舎っていうのは、チャンスを子どもたちは奪われていく感じがあるからね。特に戦争が終わってからはそうだね。

結局、最後はしらみを通じて媒介する発疹チフスにやれらて一晩で死んじゃったのね。うなされながら言った最後の言葉は、「僕の脳味噌は姉の享子《きょうこ》の机の上に置いてきたから取りに行ってくる」と言って死んだ。姉は気持ち悪がっていたけど、僕は「それいいじゃない」って言ったんだけどね。強烈なうわごとだった。

――ずいぶんシュールな話ですね。

山口さんは中村康助さんといつ頃に出会ったんですか。

山口　小さいときから知ってるんだ。よく僕のところに遊びに来たし、網走に行ったら、そこの家に遊びに行った。中村の家にはアグリッパの胸像があってね、僕が小学校五年のときから、遊びに行くとイーゼルの前に座らせて、そのアグリッパ像のデッサンをやらされたんだよ。だから、小学校においてすでにそういう教育のつまらなさを知っちゃったわけなんだ。

――つまらなかったんですか。

山口　つまんなかった。それでますます漫画的なタッチの方に進んで行ったわけだ。そうしたら、「お前漫画がそんなに好きならこういうのでやるといいよ」って、算数の手帳を、六つに割ってあるやつね。それに漫画を描いてくれたんだ、探偵漫画を。僕はそれを踏襲してね。だから、そういう方面の可能性はその頃に全部埋め込まれてるんだな。

それから、問題は、どうして本好きになったのかということね。そのひとつは小学校三年って覚えてるんだけどね、その頃の記憶は鮮明だから、町の呉服屋で、店のはじに本を置いていた呉服屋があったんだ。そこに雑誌の『譚海』が置いてあって、漫画と両方面白そうに見えたわけだ。その『譚海』の最後のやつが小遣いがなくて買えないでいるときに売り切れたんだな。つまりそういうことに対する恨みもあるわけだ。

もうひとつは、自分たちの入った小学校では図書室があって、ガラスを通してどんな本があるか見えるんだよ。小学生全集とか子供文庫とかね。そういうのがあるわけよ。でも戦争中で封鎖され、鍵がかかって絶対見れないようになっていた。それの恨みもあるわけだ。

それればかりじゃなくて、中村康助というのがまたもの凄い読書家だったのね。部屋いっぱいに本を持っていた。僕はいつもそこへ行くと、入っては本を見ていたんだ。そうしたら、その老夫婦は、なんかこう夢中になって本を読んでいる僕を見て自分の死んだ孫を思い出すというんで、全然本なんか関係のないところに、黙ってただ同然であげちゃった。そういう恨みもまた重なるのね。もの凄く重なる。だから、僕は本にハングリーなただならぬ子ども時代を過ごしてるわけね。

小学校で本を買ってもらったというのは、少年童謡集、講談社の絵本の二冊くらいだけだったからね。近くに筒井という名前の造り酒屋があって、そこの家に小学校の同級生がいた。そこへいつも遊びに行くんだけど、その子は絵本ばかり読んで自分と遊んでくれないと家の方に文句を言うわけよ。

―― その家には本がたくさんあるわけですね。

山口　講談社の絵本が全部あった。当時は貧富の差が激しいからね。それで、遊びに行っては全部読んで覚えちゃった。

――まるで『和漢三才図会』を知り合いの家に行っては写していた南方熊楠のようですね。でも、写しまではしなかったんでしょ。

山口　写しはしなかったけど、僕は自分で本を作ったからね。親父は、僕がもの心ついたときに、こいつは本が好きだということが判ったんだけど、買う金がない。兄弟姉妹がたくさんいるからね。それで、雑記帳、藁半紙に近いような帳面を僕に与えたんだ。すると僕はいつまでも、絵を描くことに夢中になっていた。たちまち使い果たすと、また買って与える。だから十冊くらい作ってると思うんだよね。そういうのが残っていると天才であることの証明になるんだけど、残ってないんでね（笑）。すぐ捨てられたんだよ、僕の家ではね。

　岡崎に子ども美術館（おかざき世界子ども美術博物館）があってさ、十年くらい前に、そこから「ピカソをはじめ天才の子どものときの作品を集めているんで、先生もありませんか」と言ってきたことがあるんだ。「いや、僕は天才の要素もないし、子どものとき、むちゃくちゃ絵は描いたけれど、捨てられちゃってるから、全然残ってない」って言った。誰かが、描くことは人類学よりもキャリアとしてはそっちの方がナンバーワンじゃないかと言ってたけどね。

――それは鉛筆で描いていたんですか。

山口　鉛筆とかクレヨンとかいろいろだね。

――色も塗っていたんですか。

山口　その頃は塗っていた。

――どんなものを描いていたか覚えていらっしゃいますか。

山口　飛行機とか軍艦とかだね。

――それは漫画のように続きものだったんですか。

山口　そのときは漫画じゃないな。漫画は小学校のときね。たとえば、のらくろとか冒険ダン吉とか、そういうのを描いていたことは確かだけどもね。

――そういう漫画はどうやってご覧になってたんですか。『少年倶楽部』とか。

山口　『少年倶楽部』だけは小学校から買ってもらってたわけね。その『少年倶楽部』はだいだい僕が小学校の頃だから一九三七（昭和十二）年頃で、のらくろは退役して満州に行っているような頃で、盛りではないんだよね。

――そうですね。『のらくろ』も、後半はつまらなくなっちゃいますからね。

スポーツはどうだったんですか。

山口　小学校のときには、運動は通り一遍だね。得意ではないし、好きでも嫌いでもなかった。

◉『花王名人劇場』に連載した「笑いの博物誌」第14回で『のらくろ』の作者・田河水泡氏と対談したときの写真（1982年）

――でも相撲はやってらしたんじゃないですか。

山口　そうそう相撲だけだったんだ。相撲は技を知っていたからね。いちばん力の強い奴を技で投げてた。だから小学校の対校試合の選手になったことがあるんだ。だけど対校試合は最初で負けちゃった。結局自分のクラスの人間を僕に負けるように仕込んでいた傾向があってね。

――えっ、何なんですか、それは？

山口　要するに、僕に向かって突っ込んで来るようにこちらで暗示にかけてさ。突っ込んで来たらはたき込みにかけてたんだ。そうすると対校試合だと突きだけで来る奴とかさ。組んでも身体そのものが硬いのがいて、そういう奴には技が通用しないんだ。立たれるとだめなんだな。突っ込んで足許が弱いのは、背が大きくても何にしてもね、来れば、上手下手投げとか何でもやれたんだけどね。

――その頃は太っていたんですか。

山口　いや、別にそういうのじゃないね。

――当時は相撲というのは流行っていたんですか。

山口　双葉山全盛の頃でね。いつもラジオを聴きながら、隣にいた一年上ののりちゃんていう子どもと二人で取っ組み合いをしながら技を合わせていたわけね。だから技はよく知っていた。

――ラジオだけでよく判りましたね。

山口　まれにね、ベースボール・マガジン社の『野球界』とかが手に入ってさ。当時は、映画の前に相撲ニュースがあったりとか、ニュースソースがいろいろあったんだ。

―― ということは映画もご覧になってたんですか。

山口 うん『桃太郎の海鷲』（瀬尾光世監督）とかそういうのは見ているんだ。

―― アニメーションですね。『桃太郎 海の神兵』（同監督）というのもありましたね。

山口 アニメーションでは『西遊記』（万籟鳴・古蟾兄弟作画監督）という中国映画も見たね。アニメーションは学校でいろいろ見ていた。おとなもので一番記憶に残っているのは長塚節の『土』（内田吐夢監督）だな。主演は小杉勇だったかな。それとか高峰秀子の『馬』（山本嘉次郎監督、黒澤明が助監督を務めた）とかはよく覚えている。『ハワイ・マレー海戦』（山本嘉次郎監督、特撮を円谷英二が担当した）ね。そういうのを見ているわけだ。そのときは、マレー海戦に爆撃に行った飛行機の九六式陸攻というやつが、僕の町の海軍航空基地にあったんだ。僕の町は一方ではアイヌ、一方では海軍航空基地という異境を持っていたんだね。

―― 町に映画館はあったんですか。

山口 うん、二軒あった。美幌座というのと美幌劇場というのと。それから、岩田豊雄（＝獅子文六）原作の『海軍』（田坂具隆監督）というのも見たことがあるね。映画はかなり見た記憶がある。レニ・リーフェンシュタール監督の『美の祭典』も見た記憶があるしね。もちろん、リーフェンシュタールとは知らずにね。

さっきの異境という話に戻ると、もうひとつアイヌ文化との出会いがあるんだ。僕の小さいときには、アイヌは町には住んでいなくて南の方の谷あいにいた。もともとアイヌは美幌川という川のほとりに住んでたわけだ。美幌という名前もアイヌ語では「ピポロ」と言って、「水の多いところ」という意味なんだ。そういうふうにアイヌはだいたい自分たちの住んだところの川の名前を地名にしている。北海道はみんなそうなんだ。豊平川にしてもね。アイヌはどちらかというと釣り、漁労の生活だからどんどん移動して住んでいた。それが倭人に追っぱらわれていったわけね。

町にアイヌのおばあちゃんが白樺の皮を売りに来るんだよ。というのは白樺の皮は火がつけやすいから、風呂を炊くときにつけると長持ちするんだ。油分が多いからね。あれはガンビって言うんだね。「ガンビの皮いらんかい」って売りに来るんだ。それで顔にこう入れ墨しているでしょ。アイヌの服を着て入れ墨してるから異人なんだよね。異人という言葉は知らなかったけれども、ジプシーと同じで、「言うこと聞かないとアイヌに売っちゃうよ」って言われたりね。のちにして知ると、差別のインターナショナルな体験だったということだね。

――日常の中に常にそういう異境があったんですね。

山口　そう。小学校一年に入ったときに、隣に座った子どもがアイヌの女の子で、その子は倭人の学校へ来るのが厭だって言って、毎日泣いていたけど、最後には来なくなっちゃったね。

――少し話を戻していいですか。山口さんが生まれたのは一九三一（昭和六）年八月二十日ということになっていますけども、以前に確か二十日じゃないんじゃないかとおっしゃっていたと思うんですが。

山口　子どものとき、小学校に入ってからでも八月十八日として覚えさせられてたんだよね。後で、母親が言うには、町役場の記録には二十日と載っているから届け出は二十日だけど、生まれたのは十八日のはずだと。ただその母親はもう死んでるからさ、証人はいないんだけどね。

——たぶん十八日に生まれて、二十日に届け出を出したという可能性が高いということですね。

山口　そうだね。兄一人、姉一人いて、次の姉で、僕は四人目で次男なのね。だけどそういう事実は、僕は全然知らなくて、大学を受けるときに戸籍謄本を取りに行って初めて知ってね。何か知らないけど、姉に「母親は違うんだな」って言ったら、「そんなこと知らなかったの」って、二つ上の姉は、「四歳のときから知ってたよ」って。

——えっ、母親が違うっていうのはどういうことですか？

山口　いやいや、だから、父親の二度目の妻ということだね。

——えっ、ということは、山口さんは親さんとみわさんの子どもではないんですか。

山口　いや、子どもなんだよ。みわさんは二度目なんだ。親さんの最初の奥さんがいて、その人は早く死んだんだよ。

——その話はさっき出て来てませんけれども、親さんはみわさんと結婚する前に奥さんがいらっしゃったということですね。その人はどういうかただったんですか。何とおっしゃるかたなんですか。

山口　名前は知らない。十九歳くらいまで僕もその事実は知らなかったんだからね。

――そうすると、そのかたとのお子さんはどなたになるんですか。

山口　長女（俊子）と長男（洋）。

――そうすると、みわさんとの間の子どもは？

山口　享子（次女）からだな。

――そうなんですか。以前に『山口昌男山脈――古稀記念文集』の年譜を作ったときに八人兄弟とお聞きしましたけれども、実はもう一人いらっしゃったんですよね。

山口　それは、家内に聞いた方がいいな。

山口夫人　幸子（四女）さんと忠《ただし》（三男）さんの間に芳子（五女）さんがいたの。

――これで九人兄弟姉妹（俊子、洋、享子、昌男、悦子、幸子、芳子、忠、和子）ということですね。

山口　九人なのか。勘定する度に違うけどな（笑）。

――中村康助さんを入れれば十人になりますけどね。

山口　いや、父親が違うからそういうわけにはいかないからな。

――兄弟と遊んだりはしなかったですか。

山口　弟（忠）とは、あるときちょっと離れたところにリアカーで行く用事があってその帰り道に、禅宗のお寺があったのです。その辺まで来て、「忠、ちょっとこれ持ってて」って言って、忠にリアカーを持たせて、僕だけ一人でさーっと走って帰ってしまったんだ。そうすると忠くんは、泣きながらリアカーを引っ張ってついてきた。それでおびえちゃって、ごはんのごちそうがあるときに、「忠!」ってこう睨むと、そーっと半分差し出すとか、結構、搾取していた（笑）。

――姉妹とはあんまり遊ばなかったんですか。

山口　遊んだ記憶は、あんまりないな。隣りの家と仲がよかったからね。隣りは葬儀屋でね。葬儀屋は不吉なもんだとは思わなかった。楽しいもんだと思ってた。馬車を持っていたからね。

――葬儀のないときは馬車で遊んでいたんですか。

山口　いや、そういうことはしなかったんだけど、葬儀屋は冠婚葬祭だったからね。祭りのときには、竹ひごのひらべったいものに花びら状にしたものを作って貼るわけだ、そういうのを手伝って今度は一軒一軒歩いてそれを売って回る仕事を手伝って小遣いを貰っていた。

――それがアルバイトのはじめだったんですね。

山口　そうなんだ。それから、集めるということでは、お盆のときにろうそくを集めていた。各家を回って、ろうそくをくれなきゃなんとかかんとかって脅すというね。そういう日に脅すのを許されるのは、メキシコやなんかでもね、死者の日にマスクをかぶってやるんだね。

――ハロウィンなんかもそうみたいですね。あれはキャンディーを貰うらしいですけど。

前に書かれていましたけれども、幼いときには、家に閉じこもって浪曲を聴いていたとか[*一]。

山口　僕の家を中心にすると向かって左手の方に前田金物店があって、そこの子どもがボス、ガキ大将だったんだな。彼はいま町の有力者になっているけどね。その仲間に入らなければいじめられるわけだ。僕はなかでいちばん弱かった。出ると泣かされるからさ、昼間は家から出なくて、夕方になると外に出ていくというね。それで昼間はレコードを聴いていたんだ。レコードといってもおとなのしかなかったからね。

――レコードはお父さんがお好きだったんですか。

山口　親父さんのところへね、その当時、レコードは時計屋さんがレコード箱に入れて自転車で運んできて、聴かすわけね。「どうですか」ってね。それで「これとこれを気に入った」って買うんだな。浪曲とか歌舞伎の何て言ったかな、母と子の別れとかね。タイプとしては湯浅譲二なんかと全然違うんだ。湯浅譲二はお父さんがベルリンに留学して買ってきたヒンデミットなんかを聴きながら育ったというからね。

――この辺で人類学とも関係の深い網走市郷土博物館についてお伺いしたいんですけど、山口さんがまだ幼いときに行くんですよね。『挫折」の昭和史』で、お菓子屋さんの小僧さんに連れられてとお書きになっていますけれども。

山口　あそこは白亜に赤い屋根の建物自体が、全く初めて接したモダニズムの建物だったんだな。

＊一　「泣き虫少年の想い出」（『笑いと逸脱』所収）のなかで山口さんは「入学以前は、外へ出ると泣かされて帰って来ていた。泣かせる方の腕白小憎は、現在、札幌で歯科医院を経営している前田さん。よきにつけ、悪しきにつけ和ちゃんにはお世話になったものだ。だから、殆んど外へ出ないで家に閉じこもって、家にある流行歌や浪曲のレコードを繰り返し聴いていた。」〔二七六頁〕と書いている。

皇太子生誕記念として一九三四（昭和九）年に建設が決まって、建ったのは一九三六（昭和十一）年だと思うんだよね。網走市のはずれにあって坂になっていて建物はすぐには見えない。近道だという急な坂を登って行ったら、突然現れたんだな。当時はその坂をもの凄く苦労して登って行ったような気がしたんだけど、のちに同じところに行って登ってみたら三歩か四歩で上がって行けるようなところだった。

――子どもの頃の記憶ってよくそういうのがありますよね。

山口　そういうふうに苦労して上がって行った先にぱっと現れたのが、昭和モダニズムの建物だった。これは驚きだった。そのなかの収蔵品はもちろんアイヌのヒゲベラとかの木工品や刺繍した服とかでね。そういうふうな異なった世界、異世界のものに魅了されたという意味では、人類学をやる充分な根拠になった。

　高校二年か三年のときにね、のちに明治大学に入って考古学をやって、いまはどこかの記念館の館長をやっている中村くんという同級生がいてね。彼と二人で米村喜男衛《よねむらきおえ》館長の郷土館のなかの邸宅に下宿させてもらったことがあるんだ。だから郷土館のなかは充分に見ることができた。

　アイヌとか考古学的なものに対してはね、中学二、三年の頃はモヨロ貝塚の発掘が行われたんだよ。児玉作左衛門、名取武光、河野広道とかの大学者の間に混じって、僕も掘るのを手伝ったんだ。そのときのことは「日本ニュース」で僕の後ろ姿だけ映っているんだ。「あれは俺だ」って言ったんだけど、他の人間はだれも信用しなかった（笑）。

――その頃から充分にそういうことに関心があったんですね。

山口　インターナショナルな経験という意味では、僕はなんでも早いんです。あるいは早すぎる。母親の弟が、女満別《めまんべつ》の村で魚屋をやっていてね。国際観測年にその女満別に観測基地が設けられたんだ。観測基地のために飛行場も設営されて、小型の飛行機がどんどんやってきた。

テントのキャンプはいたるところにあって、僕はその間を遊んで歩いていたという。だから、小さいときから、国際的な経験を積んでいた[*一]。

＊一　これは山口さんの記憶違いと思われる。一九三五年、女満別に流氷観測のための飛行場が設けられたが、おそらく山口さんの記憶にあるのは、その翌年の日食観測のことであろう。女満別町史編纂委員会編『女満別小史――町開基百年記念』（女満別、一九九二年二月）に次のようにある。

「一九三六（昭一一）年は、北海道北部で世紀の大日食が観測された年である。六月九日の皆既日食をめざして、日本から世界から学者たちが北海道へ集まった。女満別にも田中館愛橘博士、関口鯉吉博士、早乙女清房博士、今道周一博士、アメリカのジョンソン博士など、当時一流の天文学者たちが滞在した。観測陣がそれぞれ観測拠点をつくったのは、市街地、日進、大成である。六月十九日当日は快晴にめぐまれ、観測は大成功をおさめた。また、この観測を取材するために、朝日、読売、大阪毎日、東京日日、北海道タイムス（現北海道新聞）など各新聞社や映画の報道陣が女満別の飛行場に降り立ち、村はときならぬにぎわいを見せることになった。」〔一九二頁〕

第二章　郷土博物館に住む

――以前に山口さんは、小学校のときに、クラスの選挙に級長に選ばれたけれども、別の生徒に譲らされたということをお書きになっていましたよね（『学校という舞台――いじめ・挫折からの脱出』）。

山口　僕は女々しい奴だからいまでもそういうことを覚えている（笑）。それは小学校三年のときに、代用教員の中村という先生が担任で、級長を選挙で選んだんだ。そうしたら僕に入っちゃった。僕は先生に呼ばれて「次点に入った級友のお父さんは農林学校の先生であるから、その息子さんに級長は譲れ」と言われて譲らされた。我が輩はオイオイ泣いて、家に帰らなかったという話なんだな。

――級長に選ばれたということは、その頃から人望があったということですか。

山口　いや僕はいつの時代にも人望はあるんだよ（笑）。人望の陰に隠れて悪いことをしているんだ（笑）。

――小学校に入る前はいじめられていたけれども、小学校に入るとみんなのなかでは人気者だったわけですね。

山口　そうそう。強いという幻想を持たれたからね、休み時間になると相撲を取っていた。実力以上の力を出してさ、なんかこう必要以上の影響力を及ぼすという点では、いまと変わりない。それは天性のものだったんだな（笑）。

――山口さんは、一九三八（昭和十三）年に美幌尋常小学校に入学されるわけですが、その頃はそろそろ戦争の影も色濃くなってくると思うんです。当時は、いわゆる軍国少年ではなかったんですか。

山口　形式的には軍国少年さ。その頃描く漫画は東条英機でいっぱいだったからね。

――石原莞爾は描いてなかったんですね（笑）。

山口　ルーズベルトとかチャーチルの顔とかね。

でも、僕は戦争で負ける以前からエキゾチックな雰囲気には触れていたんだ。いま美幌高校のある山の上のと

◉『スコラ』（第４巻第６号、1985 年３月）掲載の「革命に遣う武器は、私の場合、漫画を描く技術です。」挿絵

ころに基地ができたわけね。海軍の航空隊だから、海軍の水兵とか下士官とかの官舎ができてね。そのなかに僕の友達なんかが住んでいるからよく遊びに行ったんだ。海軍の兵隊っていうのは、酒保でもなんでもエキゾチックなところがあるからね。そこで水兵さんに可愛がられて、酒保でものを買ってもらったり、それからあんまり手に入らないチョコレートを買ってもらったりしたんだ。風呂に入ろうって大きな風呂に一緒に入ったりしたこともある。

――その頃チョコレートなんてあったんですか。

山口　そういうところに行けば、明治チョコレートなんてのもあるんだよ。ドロップとかは、新高ドロップね。でも、戦前からそれは知っているんだ。僕の家は特にお菓子屋だったからね。

――その頃はどんな遊びをしていたんですか。

山口　空いた家の庭なんかに出入りして、戦争ごっこをやったりしたな。僕は隊長になったことはないけどね。僕の家の近くでは前田雑貨店が一番大きい倉庫を持っていた。そこのなかに筵をたばねたずっと高いやつがあって、そこでターザンごっこをやるんだ。潜水艦ごっことかね。そういう何々ごっことかを密閉空間でやるのが面白いんだな。

――当時、ターザンは子どもたちの間で知られていたんですか。

山口　映画で見ていたからね。

――その頃は国策映画ばかりで、外国映画なんてあまりなかったんじゃないですか。

山口　そんなことはない。そういうのはいくらでもやっていたよ。

――戦争の頃は援農に行かれてたんですよね。その農家で『家の光』とか『キング』を読まれたと書かれていますね（『学校という舞台』）。

山口　援農先で行った家の枕元にずうっと『家の光』が積み上げてあったからね。

――援農は、泊まり込みで行くんですか。

山口　そう。三カ月くらい。特に小清水というところへね。ランプの光で本を読んでいたら、「ランプの油を使ってしょうがないからやめろよ」なんて言われた。それでも読んでいて、そのために近眼になったわけですね。そのときからすでにパフォーマンス意識があったから、その前に見た岩田豊雄原作の映画『海軍』のなかに、モノが二つに見えて海軍に行けなくて泣くという話があるんだ。自分もそれと同じような立場なんだとセンチメンタルになった（笑）。

――敗戦はどちらで迎えたんですか。

山口　中学校二年のときに戦争に負けたんだ。負けたときは小清水で、牛に食わせる草を刈りに行っていた。刈った草を載せた荷物の上に友達と座って、「負けたんだってよ」ということを聞いた。

――そうすると、直接玉音放送を聞かれたわけではないんですね。

山口　直接は聞いていない。聞いたときも、「あっ、そぉ」って。ショックはなかった。松井くんという友達が、「負けたらアメリカ軍が入って来て男はみんな去勢されて、女は全部娼婦にされるんだよ」って言うから、「それは怖いね」って言ったのだけは覚えている。

――図書部員になられたのは、戦争に負けて図書館が解禁になってからですよね。

山口　図書室には、戦争前からの英文学の本が多かったからね。その頃は英文学の本をずいぶん読んでいた。図書部員だったから、いつでも読めたんだ。そこで、図書館が取っていた書評紙に『日本読書新聞』があって、そこに毎週必ず清水崑が、人物評を漫画とともに書いていたんだ。僕はそれを二百五十枚くらい全部写し取ったんだな。だから、僕の筆のタッチは、清水崑なんだよ。

――ということは、当時からいろんな書評をずいぶんとご覧になっていたんですね。

山口　書評は、そういう書評紙で早い頃から読んでいてね。大学に入る前、一年間浪人をやっていた頃に、『日本読書新聞』とか『週刊読書人』とかの書評新聞から書評を切り抜いて持っていた。どこか探せばその頃のもの凄く分厚い切り抜きが一冊いまでもあるよ。

――その頃は、『読書人』ももうあったんですか。

山口　初めからはなかったけど途中からね。『図書新聞』のほうが早かったかな。

――もうそのときは、三紙は自分で買ってたんですね。

山口　毎週、週末に駅の新聞売り場で書評新聞は必ず売っていたからね。

――そうなんですか。書評紙も駅で売っていた時代があったんですか。

山口　それだけ書評新聞が凋落したということなんだ。

――いまや『日本読書新聞』はなくなっちゃいましたしね。でも、当時は書評紙というのが、それくらい一般的だったんですね。
話を少し戻しますと、音楽評論家の藁科雅美さんとお会いになったのは、まだ戦争中の頃ですか。

山口　そう、藁科氏は美幌の町に疎開して来たわけね。藁科氏は『ディスク』というレコード雑誌の編集長か何かをやっていたんだ。そういう人が来たから遊びに行くわけだよね。そのうち、日本は負けたと。

僕は駐留軍の雑役夫として駐留軍のところにも行っていた。そこに行くとＧＩエディションの小説なんかがいくらでもあった。その落ちている奴を拾って弁当箱に入れて持って帰る。『リーダーズ・ダイジェスト』をたばこの紙に使ったのと同じで、そういうのは貴重がられたんだ。それを持って藁科氏のところへ行って、読むのを手伝ってもらったりした。そのなかに、ルービンシュタインが自分の演奏先にピアノを飛行機で運ばせていったという話が出てくると、藁科氏は、「ルービンシュタインはこれこれこういうのを弾くのが得意だったんだよ」とかそういうふうにして手ほどきを受けたんだ。

藁科氏はモーツァルトを中心とした音楽批評だったから、モーツァルトのレコードなら全部持っていて、それをかけながら、英語の勉強が終わると、「これはどういうふうな曲で……」というようなお話を、のちに彼はＮＨＫで音楽番組の解説をやるようになるんだけど、それを個人的にやってくれたわけね。そういう意味では、一番周縁でありながら、一番中心にいたというようなところもあるんだよね。本当に周縁だけだと思ったら、〝中心と周縁〟というようなことは、言わないと思うんだよね。

――じゃあ、その頃からモーツァルト好きになられたわけですね。

山口　その頃、学校ではいまよりも音楽家の演奏会とかお芝居とかをたくさんやっていたんだ。中学三年から四年にかけてね。平岡養一の木琴演奏なんかをやるわけです。それを学校で聴いて非常に気に入って、ハイドンの「メヌエット」を聴きに行ったりする。昼、学校で聴いて気に入って、夜どっかで演奏会をやっているのを聴いて、それで覚えちゃって口ずさんでいたわけだ。

その当時一番面白かったのは、誰が演じたか狂言をやったことがあった。山本東次郎さんに聞いてみたら、東次郎家ではその当時は地方回りをしていないと言うんだよね。「そういうことを北海道まで行ってやったのは野村家じゃないですか」と言うんだけどね。

――野村家というと、当時は万蔵ですか。

山口　そう、万蔵親分だろうね。『末広がり』を見て、これは非常に面白いもんだと思ったのが、それから狂言に対して五十年関心を持ち続ける始まりなんだよね。それからシェイクスピアについては『真夏の夜の夢』を前進座が持ってきたんだ。それは学校でやったんだよ。

――山口さんの演劇に対する関心は、もっぱら見るほうだった？

山口　どちらかというと見る演劇だね。演ずる方は、小学校のときからどうも悪いんだよ。

――学芸会のようなところで演じられたことがあったんですか。

山口　小学校の学芸会でね、出されるんだけど、練習のときにどうしても、手を足と反対に振ることができなくて、歩き方がナンバになっちゃうんだ。のちにナンバの起源というものを知ってからは、あのときは意味があったんだと。もともと日本人は歩くのに、手を振る必要がなかった。それは全く近代の教練でそういうふうにしていったわけだね。

――武智鉄二によれば、明治の兵式体操で強制的にナンバをいまの動きに変えていったんだと言いますね。

とにかく、その頃からもうすでに、山口さんの関心の基礎は築かれていたんですね。

小説は読まれなかったんですか。

山口　当時、僕の友達はみんな太宰治にこっていてね。文学青年ぶっていたわけだよ。僕は小説にはいっさい興味を示さないふりをしてさ、芝居とかそういうふうなものについてテキストそのものを読むことから始めていたわけね。

――それは藁科さんのところでですか。

山口　いや、網走町の古本屋でね、そういう古雑誌を見つけてきては読んでいた。その当時は、結構田舎にも本が回っていたんだよ。都会から疎開した奴が古本を持ってきたんだ。

貸本屋もあって、中学三年の頃に、和辻哲郎の『面とペルソナ』（岩波書店、一九三七年十二月）という本があったのを借り出してきたりね。何を間違えたのか、その古本屋の青年は貸し出しの名簿に和辻哲郎『ナソルぺと面』とさっと書いたのね（笑）。

そしてそれを読んだらフロベニウスについての文章が出てきて、それ以来フロベニウスに関心を持ったわけだ。フロベニウスはいまだに関心を持ち続けている。

人類学をやってみるとフロベニウスというのは評判が悪いんだよね。ウィーン学派の先触れみたいなもので、歴史的再構成に関心ばかり持って、親族を中心とした社会構成をやらないというんでアメリカ・イギリスの戦後の人類学では徹底的に無視されてきたんだけど、そんなことはない、あれは面白いと僕は思っていたわけね。彼が触れていたのは、フロベニウスの『アフリカの文化史』（"Kulturgeschichte Afrikas"）なんだ。だから僕はそうか、そんなに面白いのかと思っていてね。そうすると、大学院に行ったら岡正雄がいて、岡正雄はウィーンで勉強した人間であるから、それでテキストにフロベニウスを使ったりした。だから、そこでもフロベニウスを読む機会が比較的あったわけね。それで修士論文を書くときには、"Und Afrika Sprach"（『アフリカは語る』）という英語の翻訳になっている"The Voice of Africa"が二巻本で出ていたから、それを読んだんだ。この本はいまだにアフリカのエシュ＝トリックスターについての一番詳しいインフォメーションが載っているんだ。

フロベニウスへの興味は、いまでもときどき戻ってくる。ゲーリー・スナイダーたちとアンソロジーを作ったビート・ジェネレーションの詩人たちが詩人のアンソロジーを出したんだけど、そのアンソロジーのなかでエズラ・パウンドは、一番自分が評価する人類学的な文章としてフロベニウスの文章を挙げている。だから、人類学もう一回パラダイムが転換してくるだろうと思うんだ。そういうふうなものの先鞭をつけるフロベニウスに非常に早くから接しているわけね。
　あと、高校二年の頃に石田英一郎の『一寸法師』（弘文堂、一九四八年十一月、のちに大幅に加筆増補して『桃太郎の母』法政大学出版局、一九五六年一月となる）っていうアテネ文庫。アテネ文庫は三十冊くらい持っていたからね。『一寸法師』を読んで、面白い分野があるねと思ったのが、人類学、エスノロジーの本と接した始まりなんじゃないかな。

――読書経験という点から言うと、先ほど、周りは太宰治を読んでいて、自分は小説なんか読まないふりをしていたとおっしゃいましたけれども、それは実際に読まなかったんですか、それとも密かに読んではいたんですか。

山口　英語やなんかで読んでるわけね。

――そうすると、日本文学は全然読んでいなかったんですか。

山口　坂口安吾なんかはかえって読んでいたな。そのレベルでさ、自分たちで同人誌を出している奴らがみんな誰もが太宰にこっていたからね。結果においては読んでいないわけじゃなかったんだ。

――その一方で博物館に入り浸っていたと。

山口　だから、かなりエンサイクロペディックだったんだね。その当時はそんなに（同年代の）友達と一緒にいろんなことをやらなかったけど、しかし年上の友達が多かったんだね。一年上に川田殖《かわだしげる》という人物がいたんだ。彼は、網走の海産問屋の倅でね、その頃は家が景気がよかったたからね、研究社の英文学叢書ね、赤版と黒版の人物評伝とかそういうのを全部を持っていた。彼が中学四年、僕が中学三年のときに、彼は東京まで買い出しに行くわけね。それでどうにかして送ってきたりね。彼の部屋にいったらびっちり本があった。蔵書の重みとか、無限に拡大するパラノイア的な蔵書の恐ろしさと魅力をそこで感じたんだ。それと同時に、『英語青年』『英語研究』なんかを読んでいた。文学少年というより英文学少年だったわけだな。この間もヤン・コットの死について『英語青年』に書いたけれどもね（「ヤン・コットとの時間」のちに『山口昌男ラビリンス』に収録）。

――その頃の英文学だとどういうのを読んでいたんですか。

山口 この間、山口文庫を見ていたらその頃読んでいた英文学が出てきたよ。新月社刊『シェリ詩選』（星谷剛一訳、一九四八年九月）。

――その頃は線を引きながら読んだんですか。

山口 線を引っ張ったといえば、何年か前に美幌出身の会というのがあって、隣の金物屋の前田利昭くんというのが、「中学校三年くらいのときに、君がくれた本だよ」と言って、芥川龍之介の「河童」の英訳（恒藤恭訳）を渡された。それを見たら余白を単語帳にしているんだ。単語帳は最後までついてた。昔は最後までちゃんと読んだんだなって（笑）。昔はまじめだったんだな。そういうふうなものを意外と人にあげたりしている。

川田殖氏は病気になって大学に入るのが遅れて、家が破産したりなんかしているから、普通の道を経ないで、五年ぐらいたってからＩＣＵ（国際基督教大学）に入ったんだよ。そこで古代と中世の哲学をやって、京都大学へ行って学んだんだ。Ｇ・Ｅ・Ｒ・ロイドの『アリストテレス』の翻訳（『アリストテレス――その思想の成長と構造』みすず書房、一九七三年一月）をやっているんだけれども……。

――山口さんはそのロイドと対談されていますよね（「古典研究と人類学」、山口昌男編著『二十世紀の知的冒険』所収）。

山口　そう、その対談のとき、川田氏の家に行ったんだ。そうしたら、昔僕が彼にプレゼントした坪内逍遙の『シェイクスピア全集』別巻の研究書（『シェークスピヤ研究栞』早稲田大学出版部、一九二八年十二月）があった。そこには「親愛なる川田様、Your Masao」と書いてあったんだな。昔は僕も可愛いことばかりやってたね（笑）。

川田氏はいま恵泉女学園の園長を終わって、どっかの聾話学校（日本聾話学校）の校長をやっていると言ってたね。

――川田さん以外にも、同じ中学に英文学の高松雄一さんがいらっしゃったんですよね。

山口　高松雄一はね、一級上にいた。彼は小学校の校長先生の息子で、彼の家と僕の家は小学校の運動場を挟んで西と東のはずれにあった。東に校長宅があって、僕は西のはずれの外に親父のパン工場があって、そこが自宅で……。

――パン工場？　お菓子屋さんと別にパン工場というのもあったんですか？

山口　戦後は、パンを中心にしていたんだ。砂糖を上手い具合にして甘い物を作るのが得意だから、そういうふうなものを闇で流すと、ガッサガサと金が入ってくる。必ずしも家は、陛下に忠義を尽くした国民ではなかったわけだ。だから、一日二千円、三千円を学校に行くときには持って出て、それで本屋で、いままで見たことのなかった本があると買ってきた。それは全部小さいときのハングリー精神の恨みだったんだな。

――パン屋さんではなくて、パン工場をやっていたんですね。

山口　そうだね。

――そうすると、お店にパンを卸しているほうだった？

山口　そうそう。

――そのパン工場はずっと続けてたんですか。

山口　そう。続いて、それから兄貴が結婚して先に死んだから、兄貴の嫁さんの家庭にね。

――その兄貴というのは、お父さんのお兄さんということですよね。

山口　父の側の兄貴ね。パン工場はそっちのほうに譲ったという形でね、それで東京に来て僕のところに一緒に住んだんだ。

――それは、かなり後になってからの話ですよね。

山口　そう。それで親父は毎日一生懸命机に座っては、自伝を書くと言っていた。

――その自伝というのは、実際に書かれたんですか。

山口　五枚も書かないうちに亡くなっちゃった。だから自伝を書き出すとあぶないというね。じいいでん車操業は倒れるという……（笑）。

――お父さんはかなり飲まれたんですよね。

山口　一番飲むときは、一日に三升くらい飲んでいたからね。東京で僕と一緒に住むので出てきて、これからはこんな貧乏学者のところにお世話になるのは悪いからといって、一日五合に減らしたんだ。そのうちに七十過ぎたところで弱ってきて、歩くのが困難になってね。それで、七十三で死んだんだ。

親父は酒を飲むのに、意外と創意工夫をこらしてね。「人間はやっぱり元に戻るもんだな」と言ってね、自分の家にいるときは、哺乳瓶を買ってこさせて、哺乳瓶からお酒を飲んでいたんだ。外に行くときは杖をつくのを年寄りに見られるといって嫌がって、自転車を押して歩いていた。あるとき車が向かってきて、それを避けようと思って、横になって倒れ石の塀にあたまをぶつけて、脳震盪を起こした。それから一週間くらい入院して薨去あそばされたと。まあ、大往生だね。

その頃僕はというと、ICUの助手で、お父さんが倒れたというので、みんなで手分けして探したんだけど見つからない。ところが、僕は神保町に行って一日中我を忘れて本を探していたんだな。そのとき買った本は、確かデュシャルトルの“Italian Comedy”という本だった。

――えっ！　それはもうコメディア・デラルテ研究の決定的な本じゃないですか。

山口　それを買って、機嫌良く帰ってきたところへ、「みんなで探したんですよ」ってね。

――"Italian Comedy"は北沢書店で買われたんですか。

山口 いや、一誠堂だった。本の買い方もなんかこうちゃんと考えて買っている。

――だいぶ、話が飛んでしまいましたが、高松さんが一級上にいらっしゃったんですよね。

山口 高松氏は、いわゆる秀才少年だからね、川田氏みたいに文学少年ではなかったわけね。川田氏も文学少年というよりも、文学を学問としてやる文学学問少年だったからね。高松氏は、与えられたことをきちっとやるというタイプだったから、あんまり仲はよくなかったんだ。

むしろ高松氏の妹（道子）のほうと仲がよかった。僕はコーラスを一緒にやっていたんだ。女学校と中学校とね。それで、僕がこっちのリーダーで、妹が向こうのリーダーだったから、それで仲がよかったのね。大学にいるときも、高松氏とは一緒にピクニックなんかしたけど、話はそんなにしなかったね。僕は国史でね、向こうは英文学を卒業して、丸谷才一氏と彼とで同人誌を作ったりしていた。だけど彼の、妹の不良友達という認識はいまでも一向に変わらないんだな（笑）。

――中学のときはコーラス部にいらっしゃったんですか。いわゆるグリークラブですね。

山口 そうですね。でも当時はそういうふうな呼び方はしていなかったな。

――藁科さんの奥さんがメゾソプラノの歌手だったとか。

山口 そう。だから、ピアノを習おうと思って、家に「ピアノ習うぞ」って言ったら、「そんなピアノを買う金は家にはない」なんて言われてね。ピアノを禁止されたから、それならというんで、「コールユーブンゲン」から「コンコーネ」に至るね、あれを全部仕上げるように声楽を藁科夫人に習ったんだ。

――高校の頃は、あまり学校の勉強に熱心でなかったそうですね。

山口　高校二年、三年のときに一番気分がよかったのは、駅に降りたら博物館付近の丘に行くんだよ。桂ヶ岡っていう丘なんだけど、そこで弁当を食っちゃって、それからいろんな本を読んで昼すぎにだいだい学校に行くというようなことをやっていたんだ。いまでは不可能だけどね。それでなけりゃ、学校へ行っても、屋上へ上がって、死角になっているところを見つけて、そこで本を読んでいた。

◉田上義也氏と対話する山口さん（1989 年 10 月）

　郷土博物館がアイヌのチャシ（桂ヶ岡チャシ）のあった付近なんだよね。チャシっていうのは、アイヌのお城のことなんだ。そういうふうなアイヌの雰囲気の漂うところで時間をつぶすのが好きだったんだな。それでのちに、その辺りの土地の背後にある意味を発見したんだけど、丘の上にあった郷土博物館を建てたのが、田上義也《たのうえよしや》という建築家でね。彼は丘の上にはそういう建物を作って、もう一つホテルを網走川っていう川が町を中断して流れているそばに建てている。そっちは入ったことがないんだけど、川のそばの女というふうなね、郷土博物館をチャシという山の上の城のあったところに作って、これを男とするとそれと対比して作られているんだ。二つとも彼が設計したんだけど、当時はホテルのほうには全然関心を惹かれなかったな。

――山口さんは、中学四年のときに旧制高校を受験するんですよね。

山口　（旧制）弘前高校最後の受験の機会でね。これは、札幌で受験ができたんだ。四月に入ってからの受験だったんだけど、当日は大吹雪になって、札幌に行くまでに四回くらい汽車を乗り換えて、やっと辿り着いた。そのときにはもう一時間くらい遅れていてね。札幌の町中をずっーと走ったんだ。電車に乗って、変なところに連れていかれちゃ困ると思ってね。札幌の中島公園の近くにある女学校が会場だった。そこに着いたときには時間が一時間半くらい遅れているから、もう駄目だと思ったら、受験してもいいと言うんだ。だけど気が転倒しているから全然駄目でね。あのとき、弘前高校に入らなくてよかったという思いもあるけれどもね。

――それで網走高等学校に行かれるんですね。

山口　僕は卒業前の最後の前の年は、転々として三カ所くらいのところに下宿して引っ越しをしているんだ。

――それは、何故ですか。

山口　美幌から通うのが面倒くさかったんだ。

――そうか。それでその一つが博物館だったわけですね。そのほかにはどんなところに下宿されたんですか。

山口　女子高校の真ん前。

――　その頃は、女性に対する興味というのはどうだったんですか。

山口　うちの家内はまだ現れていないからさ。初恋は、高校三年のとき一回だけね、逢い引きをやって、運河の土手を散歩してそれでおしまいさ。

◉高校時代の写真、幟に「東京府馬匹畜産組合聯合会」とある。

――　それはどうやって知り合ったんですか。

山口　直接、家の玄関に行ってさ。君も人の言いにくいことを聞くね。

――　いや、自伝ですから、一応、聞いておかないと（笑）。それは一目惚れだったんですか。

山口　一目惚れというよりも、周りの奴がみんな騒ぐからさ。それならば俺が試してやろうと。

――　遊び半分？

山口　それで行って「僕と散歩していただけませんか」と言って、向こうも素直だから、「はい、いいですよ」と。それで運河の土手を歩いておしまいさ。

――　じゃあ、初恋の話はそれくらいにして、高校を卒業されてから、山口さんは青山学院大学の夜間部に一度は入っているんですよね。

山口　僕が受験した頃には進学適性検査というのがあって、それでいうと六十点にならなけりゃ、東京大学が受け入れなかったんだ。第一年目で僕は点数が満たなくてみごとに落とされた。

――じゃあ、その年は東大を受けなかったんですね。

山口　進学適性検査に満たないと出願もできないわけね。だから日本の教育制度は、天才を早くに力を発揮させないようにするということに大変な貢献しているんだな（笑）。試験というのが、積み木を重ねてこれをどの順序で抜いていったら崩さずにばらばらにすることができるか、というような問題だから、そんなことを考える気にもなるわけない。だから僕は文部省に恨みがあるんだよね。

――それで東大はその年は受けずに、青学の夜間部だけを受けたんですね。

山口　そうね。

――それで、受かったと。でも、ほとんど学校へは行かなかったんでしょ。

山口　それでも、桜田佐《たすく》っていう、フランス文学の先生がいてね、非常に穏和な人だったけど、その人の家に行ったことがあるんだ。京王線のどっかだったね。その人は昔フラピエという作家の『女生徒』を岩波文庫（一九三八年九月）で訳している。それから藤原という先生がジェイムズ・ヒルトンの“Good-by, Mr. Chips”（『チップス先生さようなら』）をテキストに使っていた。そういうのは、面白かったけどね。

それで昼間は、予備校に行っていた。

――予備校はどちらだったんですか。

山口　浜田山にあった城北予備校。凄い名前の先生がいて、その講義は一生懸命聴いたけどね。狩野磊隠《らいおん》というんだ。一番初めのときに名前に驚いちゃいけないと言ってね。父親の名前は大雅《たいが》と言うんだ。

――確かに凄い名前だなぁ。授業自体は結構熱心に聞いていたんですね。青学に行っていたのは最初の一学期くらいですか。

山口　二学期になる前に一学期の試験があるから、それをもって終わりとしたんだ。

――その頃は、もう絵とかをたくさん見に行っていたんですか。

山口　行っていたかもしれないな。それと金屋嘉明との出会いがあるんだ。高校のときの教師に原田奈翁雄《なおお》がいてね。

――原田さんというのは、筑摩書房にいらっしゃったかたですよね。

山口　そうそう。高校の教師からしてそういうのが忍び込んできて、ロマンチシズムを吹き散らしていたわけだよね（笑）。

君たちに詩を読んでやろうなんて言って、シュトルムの「暗い海」なんていう詩を読んで聞かせたり、『若き哲学徒の手記』（弘津正二著、山口書店、一九四二年六月）という、その頃ベストセラーの本なんかを読んで聞かせたりね。で、その原田氏が東京に出てきていて、これは面白い自分の教え子だといって、僕を金屋氏に紹介したんだ。彼は明治大学の学生だったんだけど、結核の療養中で、大学には全然出ていなかった。めっちゃくちゃレコードを聴いていて、モーツァルトのファン。SP盤もたくさん持っていた。彼は僕よりも秀才タイプであるから、ケッヘル番号も全部言い当てたんだ。

それが悪いことを教えたんだな。音楽会をただで入る方法ね。僕はシゲティとかケンプとかギーゼキングなんか全部ただで入っていたんだ。それは、切符切りのおばさんたちの親玉と友達になってね。それから三、四年、大学卒業するまでやったかな。僕と金屋が切符を渡すようなふりをすると、おばさんはもぎるようなふりをしてこちらに返してよこす。それでそっと、入ると。金屋はときどきおばさんに小遣いを渡していた。一生懸命に勉強するのもエリートへの道だけれども、もう一つそういうふうなトリックもエリートへの道だということを発見したわけだ。だから、イタリア・オペラもかなりのものを来たものは見ていたよ。

――それはどちらでご覧になったんですか。

山口　ほとんど日比谷公会堂。当時は、主としてそれしかなかったからね。それで、浪人中はめちゃくちゃ古本を買うのね。渋谷の道玄坂、宮益坂とかでね。青山学院に行くまでに、左手に二軒、右手に一軒古本屋があって、それぞれユニークだったからね。

――その頃は、どちらに住んでいたんですか。

山口　千葉の稲毛に住んでいたんだ。いや、そもそもの初めは稲毛ではなくて、駒込か。女子聖学院高校のほうに下りて行く方に住んでいたんだよ。聖学院の生徒というのは、いまでも胸元の広い制服を着ているけど、当時はそれが気になってね（笑）。

それから後は、稲毛に移った。遠いけど通うのに便利だったんだ。中央線をまっすぐに吉祥寺まで来て、浜田山で降りるのね。

それで、稲毛に住んでいたことが決定的なんだよ。入試の前の日に「千葉に行く」と言って古本屋を回って歩いていたんだ。

――いま「「行く」と言って」とおっしゃいましたけど、稲毛では山口さんはお一人で住んでいたわけではないんですか。

山口　姉夫婦と一緒に住んでいたんだ。

――そうすると、駒込のほうもそうだったんだんですか。

山口　そのときは、一番上の姉の亭主というのが姉と離婚してね。そのあとシベリアに抑留されて帰ってきたところで、ちょっとの間一緒に住んでいたんだ。後半は、僕一人だったけどね。

それで、千葉へ行ってからが問題なんだよ。千葉の古本屋に入って、戦前の岩波文庫ね、もうそのとき発売されていないサミュエル・バトラーの『エレホン』（サミュエル・バトラ著、山本政喜訳『エレホン――山脈を越えて』一九三五年二月）を臆することなく、買ったんだ。これは高等学校以来の英文学に対する造詣の力ね。ふつう受験生はそんなもの手にしないわけね（笑）。その夜は、それを読みながら眠ったんだ。ところが、その晩読んでいたところが翌日、東大の英語の試験に出たの。試験の前に読む本なんて限られているからね。無数にある本のなかからどの本を手に取るかということね。

―― それは、もの凄い偶然ですよね。

山口 その偶然ね。『エレホン』のなかに、石が飛んできて頭に当たってある男が死んだと。その原因が、因果律から言うと歩いていた人間が悪いのか、飛んできた石を投げた奴が悪いのかというね、そういうふうな論争が起きている……という話が出てくるんだけど、そこを読んで、馬鹿なことを論議するなと思っていたら、そっくりそのまま出て来ちゃったのね。だから、あの大学に入ったのもその違いだと。みんな似たようなのが受験しているわけだから、どこか一点でも違えば入るんだから。そのことは、旺文社から出ている入学試験の解答集で、次の年に確かめたの。将来この話をしたら、お前嘘だろうと言われるに違いないから確かめておこうと思ってね（笑）。そうしたら確かに、サミュエル・バトラーが出ていた。あれは夢ではなかったんだとね。

この間、宇波（彰）に聞いてみたんだ。彼は同じときに入学しているからね。そうしたら、「そんな問題あったの、覚えてもいないや」って（笑）。

―― 宇波さんはまともに勉強していたからですかね（笑）。

山口 鈍才で突破する方法と秀才とは違うんだね。

それはだから不思議な部分なんだよ。僕はシャーマン的能力があるんじゃないかと自分では思うことがあるんだ。シャーマン的能力というのは、大学二年くらいのときに考えたんだよ。人間はユニークなことをいつも考えることができるわけではない。稲妻か何かが避雷針に落ちるように引っかかってきて、一瞬のその時期になかなか人が考えられないようなことを言える。その稲妻の電光が去ってしまったらただの人間になってしまう。僕が将来何か凄いことを考えるとしたら、そういうものだろう。だからそういうときには無敵だろうけど、それ以外のときは弱い人間、凡庸な人間になるだろうと考えたことがある。そういうことを予感しただけでも凄いと思うんだけどね（笑）。

――その予感自体がもう避雷針に当たったように閃いたんじゃないですか。

山口　いまにして思えば、そういうふしもある。だから、そういう意味で僕は勘だけはいいんだよね。

――どちらかというと詩人には、そういう傾向がありますよね。コクトーなんかでも、エクトプラズムが降りてくるみたいな言い方をしていますけれども。

山口　思想もそうだというね。一種の〝巫《ふ》〟であるということができるんじゃないか。そういうことを考える人間は、近代にはいなかったということなんだな。僕は誤解されるし、嫌われるのはそのせいなんだな。一発で言い当てることが多いからね。だけど、思想だって、本来叙事詩的なふうがあってもいいんじゃないかと思うね。

――折口信夫なんかは、そういうタイプだったんじゃないかという気がしますけどね。

山口　それは僕も意識して折口信夫から学んだところだからね。

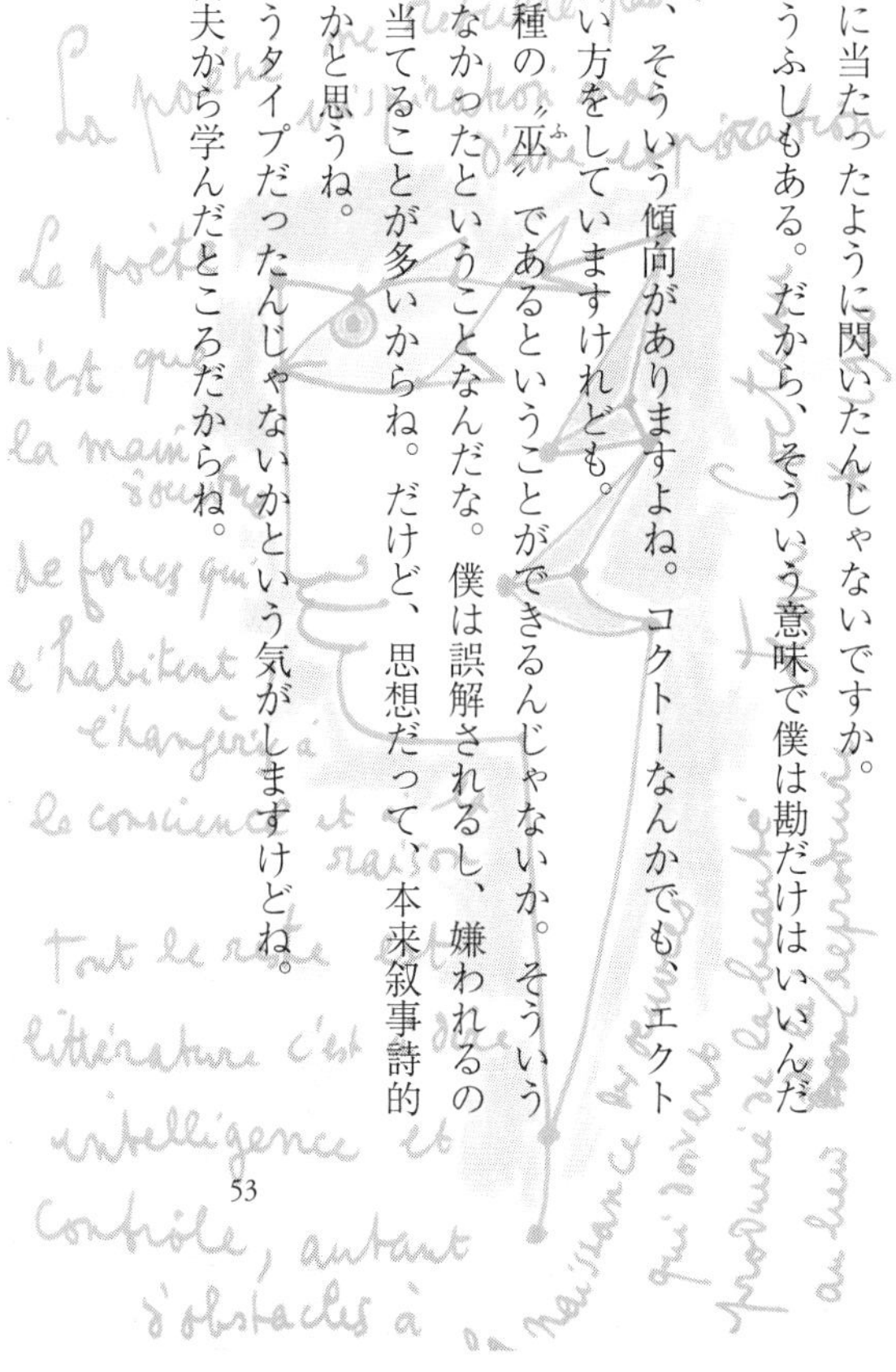

●ジャン・コクトー画「ポエジーの顔」

——論理以前に確信を突き当てるというか、言い当てるというのは確かにありますよね。

山口　南方熊楠もそうだったけどさ。ただ、南方の場合は、その間に変わったもの、男色とかそういうのが入ってくるんだな。南方は、動いていてね、ばーっと上から降りてきて餌をぱっと取る、そういう鷹の如き敏捷さでいろんな知識を総合していったところがある。それを普通の人間の論理で、あいつのは何だと言っても駄目なんだね。ほかの人類学者が山口はインチキだなんて言ったってそいつらは負けなんだ。インチキそのものが出発点である人間が何故悪いんだとね。

——前提からして違うということなんですね。

第三章　絵筆とフルート

――聞き忘れたことがあったので少し話を戻させてください。浪人時代に渡辺一夫の授業を贋学生として聴いていたということを以前に『渡辺一夫著作集』（筑摩書房）の月報に書かれていた（「贋学生の懺悔録」のちに『人類学的思考』に収録）と思うのですが、あれはどういういきさつで聴講されるようになったんですか。

山口　そもそもね、前にも話したように原田奈翁雄というのが高等学校のときの先生だったわけね。この人が僕が東京にきた年に戻ってきたんだ。彼は元明治大学の学生だった。それで明治大学に復学して、渡辺一夫という人の授業が面白いから来ないかと誘ったんだね。

――原田氏は北海道から戻って、筑摩書房に入ったんだな。

――原田さんは北海道の学校で臨時教師のような形で教えてらしたんですか。

山口　そう、臨時だね。

――そうすると、北海道から戻って、筑摩書房に入り、その傍ら明治大学にも復学して通っていたということですね。

山口　そうだね。それで、講義には三人しか学生がいないんだ。一人は、原田氏、一人は僕、もう一人は新潮社の編集部に入った辰野っていう人だった。

――講義はどんな内容だったんですか？

山口　非常に面白くてさ、ピコ・デラ・ミランドーラ、コジモ・デ・メディチ、マルシリオ・フィチーノ、それからフランスのユマニストのその頃の話をずっと講義して、その内容は、のちに出た『フランス・ルネサンスの人々』（白水社、一九六四年八月）という本とほぼ同じなんだ。あの本は、そのときのノートを基にしたものなんだな。

――講義には毎回出てらっしゃったんですか。

山口　うん、出ていたね。

――浪人時代ということは、前に伺ったお話ですと、夜は夜で青山学院の夜間部に通って、昼間も予備校に行ってらっしゃったわけですよね。

山口　そうね。でもまあ、週に一回だからね。
　その頃は、原田氏が筑摩書房にいたから、そこにも遊びに行ってね。

――当時、筑摩書房はどこにあったんですか。

山口　本郷森川町。東大の正門前の道をずっと行ったところなんだ。確か、筑摩書房はあの近くでもう一回引っ越しをしている。それで、そこへ行って編集者を装っていた時期がある。

　考えてみれば、僕は早くから出版の機構には通じていたところがあるんだよ。高校時代の同級生が日販で働いていてね、日販にもよく遊びに行った。日販にはもの凄く大きな在庫の棚があってね、彼がいなくても帰るときにはそこから本を選んで、彼の名前を使って買っていたから、本は割引で買っていたんだ。

――日販に出入りしていたのは、大学一年ぐらいからですか。

山口　そうだね。いや、もう予備校に行っていたときから日販には行っていたな。だから退屈しなかったんだよ。

――なるほど。まあ、それで東大に入学されるわけですが、東大の頃はどこに住んでいらっしゃったんですか。まだ、稲毛から通ってらっしゃったんですか。

山口　稲毛の姉が白山下に居を構えるというんでそっちに移ったんだ。白山下というのは、地形的に面白いところでね、いまは、広くなって判らなくなっちゃったけど、道路が五つくらいに分かれていたんだ。そのうちの一つには、共同印刷があって東大植物園に通じている、一つは柳町のほうに行く道、一つは本郷のほうに上がっていく道、それから白山上に上がっていって、鷗外の住んでいた千駄木のほうに下りていく道がある……というふうになっていてね。白山上は中野重治の『むらぎも』という小説の最後のほうの重要な舞台になっているんだね。そこから友達がセツルメントに加わるために白山下に下りて分かれていく、その分岐点になっている場所でもあるんだ。

―― 文学的にも重要な舞台になっていたというわけですね。

山口 そうなんだ。それで調べてみたら、大正時代にはアナーキストがずいぶんその辺に住んでいたらしい。

―― 白山下はどれくらい住んでいらっしゃったんですか。

山口 そのままずっとそこに住んで、その後はここ（府中）に移ったんだ。

―― じゃあ、白山下はずいぶん長かったんですね。

それでは、大学時代のお話をお伺いしたいんですが、大学時代に仲の良かったかたにはどういう人たちがいらっしゃったんですか。

山口 この間同級会があって集まったんだけどね。そこに集まった連中の話をしようか。当時、全然目立ってなかったのが作曲家の三善晃。彼自身はほとんど大学に来なかったからね。

―― それじゃ、山口さんと同じじゃないですか（笑）。

山口 そう、僕と同じさ（笑）。それから福島という女性、これも授業には出なかった。のちに東北大学教授になった大内秀明、それからいま、うらわ美術館の館長をやっている坂本満（現在は退任）とは比較的仲が良かった。福田恆存とコリン・ウィルソンの『アウトサイダー』（紀伊國屋書店、一九五七年四月）の翻訳をやった中村保男。彼は福田恆存に好かれてね、恆存の家に遊び

◉東大一年の五月祭で村山知義の『死んだ海』をクラスで上演したときのもの。後列向かって右から四人目が山口さん。子安宣邦氏（前列右から六人目）、大内秀明氏（同、七人目）、窪田暁子氏（同十人目）、坂本満氏（後列同七人目）、奥山俊秀氏（同八人目）、宇波彰氏（同十一人目）、三善晃氏（同十二人目？）ほか

に行ったなんてことを学生のときに話していたからね。新橋のアメリカ文化センターのそばに住んでいたんだ。そこによく行っていたからアメリカ現代文学には詳しかったんだな。ただし、ジェイムズ・ジョイスという作家がいることは知らなかったんだ。それで、ジョイスについては僕が教えて、彼からは僕の知らないいろんな作家を教えてもらったんだな。

あとは、ＡＮＡの前社長の普勝（清治）というのが同じクラスだね。それから文春の編集局長でもう辞めた西永（達夫）とか。それから、前川くんというのがいて彼の親父さん（前川堅市）はゴーガンの『ノアノア』なんかを翻訳しているんだ（岩波文庫、一九三二年三月）。彼は仏文に行った。それと子安（宣邦）、彼は倫理

学のほうだな。一番親しかったのは、奥山（俊秀）という奴だった。奥山は一番才能があったけれど外に発揮しなかったね。彼は東映に入った。一年の一学期にフランス語を勉強したら、二学期には東映の社長の娘にフランス語の家庭教師をやりに行ったという奴なんだ。心臓が強いというかね。その頃僕はフルートを習っていて、発表会に奥山は、東映の社長の娘と奥さんを連れて聴きにきたんだ。それで食事をおごってもらったりしたんだ。後で聞いたんだけど、どうやらそれはお見合いということだったらしいんだな。その頃、娘さんの結婚相手を探していたらしい。でも、僕はお眼鏡にかなわなかったらしく、一回でお払い箱になった。「山口、あの話は駄目だったよ」って。駄目も何もこっちは何も知らなかったんだからね。

彼自身は、絵を描かせても上手くてね。彼とは一年間、黒田頼綱（黒田清輝の甥）という二紀会の画家にヌード・デッサン、クロッキーを一緒に習いに行っていたんだ。僕の漫画はそのときに身につけたんだな。

――以前は清水崑の絵の模写から漫画を身につけたとおっしゃっていましたが（笑）。でも技術的なものはそこで身につけたのは確かでしょうね。

山口　本格派のような大きな絵は奥山のほうが上手かったね。奥山はブラマンクみたいな絵を描いていた。

――山口さんはどんな絵を描いていたんですか。

山口　僕の描いた絵がこの間出てきたんだ。どこで描いたのかと思ったら、同級会で鈴木ってい

◉学生時代の京都・奈良旅行で描いた中宮寺（水彩）

◉銀閣寺庭園（同）

◉円山公園奥の寺院（同）

◉桂（同）

◉平安神宮裏庭（同）

う大蔵省に入った奴が、「君、奈良へ行ったときに中宮寺の池のあるところで非常にいい絵を描いていたな」って言われてね。ああ、あれは中宮寺だったのか、あそこでそんな絵を描いたのかと思ったんだけどね。

――それは水彩ですか、油ですか。

山口　水彩だね。

――油は描かなかったんですか。

山口　油絵はやらなかった。もっぱら水彩とかデッサンだったね。

五十人のクラスに女子学生が五人くらいいてね。それが成績の一番から五番まで全部占めていた（笑）。

――山口さんはほとんど出席しなかったんでしょ。

山口　うん、で、僕は四十五番くらいだった（笑）。

――黒田さんのところに絵を習いに行きはじめたのは、大学に入ってすぐだったんですか。

山口　すぐだね。それで一年間行っていた。

――もともと大学に入ったら絵を習おうと最初から決めていたんですか。

山口　そうだね。周りにもそういうのがいたんだよ。

――そうすると、奥山さんのほかにも、一緒に通われたかたがいらっしゃったんですか。

山口　窪田という女性がいて、彼女はチェコに行っていまは人形劇の大御所になっている。

――人形劇の研究をやってらっしゃる女性というと、加藤暁子さんもいらっしゃいますよね。

山口 それは窪田というのは旧姓で、結婚して加藤になったんだ。

それから黒崎という女子学生がいたね。

――そのかたも絵を習ってらっしゃったんですか。

山口 そうだったかもしれないな。まあ、習うといっても、ひたすらデッサンをするだけでさ、黒田氏はそれをざっと見て、ここを強くしたほうがいいとか、そんなことを言うくらいなんだけどね。

――学生時代は、倶楽部は美術部に入っていらっしゃったんですよね。

山口 その美術部の仲間で黒田氏のところに習いに行ったんだな。美術部としては、本郷新《しん》に顧問になってもらったんだ。本郷新に僕は絵を見せた記憶はないけれども、奥山の絵が誉められたという記憶があるね。

――奥山さんとは、大学四年間を通してずっと親しかったんですか。

山口 そうね。だけど大学後半になると大隅（和雄）とか石井（進）とか日本史の友達と話すことが多くなったけどね。

――石井さんから文化人類学という学問があると聞いたというふうに前におっしゃっていましたが……。

山口 大学三年くらいのときに、「君みたいな関心があるんだったら岡正雄という人が東京都立大学にいるから、そこでついて勉強したほうがいいんじゃないか」と。東大にも人類学はあるけれども別に君みたいな関心からはどうということもないと彼が言っていたことがあったね。

――大隅さんとはどんな話をされたんですか。

山口　だいたい、彼自身が浄土教の成立についての関心が強かったから、そういうことについて話したな。彼は家永三郎の『上代仏教思想史研究』（畝傍書房、一九四二年四月）とか『日本思想史に於ける否定の論理の発達』（弘文堂、一九四〇年十一月）とかを読んでいたね。

――大学では、図書館はあまり利用されなかったんですか。

山口　図書館はね、駒場を去るときに、ここで読んだという証を残しておこうと思って、『小林多喜二全集』（日本評論社）を隅から隅まで読んだんだ。それと、もう一つは、アナトール・フランス。『長篇小説全集』と『短篇小説全集』（共に、白水社）を全部読んだわけね。

――宮武外骨の「明治新聞雑誌文庫」が、当時東大にはもうありましたよね。

山口　あったけど、そんなものがあることさえ知らなかった。

東大の本館のほうは、図書館の書架に入ることはできなかったけど、借り出すことはできたんだ。その頃、ほかの人が迷惑しない部屋にタイプを持ち込んで、大震災の後に寄贈された本、それを選んで読んだわけね。片っ端から読んで関心のあるところはタイプに打っていた。

――高山（宏）さんも東大の図書館で本のカード作りをタイプでやったと書かれています（高山宏著「ヘルメス、ザ・カード・メイカー」『ブック・カーニヴァル』自由国民社、一九九五年七月、所収）けど、その先駆的なことをすでに山口さんはなさっていたわけですね。

山口 そうなんだ。それで東大も図書館は大したことはないけど、震災後に寄贈されたものにいいものがあることを発見したんだな。

―― そこにはどういう本があったんですか。

山口 アフリカ関係でもスウェーデンのトール・イルスタムという人の王権研究で『ガンダの王』（"The King of Ganda"）という本があって、王権の構成要素を全部分解して分析している。それで調べていくと、スウェーデン政府が寄贈したものは、まだほとんど封を切っていないんだ。

―― それはフランス装ということですよね。

山口 そう、それでそれを切って読んでいくというのは気持ちのいいもんだったよ。そこでアフリカ関係のものはかなり読んだんだ。素晴らしいのはハリー・テグネウスという人が書いた『文化英雄』（"Le héros civilisateur"）という本を読んで、これが王権研究の基本的材料を提供したんだ。まあ、そこでそういうふうな一九三〇年代の人類学の面白い本をかなり読んだね。

―― ということは、大学の頃からすでに王権に関心を持っていたということですか。

山口 いや、読んだのは大学を出てからだな。

―― すると、都立大の頃？

山口 いや、都立大にはまだ行っていない。

―― ということは、麻布学園で教えていた頃ですか。

山口　そうだね。

――そうすると、卒業後にもう一度東大の図書館に本を見に行ったわけですね。もともとの山口さんの王権研究への関心というのはどっから出てきたものなんですか。

山口　それは、大学三年頃からだね。西郷信綱やなんかの王権についての研究があるしね、石母田正《いしもだしょう》もヘーゲルを引用しながら論じている。だから、その頃のマルクシストも王権研究に関心を持って読もうとしたんだね。ルイス・H・モルガン自体を読んでいてもギリシアに遡っていくし、マルクス、エンゲルス、特にエンゲルスは王権研究に触れているんだね。僕はちょうどその頃、翻訳されたジョージ・トムソンの『ギリシャ古代社会研究――先史時代のエーゲ海』（上・下巻、池田薫訳、岩波書店、一九五二年九月・五五年二月）を読んだんだ。それからこれは翻訳されていないんだけど『アイスキュロスとアテネ市民』（“Aeschylus and Athens”）という本があって、これが凄くいい本なんだよ。ジョージ・トムソンというのはイギリスのマルクシストなんだけど、同時代の人類学者より遥かに人類学をギリシア研究に適応しようとしたんだな。そういうものを読んでいるうちにやっぱり人類学をやらなくっちゃ駄目だなと思い出したわけね。

――なるほど、それで人類学に進むわけですね。都立大のお話は、もう少し先にお聞きするとして趣味のほうに話を戻しますと、先程フルートのお話が出ましたけれども、最初は歯医者さんに習ったと以前にお聞きしましたが。

山口　そう、岡本潤三という人だった。

―― その後も……。

山口 その後は書家の比田井天来《ひだいてんらい》の息子（三男）の洵《まこと》に習ったんだな。

―― 絵と同じように最初から大学に入ったらフルートをやろうと思っていたんですか。

山口 四月に大学に入るでしょ。そして五月くらいにフルートをやってみたいと思ったんだ。それでフルートを買って、誰かに教えてもらおうと思ったんだけど、その当時駒場に小松清というフランス文学の先生がいて、そのお兄さんが作曲家だったんだよ。

―― あっ、あのフランス音楽関係の翻訳とかもやっていた。

山口 そうそう。そういう先生がいて運がよかったんだよ。その先生に誰か紹介してくれませんかといったら、その歯医者さんを紹介してくれたんだ。

―― 確か、小松清のお兄さんの耕輔は、サティ論の翻訳なんかをやっていますよね（シャルル・コクランのサティ論「現代音楽の先駆者エリック・サティ」が小松耕輔著『現代仏蘭西音楽』アルス社、一九二七年一月に収録されている）。

山口 そうなんだ。大正時代のはじめにちょっと面白いことをやっている連中がいたんだ。だから僕は小松清の周辺の面白い仕事を掘り返そうとしているんだよ。

―― 当時は、大田黒元雄とか小松耕輔なんかは、ヨーロッパ音楽に熱中していましたね。

山口 あの連中は若い頃にフランスやイギリスに行っているからね。

―― 大学三年のときですかね。「ミンシュウノナカへ」（のちに『語りの宇宙』に収録）という文章を書かれて、それで先程名前の出た石母田正さんに送られたんですか。

山口　そうね。あれは僕が編集した雑誌（『国史研究室』）で、あれが№1だったわけね。

――僕も昔見せてもらった記憶があるんですが、ガリ版刷りの雑誌でしたね。

山口　そう、それを後で石母田氏に送ってね、そうしたらはがきで返事がきて、お会いしたいとね。そこでビールを飲みながら会ったんだ。

――えっ、ビールを飲みながらですか。当時は飲めなかったんでしょ。

山口　それで酔っぱらっちゃってね。

――どんな話をされたんですか。

山口　石母田氏は、「君は竹内好《よしみ》のように非常に鋭いけれども、その刃が自分に突き刺さらないところがあるね」と言っていたことだけは覚えているんだよ。

――それで石母田さんのところで『万葉集』の研究会をやられるんですよね。

山口　それは大学を卒業してからだな。青木和夫とか亀田隆之とかね。月一回くらい『万葉集』を細かく読んでいったんだ。

――そこには石井さんや大隅さんもいらっしゃったんですか。

山口　そう、いたね。それが縁で石井や大隅とは正月になるといつも石母田氏のところに会いに行っていたんだ。石母田氏が亡くなった（一九八六年）後も三人で会っていたんだけど、石井も死んじゃったし、大隅と二人だけで集まってもしょうがないねというんで去年（二〇〇二年）で終わりにしたんだ。

―― 先程名前の出た西郷信綱さんのところでも『マルクス＝エンゲルス文学・芸術論』（大月書店、一九五四年六月）を読む会をやってらしたんでしょ。

山口 それは、東大の横にある学士会分館、そこの二階でやったんだね。人数ももっと増やしてね。

―― そこにも石井さんや大隅さんは出席されていたんですか。

山口 そうだね。僕はその会に行かなくなってからはあまり西郷氏のところには行かなくなっていたんだけど、石井はそのあともずうーっと個人的に西郷氏のところに行っていたんだ。僕も今年（二〇〇三年）の二月、西郷氏の横浜の家に行った。三十年くらい前に一回行ったことがあるんだけど、それ以来かもしれない。

―― もうかなりのお歳ですよね。

山口 九十くらいになるのかな。でも、僕より元気がよかったよ（その後、西郷信綱氏は二〇〇八年九月に亡くなった）。

―― 大学のときには狂言研究会というのに入ってらっしゃいますよね。

山口 そう、それは学生のときから日本文学協会の中世部会っていうのに入っていたんだ。

―― それはどういう会だったんですか。見る会だったんですか、それとも研究する会？

山口 研究のほうだね。

――小山弘志さん（狂言研究）とはそこで知り合ったんですか。

山口　いや、小山氏は僕が大学に入ったときにはまだ学習院の先生だったんですよ。高等学校のときの教師が東大で小山さんと同級生だったからその紹介でお宅に遊びに行ったんだ。

――当時は狂言をずいぶんご覧になったんでしょ。

山口　そうだね。狂言は、能を見に行くと必ず入っているから、誰の狂言を好んでということではなかったけれども、万蔵や東次郎を見た記憶があるね。

――アルバイトの話を少しお聞きしたいんですが、当時中原淳一の出していた雑誌『それいゆ』に入る楽譜の浄書をしていらっしゃったんですよね。

山口　僕は、高校時代に英文学者の高松雄一の妹と一緒にコーラスをやっていたから、その妹にどこかアルバイト口を探してくれと言って、その紹介でやることになったんだ。

――中原淳一とは直接お会いになったことはあるんですか。

山口　僕は中原淳一の家に行ったことがあるんだ。それは高松氏の妹とではなく、網走のときの同級生と一緒にね。そいつのおじさんが何か中原淳一と関係があるとかで行ったんだけど、そのとき本人は出かけていていなかった。

アルバイトというと大学に入ってすぐに世田谷の喜多見から中央市場に米俵をトラックに載せて運ぶ仕事をしていたこともある。一回やったら車に酔っぱらっちゃって辞めちゃったけどね。でも、そのときのアルバイト代でフルートを買ったんだね。

――晶文社の中村（勝哉）社長が昔やっていた学力増進会のアルバイトもやっていたとか。
山口 それは、問題づくりね。その頃、中村氏と会ったのかどうかちょっと覚えていない。当時、間に立っていたのが国文学の学生だったのは覚えているね。
――あとアルバイトは小松第二中学で英語の教師をなさっていたんですよね。
山口 そうだね。江戸川区にある中学校ね。そのときのことで覚えているのは、音楽の先生が「わたくしが嫁にいった家は民族音楽の小泉文夫の家です」と言っていたな。確か、小泉氏のお兄さんか弟と結婚したんだったと思うね。
――もう一つ、『太平洋戦争史』（第五分冊、歴史学研究会編、東洋経済新報社、一九五四年七月）の索引づくりというのもやられたそうですね。
山口 そうなんだよね。君より遥かに早く、索引というものの重要性を認めてめったにない索引をつくったと（笑）。
――そのアルバイトはどれぐらいやられたんですか。
山口 半年くらいじゃなかったかな。
――どなたかのご紹介だったんですか。
山口 これも学生同士だな。
――家庭教師もやられてますよね。
山口 家庭教師はね。明治学院の学生だったかな。その姉が白百合の高校に通っているという奴

◉卒業論文『大江匡房』。審査教官は坂本太郎・岩生成一教授、宝月圭吾・佐藤進一助教授。のちに札幌大学文化学部紀要『比較文化論叢』（第11号、2003年3月）に収録

だったけどね。それはのちに学研に入った人物に紹介してもらったんだ。

──そのときは何を教えてらっしゃったんですか。

山口　フランス語だったね。

──卒論の話を伺いたいんですが、大江匡房《おおえのまさふさ》についてはどの辺から興味を持つようになったんですか。授業にはほとんど出ていないわけですよね。

山口　匡房はいろいろなエピソードを残しているでしょ。匡房というのは時代の変わり目を表すような典型的な人物で、そういうようなところから面白いと思ったんだね。まあ、授業には出なくても、何といったって国史学科の学生だからね。

僕はその頃は、『源氏物語』と対照的な説話物語のほうに関心を持っていたのね。それ

は美術だったら、「源氏物語絵巻」とその対照に「鳥羽絵」があるようなものでね。『古事談』のような本をずうーっと読んでいくと、匡房というのは必ず突き当たる人物なんだな。

――その卒論を書かなきゃいけない時期に、池袋の舞台芸術学院でフルートを吹いていたんですよね。

山口　そう、舞台芸術学院の卒業公演で『十二夜』ね。あれは土方与志が委員長でね。

――土方与志とはその頃にお会いになっているんですか。

山口　うん、それから秋田雨雀とかね。

――土方与志とは何か話をされたんですか。

山口　音楽についてね。「ここのところはこんなふうに注意してもらったほうがいいですね」なんてね。僕は舞台の上の方に立っているから実際は客席からは見えないんだけれども、それでもそういうふうな話をしてね。

――それも誰かの紹介だったんですか。

山口　それは、比田井氏のところで一緒にフルートを習っていた新井という学生がいて、彼の紹介じゃなかったかな。その新井っていう奴は万引きして捕まって、途中からいなくなっちゃったね。

――ふさ子さん（山口夫人）との出会いというのはその頃だったんですか。

山口　大学一年だよ。

――山口さんは東京に出てきてらっしゃいますよね。そうすると、北海道に戻られたときに知り合ったんですか。どういうきっかけだったんですか。

山口　えーっと、これはふさ子さんがいるときに話したほうがいいと思うね（このお話は、山口さんのご自宅でお聞きしたが、その日ふさ子さんは外出されてお留守だった）。

――それではこのお話は、また日を改めてお聞きすることにします。

●兎、鳥羽絵の元祖「鳥獣戯画」より

第四章　都立大学大学院で人類学を学ぶ

――前回は、奥さんのふさ子さんと知り合うところまでお聞きしました。そのあとに、ふさ子さんのお話をお聞きしようとしたら、ふさ子さんがいらっしゃるときのほうがいいということで、今回は、そのあたりからお聞きしたいんですが。最初にどういう形で知り合われたんですか。

山口夫人　北見にあった私の通っていた高校（北海道北見北斗高校）の歴史の先生で、川端（重巳）先生という人がいたの。主人も東大の先輩として川端先生のことを知っていたのよ。私はその川端先生には結構可愛がってもらっていて、先生の家に遊びに行ったら主人がいたという感じでおつき合いが始まったんじゃなかったかしら。

山口　聡明な学生だったんだ（笑）。

山口夫人　私は文学部にいて、その顧問が川端先生だったから、遊んで貰ったり、お勉強させてもらったりしたのね。先生も主人にいいんじゃないかと思ったんだか、主人がいいと思ったんだか、それは判らないけど、四、五年くらい手紙のやりとりが続いたのよ。

――それは山口さんが大学に入られてからですよね。大学の何年のときですか。

山口　大学一年の頃から始まっているんだ。それで、国安（満洲男）がお前の近くに住んでいたから、国安の家に行ってお前の家に行く隙をうかがっていたんだ。

山口夫人　要するにストーカーよ（笑）。その頃は、私に関心を持っていることも知らないし、私のほうも川端先生の家で知っているというぐらいの気持ちだったのね。

――その頃は山口さんは東京にいるわけですから、そう頻繁に会うということではないですよね。

山口夫人　結婚するまでに会った回数というのは、ほんとうに少ないわね。十回も会わない。

山口　休みに帰るときだけだよな。

山口夫人　休みのシーズンに帰ってきて、それも行き違いとかなんかで、帰ってきたときに二日くらいというときもあったりしてね。

山口　あの頃はお前の立場が強くてさ、いい時代なんだよ。男に囲まれていたしね。

山口夫人　そうガードが堅かったしね（笑）。

――ふさ子さんが東京に来られるということはなかったんですか？

山口夫人　修学旅行で一度ね。修学旅行に来たときは、お父さんに会ったっけ？　会ったよね。

シュークリームを買っといてくれて。

――そんなことまで覚えているんですか？

山口夫人　いや、あのね……。

山口　修学旅行のときは坂川のところに行ったんだろ。

山口夫人　私が？

――坂川さんというのは、どういうかたなんですか？

山口夫人　この人も主人のお友達でね。高校の図書館の司書をやっていたの。

――坂川さんというかたも東京に出てきていたんですね。

山口夫人　そうなのね。私、その坂川さんのことなんか全然覚えてないわ。じゃあ、東京で会ったのは、新婚旅行を兼ねて出てきたときに初めて東京で会ったの？

山口　修学旅行のときは本郷の旅館に訪ねて行ったけど、玄関で挨拶して帰ったんだよ。

山口夫人　私はてっきり主人だと思ったんだけど、そうすると坂川さんのところなのかな。シュークリームをいただいた覚えがあるの。そのときに食べたシュークリームが、世の中にこんなおいしいものがあったんだろうかというくらいにおいしくて。ご馳走してもらった記憶があるのよ。

山口　俺はまだあの頃、シュークリームを知らなかった（笑）。だから確実に俺ではないよ（笑）。

山口夫人　おかしいね。どうも記憶が合わないわね（笑）。

山口　その頃の話をしてもあんまり面白くないんだ。退屈で眠くなる。

――それでは、駆け落ちのようにして結婚したという話がありますよね。そのいきさつはどうなんですか。

山口夫人　あれはね、結納に入ってからだったと思うんだけど、主人の両親がご挨拶に来てくれて、恰好だけはつけたの。だけど、山口家に行けば私の親の悪口を言うし、家へ帰ったら帰ったで、「あの山口の奴は……」って悪口を言うんでね。間に入って嫌になっちゃって、これじゃ結婚したって上手く行くわけないと思って。その頃は姉が札幌の近くに住んでいたんで、お姉ちゃんの家に私が飛び出しちゃったの。そのことが駆け落ち同然ということになっちゃったんじゃないのかしら。

山口　いなくなっちゃったというんで、調べたら、どうも丸瀬布《マルセップ》にいるらしいと……。

山口夫人　だから、あの当時はお姉ちゃんが丸瀬布にいたのよ。それで川端先生と主人とが迎えに来てくれたの。

――それで落ち着いたんですか。

山口夫人　ええ。それで両方の両親ともびっくりしちゃって。ほんとは、主人が大学院を出てからにしようと言っていたんだけど、それから後、ひと月もしないうちに仮祝言という形でさっさと結婚させられて、それで東京に出てきちゃったの。

――それは何年ですか。

山口夫人　一九五五（昭和三十）年の一月に結婚したのね。

◉結婚式、山口夫妻の両脇が仲人の川端夫妻

――それじゃ、山口さんが眠くなるようなのでこの話はそのくらいにしておきましょうか（笑）。東大を出てから東大の大学院の国文科を受けるんですよね。

山口 それもしたくない話だね。

――まあ、その辺のいきさつは別のところ（『学校という舞台――いじめ・挫折からの脱出』）でも話されているんで、いろいろとトリックがあって、落とされたと[*一]。それで麻布学園で教えられるんですよね。

山口 そうね。麻布はね、亀田（隆之）氏というのが、のちに関西学院大学に行った人だけど、その人が麻布で教えていて、麻布を辞めて東洋大学の助手になったんだな。それで代わりに山口くん行ってくれというんで行くようになったんだ。

――麻布では岩本素白も教えていたということを書いていらっしゃいますよね（「明治の文化人ネットワーク」『敗者学のすすめ』所収）。

山口 そう、講師で来ていて、一年間、僕の前の席に座って週一回顔を合わせていたんだけど、でもその頃はあんな偉い人物とは知らなかったんだね。そのことは、むしろあとになって坪内（祐三）氏に教わったんだ。

――同じ麻布で教えていた北原和彦さんという先生と親しかったとも山口さんは書いていますね（「演ずる観客――劇空間万華鏡　一九八五年十一月　間と母胎空間」『山口昌男ラビリンス』所収）。

山口　北原氏というのは、東大を出た数学の教師でね。彼とは麻布に最初に教えに行った日に、ああ、この人とは大学の卒業式の日に会ったことがあると気づいたんだ。それで、「あなたは、先週の何曜日に赤門の前の田村という喫茶店にいたでしょう」と言ったら、びっくりしちゃってね。歴史学科っていうのはそんなことまで記憶するんですかと（笑）。彼とはそれから親しくなったんだよ。

――それも凄い話ですね。偶然と言うのか記憶力と言うのか……。

＊一「私は当時の実証主義的な国史学はあまり好きじゃないし、自分の同級生と競争するのも嫌だ、どうせなら知らない人と競争したいと、定員十二人の国文学の大学院を受けることにしました。試験の戦略を立てました。もちろん国語、国文学では国文の連中の方が上だけれども、英語の成績はおれの方が圧倒的にいいはずだ。これを全部足すと当確圏内だと豪語していました。おわってみると落ちていました。試験がおわってから『南洋日本町の研究』の岩生成一先生が、「山口君、話があるから僕の部屋にきてくれ」という。行ったら、「君、語学の点を足せば入ると思ったんだろう」。そういうやつがくると察して、敵もさる者で、向こうも戦略を立てたらしい。かなり汚いんです。英語は三十点で足切りでなく頭切り、その上で国文学と国語学だけで選考をしたという。「君は英語は八十六点だから圧倒的によかったんだけれども、三十点しか意味がない。そこで君は十三番だった。次点で惜しいことをしたね」とうれしそうにいわれました。あのとき、国文学に入らなかったのは、山口さんのためにも、国文学のためにもよかったという人は多いのですが、いまでもよく覚えている事件です。公正な大学も結構汚い手は使うんだということを発見したのですから、いい反面教育ともいえましょう。」〔一五三～一五四頁〕

山口　天賦の才能さ（笑）。それは大学の入学のときと同じでね。それから毎日毎日、晴れた日の昼は有栖川《ありすがわ》公園に行って、ずーっと喋りながら散歩したりして、雨が降っていたら、音楽室に行って、彼のピアノ伴奏でフルートを吹いてたわけだ。

――　北原さんとはどんなお話をされたんですか。

山口　彼はハイデッガーとかヘルダーリンの詩について語ったりしていたね。僕のほうは古代の天皇制について関心を持っていたから、その話をしてね。それから天皇制における皇子の問題とかね。大津皇子《おおつのみこ》について、僕がテキストを書いて、彼が作曲してオペラを作ろうかというような話もしていたんだけどね。彼の音楽のスタイルというのが十二音音楽だったんだ。そういうものでオペラを作るとこれまでとは全く違ったものができると思ってね。

――　それまで山口さんはそういうものを書かれたことがあったんですか。

山口　いや、書けば書けるだろうと（笑）。その頃僕は芝居に関心を持っていてね。リリアン・ヘルマンの『秋の園』とかシドニー・キングスレーの『探偵物語』とかさ、そういうのを見ていたわけだね。狂言は麻布で教えて家に帰る途中が水道橋能楽堂だったから、そこで能狂言を見ることも多かったんだ。

――　その頃はどんなかたの狂言をご覧になったんですか。

山口　野村一家を中心にね。野村万蔵、万之丞、万作……、野村一家がまだ仲の良かった頃ね。

――　その頃、ふさ子さんが野村家に狂言を習いに行ったという話がありますよね。

山口夫人　そうなの。二、三年行ったかな。主人の紹介で狂言小唄を習いに行かせてもらって。万作さんに個人教授してもらったなんて、大したもんなのよ。

――ふさ子さんも狂言がお好きだったんですか。それとも山口さんの影響で。

山口夫人　もともと興味は持っていて、私も一緒に見には行っていたの。

――どうして狂言小唄を習うようになったんですか。

◉金屋嘉明氏と山口夫妻

山口　僕が習おうと思ったんだけど、そんな時間がないから、お前に習わせて、それを聞いて覚えようとしたんだよ（笑）。

山口夫人　その頃は私も勤めていたんだけれどね。

――ふさ子さんも働いていらっしゃったんですか。

山口夫人　ええ。渋谷にある第一園芸というところに三年勤めていたの。その前には呉服店にね。金屋（嘉明）さんという人の紹介で勤めたんだけど、そこはずっと立ちっぱなしでもたなかったの。だからすぐ辞めて、同じ金屋さんの紹介で第一園芸に勤めたのよ。その頃は生活が大変だったの。

――先程お話に出た北原さんというかたは自殺されたんでしたよね。

山口夫人　自殺か事故か判らないのよ。でも状況的には自殺なのね。線路が入り組んでいたところを歩いていて轢かれたの。

山口　京王線でね。

――それは山口さんが麻布にいた頃ですか。

山口　いや、辞めた後だね。

――辞めてからも当然よく会ったりはされていたんでしょ。

山口　そうね、そんなに急に会わなくなるということはなかったけど、前よりは少なくなっていたね。

――麻布では、中学を教えてらっしゃったんですか。

山口　中学も教えたし、高校も教えたことがあるね。

山口夫人　全部で六年間いたのよ。

――麻布の生徒には、川本三郎さんとか山下洋輔さんとか松田哲夫さん（筑摩書房）とかがいらっしゃったんですね。

山口　そうね。山下洋輔は、北原氏によくついて習っていたね。

――川本さんが書かれていますけれども、麻布学園ではよく生徒を連れて映画を見に行かれたとか（川本三郎著「ぼくの好きな先生」、「栞」『山口昌男著作集 第三巻 道化』所収）。

山口　霞町にあった映画館で、西部劇三本立て専門なんだよ。夏の暑いときには、一人で新宿の昭和館地下に行って股旅ものの三本立てを見たりしていたけどね。

――キートンを見たのは、もっとあとですか。

山口　もっとあとだね。当時は日本では見られなかったから、フランスやアメリカに行ったときに見たんだ。

――映画には山下さんも行かれたんですか。

山口　いや、山下は全然そういうタイプではなかったね。

――松田さんは？

山口　松田はあとになって判ったんで、当時は全然覚えていない。

――麻布で教えている頃に東京都立大学の大学院にも行ってらっしゃったんですよね。

山口　そこから僕の方向が定まっていったということなんだね。都立大の先生には岡（正雄）さん、馬淵（東一）さん、鈴木（二郎）さん、古野（清人）さんなんかがいてね。古野さんは、フランス社会学、人類学関係で、書いたものなら何でもこいという人だった。岡さんはオーストリア、馬淵さんはオランダね、文献的にはフランス語とかマレー語とかを読みこなしていた。

――岡さんは当然ドイツ語のテキストを使って講義するわけですよね。馬淵さんはフランス語のテキストですか。オランダ語のテキストも使ったんですかね。

山口　オランダ語は使わなかったね。だけど、インドネシアについての英語のいい文献がたくさんあるんでね、そういうふうなものをどんどん使ってやったわけさ。それから、馬淵東一は最初のときから"Les Structures élémentaires de la parenté"（『親族の基本構造』、邦訳は一九七七年十一月、一九七八年四月に馬淵東一、田島節夫監訳、全二巻が番町書房から、福井和美訳が二〇〇〇年十二月に青弓社から出た）を使ってやったからね。

―― 山口さんがその頃、レヴィ＝ストロースを読んだというのは、馬淵さんの授業で読んだということですか。

山口 そうなんだね。馬淵さんのところで読んだのは、“Les Structures élémentaires de la parenté” とそれからそれについてサマライズしたＪ・Ｐ・Ｂ・デ＝ヨセリン＝デ＝ヨングのオランダのブリル社から出ている本（“Lévi-Strauss's theory on kinship and marriage”、邦訳は「親族と婚姻についてのレヴィ＝ストロースの理論」Ｐ・Ｅ・デ＝ヨセリン＝デ＝ヨングほか、宮崎恒二ほか訳『オランダ構造人類学』せりか書房、一九八七年十二月、所収）を注文して買ってね。オランダでは人類学関係はこのブリル社で出ているのが一番多いんだけど、人類学の基本になる文献をたくさん出すわけね。

―― じゃあ、大学院の頃からすでに構造人類学の本を読んでいたんですね。

山口 構造主義がブームになる遥か以前にね。フランスで構造主義が騒がれる前に、この方向は注目すべきだということを馬淵東一たちが言ってね、それで読んでいたのね。

―― アウエハント『鯰絵』（原著は“Namazu-e and their themes: an interpretative approach to some aspects of Japanese folk religion”で、一九六四年にこれもブリル社から出ている。邦訳『鯰絵――民俗的想像力の世界』は、小松和彦ほか訳、せりか書房、一九七九年十月。同訳はのちに岩波文庫、二〇一三年六月に収録された）を読まれたのもその頃なんですか。

山口　そうだね。『鯰絵』もその頃読んだ記憶がある。

――山口さんは、アウエハントにもお会いになったことがあるんですよね。

山口　それはずっと後にね。七〇年代にオランダに行ったときに、彼を訪ねて行ったんだけどいなくて、そのとき彼はチューリッヒの大学に移っていたんだ。それで、チューリッヒまで行って会ったんだね。*一

――そのときはどんな話をされたんですか。

山口　彼自身は、日本のダダイズムの詩を研究して教えていると言ってね。だから、高橋新吉とか、そういうふうな話をしたね。

――アウエハントは七〇年代にはそういうことをやっていたんですね。古野清人さんについてはどうですか。

山口　彼の『原始文化の探求』（白水社、一九四二年六月）に載っているけど、ロベール・エルツの書いた『右手の優越』（邦訳は、吉田禎吾ほか訳、垣内出版、一九八〇年三月。同訳はのちに、ちくま学芸文庫、二〇〇一年六月に収録された）をもとにした論文なんかからはとても刺激を受けていたね。古野さんのところでは"Anthropologie structurale"（『構造人類学』、邦訳は、荒川幾男ほか訳、みすず書房、一

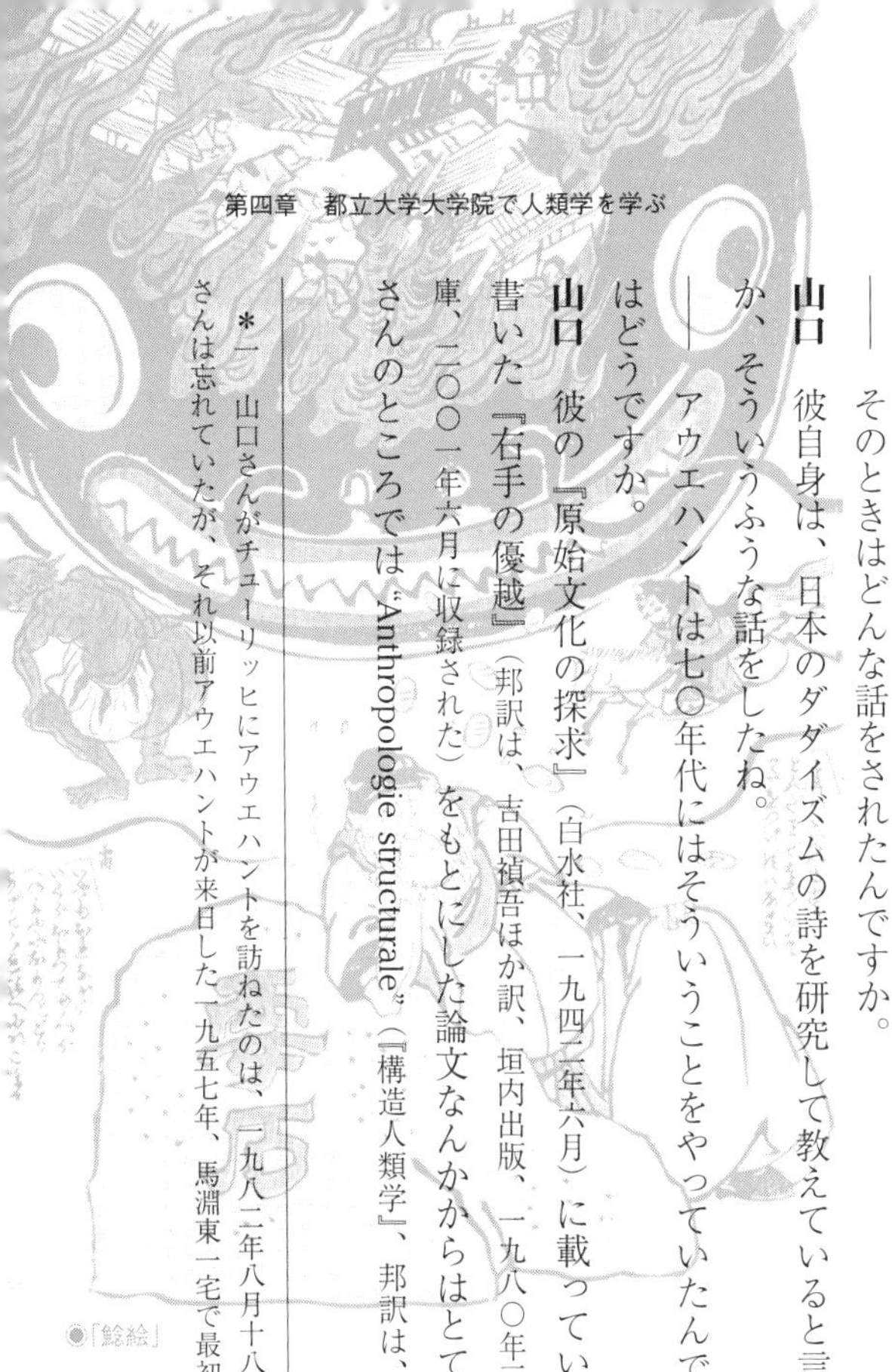

◉「鯰絵」

*一　山口さんがチューリッヒにアウエハントを訪ねたのは、一九八二年八月十八日のことである。但し、このとき山口さんは忘れていたが、それ以前アウエハントが来日した一九五七年、馬淵東一宅で最初に会っている。

九七二年五月）を全部読んだのね。

——じゃあ、馬淵さんのところでは『親族の基本構造』を、古野さんのところでは『構造人類学』をもうすでに読んでいたんですね。

山口　そうだね。その頃は、社会学の松平斉光が非常勤で教えに来ていてね。それで、松平氏のところではマルセル・モースの“Manuel d'éthnographie”（『民族学提要』）というのを読んでいたわけです。先生一人、生徒一人でね。松平氏はモース自身についた人物だからね。

それから西村朝日太郎という早稲田の教授が教えに来ていたんだ。西村朝日太郎氏はヴィルヘルム・ミュールマンの“Methodik der Völkerkunde”（『民族学方法論』）というテキストを使って、それも生徒は僕一人だったけどね。この本は僕にはなかなか影響があった本なんだ。人間の認識が場によって決まるということね。調査される社会は調査するものとの関係によって違ってくるはずだというようなことを論じていたんだけれどもね。ただ、人類学というのは、どうもアメリカやイギリスの戦勝国の学問という感じがあって、ドイツのような負けた国の学問なんて問題にしないといって片っ端から切り捨てる傾向があるわけね。それがいまでも続いているんだ。だから、日本に対しても何となくそういうところがあるんだよ。それは問題にしなくちゃならないと思うんだよ。レオ・フロベニウスなんて全然鼻も引っかけなくなったしね。

——戦勝国だけの考え方が主流になって行くというのは、山口さんの敗者学にも繋がっていますね。

山口　結局、そういうことなんだね。日本も第二次大戦で負けたのに、それが射程に入ってこないんだ。

――本来であれば、そこのところを見直すところからじゃないと話が始まらないのに、そこは無視してきたと。

山口　そうやって、戦後の日本が発展してきたんだな。

――岡さんについては、どうでしょう。一番山口さんへの影響が大きかったように思いますが。

山口　そういうことになるね。岡氏はさ、平凡社のある種の前提になった東方社であやしい光を放っているでしょ。東方社というのは、勝野金政《きんまさ》なんかが加わったりしていたところで、戦後の岡氏の転換をみるのに必要な部分なんだよ。それをみんなできるだけ隠そうとしたからね。東方社には林達夫も加わっていたけど、林達夫も隠そうとしていたところがあるしね。

――その辺は岡さんは全然話されなかったんですか。

山口　全く話さなかった。そう、彼自身についてもう一回考えてみるのもいいね。大正時代に東大を卒業したのかな。その前に、高校を卒業した頃、ソシアリストと言っていいんだかアナーキストと言っていいんだかよく判らないんだけど、大杉栄が仙台二高に講演に来たとき、大杉栄の肖像画を油絵で描いているんだ。それは岡さんの家に残っていると思うけどね。それからあと柳田（国男）さんのところに行ったわけでしょ。それで一九二九（昭和四）年頃にウィーンに留学したんだね。戦前に何をやっていたのかというと、これは世間の人は全然知らないんだけど、パプア・ニューギニアに親子で熱中してね、オセアニアの事物を集めていたんだよ。集めたものはどこに消えたのか判らないけどね。それについてのカタログが二冊出ているんだけど、それは全然知られていないんだよ（南の会編『ニューギニア土俗品図集――南洋興発株式会社蒐集（上・下巻）』南洋興発、一九三七年六月・一九四〇年三月）。松本信広（神話学）とかそういう人物が関わっていてね。

――そのカタログというのは岡さんが編集か監修みたいな形だったんですか。

山口　そうでしょう（「南の会」同人は、岡正雄、小林知生、杉浦健一、中野朝明、松本信広、八幡一郎）。岡氏がどれくらいオセアニアにコミットしたのか判らないけど、カタログそのものは相当細かい編集をやっているんだ。戦後、それについても語らなかったね。

――語らなかったというのはどうしてなんでしょう。

山口　日本の南方進出の土台を作ったということだろうと思うんだけどね。ウィーンから戻ってきて、その後民族研究所に入ったわけね。それはアメリカ領事館を追い出してそこに入ったんだ。民族研究所の所長は高田保馬《たかたやすま》だったね。戦後は、信州に引きこもってね。そのときに漫画家の一人が口入れして、『スーパーマン』の月刊誌的なもの（コミックス社）を出したんだ。これはあまり上手く行かなかったらしいけどね。それ以前、戦争が終わる前には、東方社に入ると。その頃、陸軍の中佐、少佐に仲がいいのが多かったのね。それはウィーンのときの駐在武官たちだと思うんだよ。岡さんはウィーン時代によく旅行したというんだ。だからそのときに、通信的な手助けをしたんじゃないかと思うんだけどね。

――それはスパイということですか。

山口　その辺はなんとも言えないけどね。グーテンホーフ光子なんかとも接触があったらしい。

――さきほどのパプア・ニューギニアのいろんなものを集めていたというのは、岡さんの『異人論その他』（言叢社、一九七九年十二月刊）に掲載されている論文なんかにも多少影響していたんでしょうか。確かニューギニアの仮面なんかも取り上げて論じていたと思うんですが。

◉岡正雄氏（手前）と先輩の竹村卓二氏と

山口　それは関係あるともないとも言い難いけどね。まあ、執筆していた時期は似たようなものだろうけど。

――話は戻りますが、『スーパーマン』を出したあとに、上手く行かなくて、その後大学で教えるようになるんですかね。

山口　それからしばらくしてからでしょうね。都立大で教えるようになったのは、一九五一（昭和二十六）年頃じゃない。

――そこに山口さんが入るわけですね。岡さんについては、山口さん自身もいろいろ想い出があると思うんですけれども。

山口　そうね。下北半島に調査に行ったときにね。これは年寄りを集めて話を聞いたんだけど、その聞き方が実に上手いんだね。さすがフィールドワーカーとして柳田氏の弟子だけのことはあると。まあ、そのほかにもいろんなことがあるけど、都立大学の研究室もそういう意味では、岡さんがいたんで凄く面白かったんだね。いつまでも座談をやっているからね。馬淵さんは馬淵さんで、自分の研究室で学生と話をすることを続けていたけどね。

――講義も研究室でなさることが多かったんですか。

山口　そうだね。馬淵さんは自分の持っているフランス語の本なんかを引っぱり出して説明しながらやることが多かった。

――エリアーデを読むようになったのは、その頃ですか。

山口　うん、エリアーデはその頃読んで『民族学研究』に書評を書いたんだね。

――エリアーデの『シャーマニズム』（この本はその後、堀一郎訳『シャーマニズム――古代的エクスタシー技術』冬樹社、一九七四年十一月として翻訳され、更に『シャーマニズム』上・下巻でちくま学芸文庫、二〇〇四年四月に収録された）についてでしたよね（「M・エリアーデ『シャーマニズムとアーカイックな憑依技術』Paris. 1951」のちに『人類学的思考』に収録）。エリアーデの名前は、馬淵さんに教わったんですか。それとも、ご自分で本を見つけたんですか。

山口　自分で本屋で探したんだね。エリアーデはシベリアなんかの知識が豊富だからね。そういう意味では岡さんの関心とも合うしね。

その頃、これは大学で授業を受けたというわけではなかったんだけど、徳永康元という人物がいてね。徳永さんは大学院に入ってから学界でたぶん会ったんだろうと思うんだけどね。毎週一回、自分の家に来ていいという日が決まっていてね、その日に行っては喋っていたね。

――徳永さんというのは、ハンガリーの言語学をやられていたかたですよね。

山口　言語学といっても、フィロロジー（文献学）のほうね。

――そうすると徳永さんから東欧関係のいろいろな情報を得たということなんでしょうか。

山口　そうだね。

◉徳永康元氏と（1999年2～3月、銀座にある画廊・巷房で開催された山口さんのドローイング展「越境の人」にて）

――もしかすると、山口さんが、ロシア文学であるとかチェコの研究とかを専門にやっていないのに、東欧関係のものに関心を持って詳しくご存知なのは、その頃の徳永さんの影響なんでしょうかね。

山口　それはあると思うね。徳永さんは留学していたときのコダーイのこととかバルトークのこととか、同時代の関心については、よく話していたね。バルトークがニューヨークに去るときの最後のコンサートを聴きに行ったことがあるとかね。

――山口さんは最初はシベリアについて研究しようとしたんですよね。

山口　そう、だからロシア語も少し勉強したんだ。

――岡さんがかかわった平凡社の『世界大百科事典』の「ヤクート族」とか「ユカギール族」とかの項目を山口さんは執筆してらっしゃいますよね（本書九六～九七頁に収録）。それが関心のあった頃なんですか。

山口 シベリアに関心があって、シベリアのシャーマニズムをやろうということでね。その関係の本も読んだりしていたんだ。

――その過程でエリアーデの『シャーマニズム』と出会ったんでしょうか。

山口 ああ、そうかもしれないね。

――それがアフリカの方に関心が向いたのはどういうところからだったんですか。

山口 もともとアフリカに対する関心は、ジョージ・トムソンの“Aeschylus and Athens”（『アエスキュロスとアテネ市民』）という本があって、ギリシアのフォークロア的なバックグラウンドを説明するためにアフリカが出てきたのね。ジョージ・トムソンみたいなのが出てきたのは、その頃のイギリスの共産党の一つのいい傾向でね。クリストファ・コードウェルもそうだね。“Illusion and reality”（『幻影と現実――詩の源泉の研究』のタイトルで長谷川鉱平訳が法政大学出版局から一九六九年九月に、『幻想と現実――詩の源泉についての研究』のタイトルで玉井茂ほか訳が未来社から一九七二年二月に出版された）という本は、人類学の本を使いながら、十七世紀のイギリスの詩について語るという本だし、この“Illusion and reality”ばかりじゃなくて“Studies in a dying culture”（『滅びゆく文化の研究』）とかも読んで、これは文明に対して切り込んだ、凄くいい本だったんだね。そういうふうなものは、誰かに相談して読んでいたというんじゃないわけね。

――そうした本を読むなかでアフリカに近づいて行ったということなんですかね。

山口　そうだね。それで一九九一、二年くらいにマドリードに行ったときに、〝科学者の家〟というところに泊まったことがあるんだ。その科学者の家というのは、教会の建物を改装したようなところなんだけど、入口を入ったところの横の壁に名前が書いてあってさ、ここには次のようなデモクラシーのために死んだ人たちが泊まったとあって、そのなかにクリストファ・コードウエルの名前が書いてあったんだよ。それを見たときには感激したね。

――確かに、それは感動的ですね。

都立大学時代の先生については、いろいろお聞きしてきましたけれども、当時の同級生にはどういうかたたちがいらっしゃったんですか。村武精一さんは同級生なんですか、それとも一年上ですか。

山口　同級生だね。

――野口武徳さんも同級生？

山口　いや、彼は下なんだよ。

――原忠彦さんや原ひろ子さんというのは都立大ではなかったんですよね。

山口　原氏は東大だね。あの頃東京の人類学は東大と都立大に分かれていたんだけど、似たような年の人たちとは仲良くしていたわけですよ。川田（順造）氏や長島（信弘）氏なんかもそうだね。

＊以下は、山口さんが平凡社の『世界大百科事典 第二十二巻』（一九六七年十一月）のために執筆したシベリアの民族「ユカギール族」と「ヤクート族」の項目である。

ユカギール族

北極海に面したシベリアの北東部、すなわち現在のヤクート自治共和国の北部にあたるヤナ川、インディギルカ川、コリマ川およびその支流オモロン川などの流域に散住する種族。かつては北極海沿岸から西はレナ川、南はヴェルホヤンスク山脈、東はスタノヴォイ山脈までひろがっていたが、トゥングース族およびヤクート族による圧迫のため現在の地域に限られ、その数も減少の一途をたどり、一八五九年には二、三五〇人であったが、一九五九年現在四四二人を数えるにすぎない。ユーカギールYukagirという名称はロシア人がヤクート族から借用したものであるが、彼らはオドゥル（〈強大な〉の意）と自称している。古アジア（または旧シベリア）諸族に属しているが、トゥングース族との混血が著しく、体質的には、むしろモンゴロイドに近い特性を示しており、生活様式や服装などにもトゥングースの影響が著しくみられる。チュクチ族、コリヤーク族のごとく彼らもトナカイ飼育民と、数は少ないが養犬民とに分化している。彼らが最初からトナカイ飼育民であったか否かということについては、はっきりした証拠はない。しかし現在のユカギール族のトナカイ飼育はトゥングース族の影響によることは明らかである。ユカギール族の伝説にはもともとトナカイを飼育しつつ放浪していたと説くものもあるが、最初のロシア人の記録では川辺に竪穴《たてあな》式住居を営む狩猟・漁労民として記述している。現存するユカギール族のなかで比較的大きな集団はコリマ川流域とオモロン川流域のそれであるが、後者は前者に比べてトゥングース化の度合が顕著である。コリマ川流域のユカギール族は冬季の四カ月間くらい河口に定住しているが、早春に小屋を去り、犬ぞりに円錐形の皮製テントを携行して、上流およびその支流を、野生のトナカイ、鳥類、オオシカ（麋）およびその他の毛皮獣の狩猟に従事しながらさかのぼり、初夏に漁労を営みながら川を下り、晩秋に河口の定住地に帰還する。漁獲物はこのさい冬にそなえて乾魚にされた。婚姻は母処婚が一般的であった。そのさいヤクート族やトゥングース族のごとき身請金は当然支払われないが、許嫁者の若者は婚約期間中嫁の家族にさまざまな奉仕をするのがつねで、嫁の両親の許可がありしだい猟具などの身の回りの必需品を携えて移住した。結婚以前の性的交渉は自由に容認された。婿の地位は妻の家族内の年長の男子に対して従属的なものであり、財産の相続は男系を通じて行われた。信仰はシベリアの他の種族のごとくシャーマニズムにいろどられていた。シャーマン自身が、死後崇拝・供犠の対象となった。シャーマンの服装・太鼓などは固有の特色を失ってトゥングース化している。崇拝動物としてのオオシカに関して、さまざまな儀礼や禁制が行われた。

ヤクート族

東シベリアにおける最大の種族。その大多数は今日ヤクート自治共和国に分布している。人口からみれば、一九五九年の国勢調査では総人口約二三七、〇〇〇で、そのうち二二六、〇五三人がヤクート自治共和国に集中している。しかしもともと彼らはこの地に定住していたものではなく、その種族系統も南イェニセイ・トルコ族といわれ、イェニセイ川上流キルギス草原の故地からバイカル湖付近に移動・分布していたものが、一三〜一四世紀頃ブリヤート族によってさらに北方に駆逐され、先住民であるトゥングース族を圧迫しながら、レナ川の中流、ヤクーチヤ（今日の分布地帯）各地に散住するにいたったと推定されている。したがって長い期間にわたる他種族との接触の結果、蒙古族、トゥングース族あるいは古アジア諸族などとの混血もかなり行われたが、純粋のトルコ型に近いと考えられる富裕な長老たちはつぎのような形質的特徴をそなえている。身長は高くなく、栄養がよいと肥満する傾向がある。手は長くて細く、足は短くて曲がっており、その腓《こむら》の発達は弱い。手の親指は他の指に近くついており、そのため手の握りはロシア人のそれより小さい。頸《けい》骨は強く発達し結節瘤《りゅう》を形成している。目は黒色で大きく、かつ細長く、まっすぐに切れている。鼻は長くて太く、しばしばかぎ鼻である。頬《きょう》骨は中庸である。顔色は浅黒い。髪は黒く、こわくて直線である。顔面にはほとんどひげがはえない。ヤクート人はトゥングース人よりは強いが、後者ほど行動的ではなく、忍耐力もない。行動のどっしりしたことと言語のきちょうめんなことが彼らの行為の模範となっている。ヤクート族はもともと馬の飼育を主とする遊牧民であったが、のちに牛の飼育にしだいに重点を移し、それとともに穀物栽培を中心とした定住農耕民に変容をとげるにいたった。といっても半遊牧的養畜は依然として彼らの間に行われ、毎年初夏に冬舎を出て夏舎に移動し、秋季に牧草の刈りとりが終るとまた冬舎に帰る。年二回の移住生活も保持されていた。住民がまったく農業的になったところでは、もちろん移動遊牧は行われない。移動当時は族長的・氏族的社会を構成していたが、養牛・農耕への転移にともなって旧来の氏族制の弱化がみられ、〈ウルス〉（語原不詳、全シベリアにひろまっている）、〈ナスレグ〉（ロシア語起原）などのゆるい人為的・外来的氏族連合に移行した。土地所有形態は土地の開墾への参加状況によってきまる。すなわち一家族開墾の場合はその家族に所有権・相続権が認められ、共同開墾の場合は共有地として氏族長老会議の判決により分配された。彼らの家族あるいは氏族においては、家長あるいは氏族長である年長者（父）の権能はきわめて大きい。しかし両親が老衰すれば、家庭内の権力はただちに他の年長者の手に移り、老人はまったく無力なものとして虐待されるのがつねであった。一方、遊牧民のつねとして婦人の社会的地位は低いものではなく、氏族や家族の会議において婦人が重要な役割をしばしば果たしたことが指摘されている。結婚は族外婚、しかも身請金によるもので、この金額を調達できない若者たちは一定の期間、嫁の両親のもとで働くことを余儀なくされた。一九世紀末、彼らの大半はロシア正教に帰依していたが、古い信仰は依然として捨ててはいなかった。遊牧生活に由来する彼らの馬崇拝は有名であるが、近接のアルタイ系諸族と同じく最高神（アイ・トヨン）を中心としたシャーマニスティックな崇拝および馬の供犠が行われた。

◉壁画に描かれたヤクート族のシャーマンと九人の補助霊

——原忠彦さんの追悼文（「原忠彦教授の死を悼む」『山口昌男ラビリンス』所収）のなかで、山口さんは、当時、弟の忠さんが予備校に通われていて、朝、家を出ていくときに山口さんと原さんが話をされていて、夕方戻ってきたらまだ同じような状態で話をされていたと書いていますね。

山口　姿勢が全然変わっていなかったとね（笑）。ということは、昔はそんなにトイレが近くなかったということだね（笑）。

——同級生ではなかったのでしょうけれども、坪井（当時は、郷田姓）洋文さんとは親しかったんでしょ？

山口　彼は僕と同時に都立大を受けに来てね、英語が苦手だったから、答案に何も書かないでさっと出ていったんですよ。そこではじめて会ったわけね。彼は柳田国男の弟子でありながら、稲作民を中心とした常民観には同意しないで、イモ、雑穀に基づく文化を提唱したんだね。そういう意味では、面白い立場にあるわけですよ。

——坪井さんというのは、都立大には入らなかったけれども、常に岡さんのところで一緒にいることが多かったんですか。

山口　彼は岡さんの愛弟子と言えば、最高の愛弟子だったかもしれないね。

——調査とかもご一緒に？

山口　坪井氏がらみで調査に行ったことは多いね。例えば、広島の奥の比婆郡に坪井氏と共に行ってね、これは面白かったね。龍のかたちをして訪れる神が憑依する人物を見たりね。

――それはかなりあとのことですよね。

山口　もう岡さんが死んでからね。坪井氏のおかげで日本民俗の実際のかたちというのを見ることができた。

――海外は別として、日本での民俗的な調査というのは、坪井さんと同行してということが多かったんですか。

山口　そうですね。でもまあ、後半の演劇的なものは森尻（純夫）くん（早稲田銅鑼魔館主宰）とかが一緒に行ったことが多かったけどね。

――最初のフィールドワークはどちらに行かれたんですか。

山口　坪井、蒲生（正男）、村武と共に、伊豆大島のほうにね。大島から新島まで行って、年齢階梯の調査をしたんだけど、僕はそのときは見ていたという感じだったけどね。

――まあ、それで修士論文（「アフリカ王制研究序説――アフリカにおける王権のパターン」）を書かれるわけですけれども。

山口　その大半は、天理参考館のアフリカ文庫にこもって資料を調べて書いたんだね。アフリカ文庫の由来は、海軍技術中将・徳川武定がルーズベルトのアフリカ探検に感動して、日本に入ってくるアフリカに関する文献を片っ端から集めたというコレクションを基にしているんだね。

――修士論文ではすでに山口さんがのちに調査されるジュクン族についても触れていますけれども、行かれる前から相当知識は持っていたということですよね。

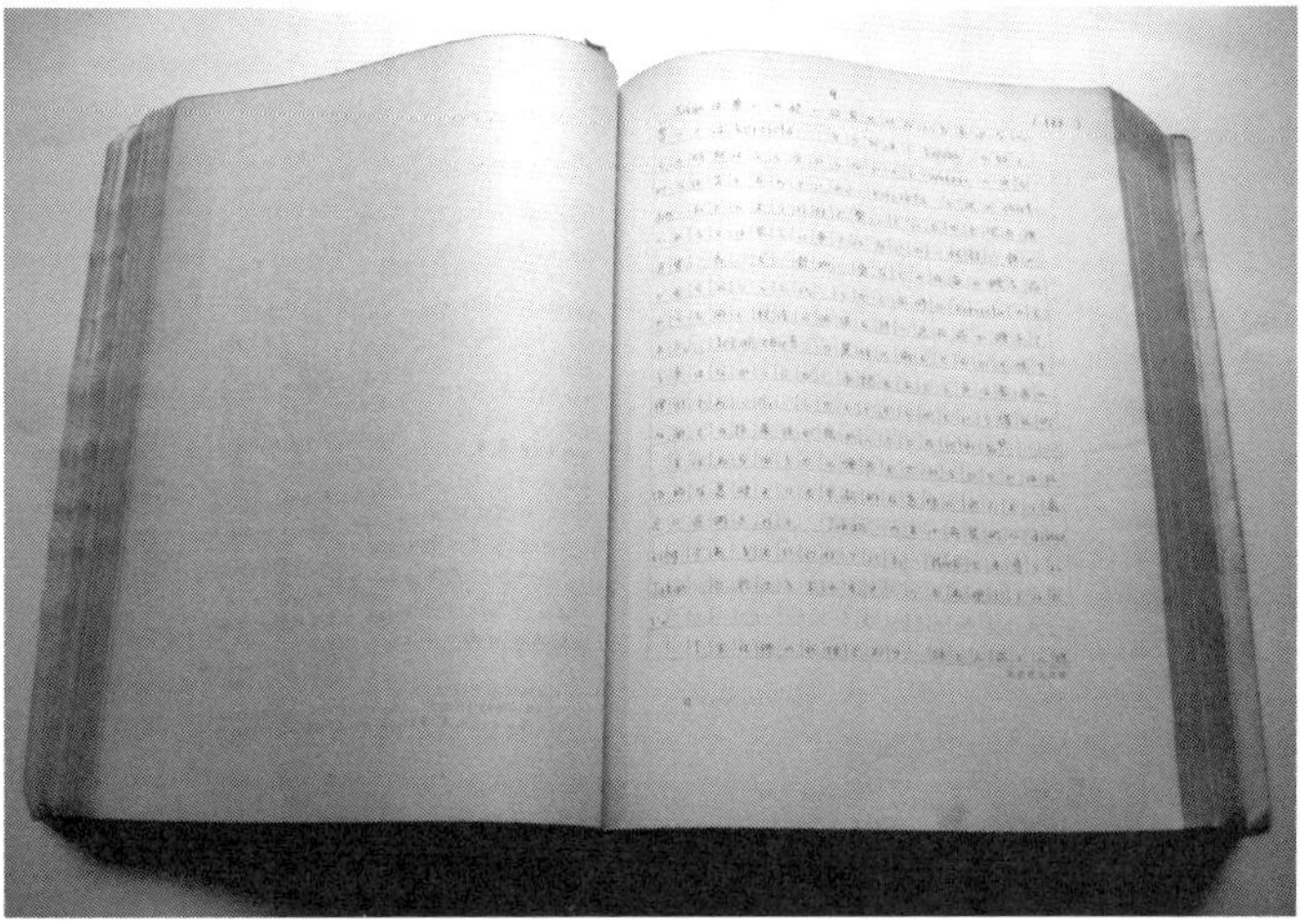

◉修士論文『アフリカ王制研究序説――アフリカにおける王権のパターン』、論文審査委員は主査・岡正雄氏（指導教授）、委員は馬淵東一氏、鈴木二郎氏。清書は石井進、大隅和雄、野口武徳の三氏が行った。

山口　でも、それだけの資料があったということでね、実は行ったときは結構きつかったんだよ。昔、C・K・ミークという人が調査に来たときに全部喋っちゃったからって、全然喋らないんだよ。ミークに喋った人はその後にすぐ死んだから、人類学者にはものを喋るなとかね。

――アフリカについては、また改めてお伺いすることにして、都立大のときに山口さんは柳田国男に会いに行かれていますけれども、それはどなたのご紹介だったんですか。

山口　蒲生正男だね。彼が行くんで一緒に行かないかというので、村武と三人で行ったんだ。あれは、一九六一（昭和三十六）年の八月十八日だったと思うよ。僕の誕生日だったんで覚えているんだ。柳田国男は石井進のことを聞いてね。石井くんはよくできる学生だったねえと言ってね。君は北海道か。北海道じゃ民俗学は駄目だねと言うんだ。

――それは何故ですか。

山口　北海道はアイヌしかいないと。

――でも、アイヌを民俗学的に調査するということも可能ですよね。

山口　そういう考えは柳田国男には全くなかったんだよ。

――その頃、山口さんは「柳田に弟子なし」（『人類学的思考』に収録）という文章を書かれますよね。そこに「若き民俗学徒への手紙」とありますが、これはどなたのことだったんですか。

山口　その頃親しかったのは伊藤清司だったけど、それは別に特定する必要はないよ。

――都立大学のあとに博士課程に進んで、一方でＩＣＵ（国際基督教大学）の非常勤の助手になりますよね。それはどういう経緯だったんですか。

山口　都立大に講師として教えに来ていたＩＣＵの人が、ウィリアム・ニューエルという人がＩＣＵで教えていて、彼が助手を一人欲しがっていたので、山口さん行かないかということだったんだ。[*一]

＊一　のちに長島信弘さんからお聞きしたところによれば、山口さんをＩＣＵに誘ったのは、原忠彦さんであったとのことである。原さんは一九六二（昭和三十七）年に東パキスタン（現・バングラデシュ）に調査に赴くことになり、その後任として山口さんを推薦した。なお、山口さんがナイジェリアに行くことになって、その後任として山口さんが推薦したのが長島さんだった。

――学生に大塚信一（元岩波書店社長）さんがいらっしゃったんですね。

山口　そうね。

――渡辺勝夫さん（元『群像』編集長）もいらっしゃったんでしょ。

山口　そう、彼は爽快な人間だったね。

――そのとき山口さんは教えてはいらっしゃらなかったんですか。

山口　うん、教えてはいなかったけど、自主ゼミをね、大塚くんたちがデュルケームの『社会分業論』を読んだときにつき合ったんだよ。大塚に、卒業したらどうするつもりって聞いたら、岩波に行きたいと。岩波とかNHKとかは行かないほうがいいよと僕は言ったんだけど、しばらくして、受けたらその二つとも受かったと言うんだ。それで僕は入っちゃったんじゃ仕方がないと。岩波も部署はいろいろ移るだろうから、それぞれ一回くらいは助けて協力すると言ったんだ。彼が『思想』に入ったから、「文化の中の「知識人」像」を寄稿したわけね。あと一回「人類学的認識の諸前提」も書いている（共に『人類学的思考』に収録）。その後も新書に移ったんで『アフリカの神話的世界』を書いたり、叢書の『文化の現在』についても、巻の構成についてアドバイスしたりね。岩波はあのときが一番輝いていたんですよ。雑誌の『へるめす』をやっているうちにだんだん調子が落ちてきて、赤字ではないけど思ったほど売れないというので、編集委員をみな首にしてね、雑誌は続けたけど、そのままのたれ死にしちゃったからね。

――山口さんたちが辞めたら、とたんに『へるめす』はつまらなくなっちゃいましたね。

山口　まあ、出版との関係は中央公論の塙（嘉彦）くんとかいろいろあるからね。

――そうですね。それはもっと先の話ですが、ただ、出版ということでは、ＩＣＵの時代に白水社のクセジュ文庫から三冊翻訳を出されていますよね（ジャック・ブリアール『青銅時代』、アンリ・ラブレ『黒いアフリカの歴史』、ユベール・デシャン『黒いアフリカの宗教』）。

山口　あれは自分が勉強し直すためにやったわけね。

――白水社との関係は、誰かの紹介ということだったんですか。

山口　確か、上田というのがいたんだ。ずっと前に辞めたけどね。全くの文学青年でね。

――そのかたと知り合いだったんですか。

山口　そうそう。

――その頃に長男の類児さんが誕生するんですね。年表によると一九六三年六月です。また、生まれた頃に古本屋をうろついていたという話はあるんですか。

山口　類児のときもそうなんだよね（笑）。朝から神保町に行って帰ってきたら生まれていたという。次男の拓夢のときは、午前三時に家内が産気づいたんだけど、僕は結局は目が覚めなかったんだ。将来どっちの息子にも面倒はみてもらえないよとあとで言われたけどね（笑）。

――ＩＣＵの後に、ナイジェリアに行かれるわけですけれども、それは……。

山口　“Times Literary Supplement”（『タイムズ文芸時評』）を読んでいたら、そこにアドバタイジングが出ていて、アフリカのイバダン大学で講師のポストを募集しているというんで、それに応募して受かったんだ。あとで聞いたところによると、最後に残ったのが、アメリカ人一人、イギリス人一人、日本人一人の三人。そのポストは、ロックフェラー財団の基金によるもので、アメリカが通ればイギリスから異存が出るだろうし、イギリスが通ればアメリカから異存が出るだろうと。そこで日本を通すことにしたらしい。ところが呼んでみたら「お前は全然英語を喋れないじゃないか」と（笑）。普通は、まず英語を喋れない奴で応募する人なんかいないだろうということで書類審査だけで通っちゃったんだね。

―― それで山口さんと奥さんと類児さんの三人がアフリカに旅立つわけですね。それが、一九六三年の十月ですね。

＊次に掲載した二篇は、山口さんが麻布学園で教師をしていた時代に、クラスで作られたガリ版刷の雑誌に掲載された若き日の文章である。

麻布学園教諭時代の文章

無　題

彼はどちらかと言えば「泣き虫小僧」であった。そんな事もあって、彼は外で遊ぶのを余り好かなかった。彼の家の二階の奥まった部屋でひねもす古びた蓄音機のそばで、ナニワブシとか、ハヤリウタとか、ギダイユウのレコードに耳をかたむけるのだった。そして夕方になって表に附近の子らが居なくなると、やっと羽を伸して外を歩き廻り、月影の影法師とたわむれるのだった。そんな彼を附近の子供は「こうもり」と呼んでいた。（五歳）

＊

家に閉じこもって彼のした事といえば、漫画描きであった。彼の手許には何時も二冊のノートが置かれていた。一冊は無罫の白紙ノートで、他の一冊は小学初級の算術用のノートである。後者を彼は本格的な漫画でうめていた。彼のはいつも探偵漫画だ。主人公の少年探偵の所に宝石が盗まれたという電話がかかり、ハンチングをかぶりストッキングをはいた少年探偵が、秘書の鳩を肩に飛び出すところに始まるのが常であった。もう一冊には雑誌、絵本のたぐいの気に入った絵を片端から写した。彼は漫画家になる事以外は考えていなかった。（五～七歳）

＊

小学校に入った彼は一応「出来る子」として廻りの子供達のソンケイを得たこともあって自信を得たのか、もう泣き虫ではなかった。所が彼の隣りに坐った女の子はひどい泣き虫で、時間中もオシッコしたいと言っては泣き、お家へ帰りたいと言っては泣く。それだけならよいとしても、たまらなかったのは、そんな時先生が必ず隣りの彼と手を繋がせる事だった。その子は手を繋いでいるときはおとなしくなるが、離すとたちまち堤防が切れた雨期の大河の如くに、どっと泣き出す。その度に今度は彼が叱られるといった毎日がかなりの間続いた。そんなことが潜在意識となってか、彼は所謂大人になっても一般の人々のように御婦人とお手々繋いで野道を歩き度いと考えた事はなかった。

彼が大学の学生として故郷へ帰省した或る夏、彼は十何年振りかでその元泣き虫の女の子に出逢った。元女の子は勿論彼に気附くはずはない。彼女が一人でなかったという事と、例の泣き止めの応急手当てを施されていた事によるものであった。彼は十何年か前の彼のうらみを想い起して、こみ上げるおかしさを抑えながらその場を立ち去ったものである。

＊

中学校に入った時、彼は相変らず出来る子としては通っていた。しかし彼に苦手な学科が一つあった。大抵の課目は素直に成し遂げていた彼であったが、ギャングの異称のある傲慢な配属将校の教練だけはどうしても戴けなかった。であるから、この時間は大抵ぼんやり外の事を空想していた。学期末の試験は十人単位で様々な訓練が課せられる訳であるが、並びながら相変らず何事か考えるともなく突っ立っていた。その時「右向け前へ進メ！」という号令が掛かった。突っさに彼は歩き出す。誰も一緒に来ない。彼は左向きに前進していたのであった。勿論、教練は彼一人「可」を押された。

＊

彼は余り可愛い中学生という事が出来なかったが、それでも他の同級生と異なり、ひどく上級生から可愛がられたものである。上級生達は援農先から実に思やりの深い手紙を寄こしたものである。学用品、参考書の不足した時代であったが、色々な上級生が呉れるもので彼は少しも不自由に感じたことはなかった。上級生はよく目をつぶらせて整列ビンタを喰わしたものであるが、彼の前へ来ると誰もが両手でビタンと拍手するだけで通り過ぎるのが常であった。彼自身は決して自分が可愛い子であると考えたことはなかったが、そのうちこの確信は揺らぎはじめた。「僕に、なにか人をひきつける所があるのか」と考える程うぬぼれるに至ったが、具体的に何も浮かばなかった。彼は少し美しいと言われた女学生を姉に持っていたということに気がついたのはずっとずっと後の事であった。（『しぶがき』麻布中学校三年五組、一九五六年十月）

上野君へ

上野君

明けましておめでとう

今これを書いているのは、まさしく五七年十二月、街では師走の風にのってクリスマス狂騒曲が奏でられているその二十四日なのだけれど、君の手に渡る日時を考えて新年の挨拶を送ります。

昨年は人工衛星をはじめ世界的に随分大きな事件が相次いで起ったけれど、それにおとらず大きな変化を経験しました。何しろ少し前まで共にテニスをたのしんでいた君が突然入院する事になったのだからお母さんを含めて我々もすっかり驚いてしまったのを、つい此の前の様に記憶して居ります。それからもう半年を経た今日、我々は平気な顔をして「もう半年」と事もなげに言うが、矢張り寝ている人には大へんな月日だろうと思います。しかし、時々見舞に行く人の話、又訪ねた時の僕の印象、君の手紙から推して、君は却って入院以前より快活になり、或る安定感を与える様な感じを雰囲気として持って来ている様に思われました。始めのうちはどうしてかな？　と考えました。そして君を取りまく病院の人達のあたたかい、思いやりにあふれた雰囲気に直結している事に気がつきました。実際これは我々全体の責任なのだけれど学校生活こそそういう面ではひけを取らないはずなのに、様々の事情（自分だけの生活しか考えられない無関心主義、或る場合には全体を立てるために自己を抑えるといった義務と責任感を欠く自己中心主義など）に妨げられて仲々そういった雰囲気を作るのは難しい事です。だから、学校では案外一人一人が孤独なのではないかと思われます。そんな事を克服するためにこの一年間六組では色々な級友が色々と努力を重ね、その一つとしてこの文集も作られた訳です。これらの事が成功であったかどうかという事は、又来年一人一人が次のクラスでどの様に行動するかという事に表れるのではないかと思います。

この一年をふりかえってみると我々の小さい世界にもそれにふさわしい様々な事が起って来たような気がします。楽しい事も多かった。しかし同時に皆の胸に苦しい事、いらだつ事も万積されたこともあったにちがいないが、それだけにお互いを単に表面的なものに留らず深く知る機会を得ただろうし、それと同時にその様な感情を通して自分の知らなかった側面を色々と見出す事も多かったのではないかと思います。僕自身にとってもそういった意味で随分勉強になりました。

この様な事は、しかし君の場合でも例外ではないと思います。日夜顔を会わせて生活しているのですから、それだけにそういう感情の処理は難しい事もあろうかと思います。しかしその際決してそういう感情に自分のすべてをまかせたり、変にすりかえたりせずに誠実に自分をみつめて下さい。自分が少しずつ変っていくのがわかると思います。人は知識の集積によってのみ人間として成長していくのではなく、自分の直面した苦しみをどう処理して新しい自分をきり開いていくかという事によって生長していくものと思います。ゲーテは決して根拠無しに「涙と共にパンを喰べた事のない奴に人生の味なんて解りやしねえ」とタンカを切った訳ではないと思います。

新春のものにしては余り楽しくない事を書きつらねてしまいましたが、楽しい事はこの「たけのこ」中に満載されているはずです。クラスの雰囲気、一人一人の表情を想い浮べながらゆっくり読んで下さい。冬の厳しさは少しは和らげられるだろうし、そうするうちに又快い空気を胸一杯吸い込める春がやって来ようというものです。

一日も早く病癒えて学園に復帰する日を級友ともども待ちわびています。（『たけのこ』麻布高校一年六組、一九五八年一月二十九日）

◉麻布学園で
教諭を務めている頃

第五章　アフリカにて――1963-1968

――前回はアフリカに行かれる前までのお話をお聞きしたんですが、大学院にいる頃から、山口さんはそろそろいろんなところに文章を発表し始めていますね。例えば、寺山修司が引用した*一「未開社会における歌謡」は『国文学――解釈と鑑賞』第二十五巻第十四号（一九六〇年十二月）に発表されています（『人類学的思考』に収録）。あれは未開社会の歌謡、詩の問題を扱っていますけれども、当時山口さんは詩に対する関心はおありだったんですか。

＊一　寺山修司は、『短歌』第十巻第四号（一九六三年四月）に掲載した「古代歌謡のカオス――日本歌謡史のための序」のなかで、まだ一般にはあまり知られていなかった山口さんが『国文学――解釈と鑑賞』に執筆した「未開社会における歌謡」を引用した。この文章は、のちに「歌謡曲の古典」と改題して『遊撃とその誇り――寺山修司評論集』（三一書房、一九六六年四月）に収録された。

山口　僕自身はそんなに言葉において詩にしがみつくということはなかったね。前にも言ったけど、高等学校のときの教師に原田奈翁雄がいたんだ。それで、彼に詩集を読まされたりしたけど、僕自身は、それほどではなかったね。

――以前、立原道造がお好きだとも伺いましたが？

山口　立原道造は全集を買ってそれを読んでいたけどね。

――これも以前に、谷川俊太郎さんが詩集『二十億光年の孤独』（創元社、一九五二年六月）を出版されたときに買って読んだとお聞きしましたが……。

山口　それはそうだけどね。

――演劇に対する関心と較べると、詩に対する関心はそれほどでもなかった？

山口　そうね、演劇に対する関心のほうが強かったね。

――漫画についてはどうですか。『日本文学』第九巻第六号（一九六〇年六月）に書かれた漫画論（「子供のためのマンガから――独断的俗悪マンガ論」、のちに「マンガと劇画」と改題して『人類学的思考』に収録）はかなり先駆的なものでしたけれども、取り上げられているものを見ると、貸本屋向けの漫画が多いんですが、当時は漫画を貸本屋で借りて読んだりしていたんですか。

山口　借りた覚えはないから、買って読んだんだろうね。

――大学生が漫画を読むというので話題になったのは、七〇年代に入ってからだったと思いますけれども、それより十年くらい早く読んでいたということになりますね。周りにそういうかたというのはいらっしゃいました？

山口　いなかったね。大学のクラスの集まりのときに、将来何になりたいかという話をして、僕は漫画家か演劇批評家になりたいと言ってみんなあきれたというのは、際立った出来事だったと思うんだよね。

――そうすると、演劇と同時に、漫画に対する関心は人一倍強かったわけですね。

山口　僕は漫画のような形での省略する方法、それが好きだったんだ。だから少年漫画でも、田河水泡の『蛸の八ちゃん』みたいなものとか、ああいう作品に表れた省略方法というのが好きでね。大正の終わりから昭和にかけての漫画家たちにはそういうところがあるんだよ。吉本三平という漫画家の動物の世界を非常に独特の手法でコンパクトに表現した作品も好きだった。

――『コグマノコロスケ』ですね。

山口　うん、そうね。

――省略法が好きだったというのはどういうことなんでしょう？

山口　それは日本の伝統芸術にある線を省略するという手法ね。清水崑の、特に人間の描き方というのは省略に基づいているわけだよ。当時はそれと同じくらい人気があったんだけど、近藤日出造のほうはそれほど好きになれなかった。彼は細かく描くほうだからね。

――杉浦茂はどうですか。もう少し後になりますが。

山口　うん、杉浦茂の場合は、むしろトランスフォーメーションでしょ。描き方がね。だから杉

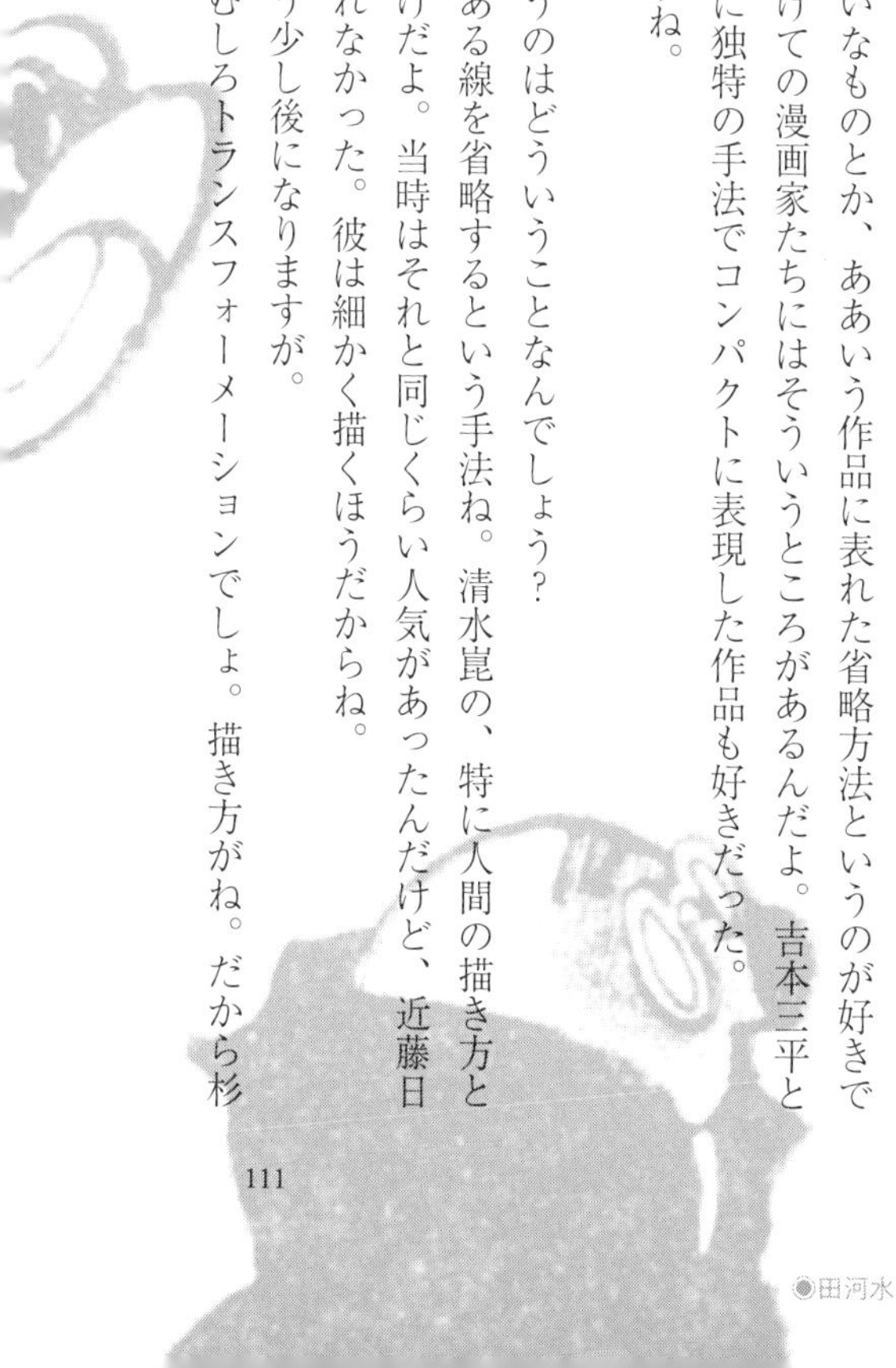

◉田河水泡画「蛸の八ちゃん」

浦茂を学ぼうとは思わなかった。

――同じ、田河水泡の弟子で長谷川町子なんかはどうですか。あまり興味はなかったですか。『サザエさん』なんかは？

山口 そんなに興味はなかったね。ほかにも弟子には山根赤鬼・青鬼もいたけど、彼らも好きになるタイプではなかったな。

――『ロボット三等兵』の前谷惟光はどうでしたか？

山口 前谷惟光はね、よく読んだけれども、前谷惟光ふうのドタバタを好きになるのは、もっとあとだね。

――それは、キートンとかのサイレント映画をご覧になるあたりですか。

山口 そうだね。

――当時ですと、『冒険ダン吉』の島田啓三がいましたよね。

山口 それはもう、島田啓三は好きな漫画家の一人だったね。

――『冒険ダン吉』は南洋に行ってという、ある意味人類学的な……。

山口 僕がナイジェリアで調査して歩いたときに連れて歩いた人間ね、背の高い奴でこれを原住民ナンバー・ワンに見立てて、僕自身はダン吉気取りだったけどね（笑）。

――一九六三年八月、『思想の科学』第五十三号に「徒党の系譜」（『人類学的思考』に収録）を書いてらっしゃいますね。いま、読み直すと、コメディア・デラルテの話も出てきて、後に書かれる『道化の民俗学』のテーマはすでに……。

山口　その頃に、僕は〝道化〟そのものの現象をはっきりと射程に収めていたわけね。でも、日本の知識人がそういうものを好きじゃないんだ。だからそういう問題は幾つかの形で出したけど、受け入れられなかったというところがあるね。

――「徒党の系譜」の掲載に当たって、当時反対する人たちがいたんでしょ。

山口　『思想の科学』のなかにいた大野明男というのがこれを載せるのに反対したという話は、編集長として僕にそういうものを書かせた森秀人が言っていたね。

――「アマチュアの使命」（『人類学的思考』に収録）もその後に『思想の科学』第五十四号（一九六三年九月）に発表されていますね。

山口　そうね。まあ、僕が世に出るには恰好な宣言ではあったわけで、『思想の科学』はその場を提供したということだけれどもね。

――当時『思想の科学』というのは、一般的にはどういう位置づけの雑誌だったんでしょう。割とポピュラーな雑誌だったんですか。

山口　学生なんかは結構読んでいたんじゃない。

――学生に対しては影響力のあった雑誌だったんですか。

山口　僕自身は手応えは感じなかったけどね。

――一般的にはそういう雑誌として捉えられていたけれども、山口さんの書くものは、学生には理解されなかったということですか。

山口　そうね。

――森さんと山口さんのおつき合いというのはずいぶんあったと森さん御自身は書いていますけれども（『実録　我が草莽伝――知識人たちの終宴』東京白川書院、一九八二年五月）。

山口　その頃、飲むのに結構僕が彼らについて歩いていたね。

――山口さんはその頃はまだ飲めなかったんですよね。飲めないでも、仲間という形で一緒にいらしたわけですか。

山口　そうね。

――平岡正明さんもその頃おつき合いがあったんですか。

山口　森氏のほうについていただけであって、僕はそれほどでもなかったけどね。

――森さんとはどんなお話をされたんですか。

山口　『思想の科学』に僕が書いたものを中心にじゃないかな。

――森さんとのおつき合いは長かったんですか。

山口　彼は板橋のほうに住んでいて、その頃はよく遊びに行ったけれども、そのうち、九州のほうに行っちゃったんで、彼とぴったりつき合うという時間は短かったんだ。

＊

◉アフリカへの出立直前羽田空港にて、向かって左より三人置いてニューエル氏、赤ちゃんの類児くんを抱く山口さん、石井進氏、ふさ子夫人、父親の親氏、母親のみわさん

――さて、そろそろアフリカのお話をお伺いしたいんですが、山口さんがアフリカへ行かれることに決まって、岡（正雄）さんにもご報告されたと思うんですけれども、岡さんはどうおっしゃいました？

山口　大して何も言わなかったね。歴史学者の石母田正氏が生後三カ月の赤ん坊を連れて行くなんて殺しに行くようなもんだと言って反対したのを覚えているけどね。

――それでアフリカにいらっしゃるのは、一九六三（昭和三十八）年の十月ですよね。当時は羽田からですね。

山口　羽田、香港、アデン、カイロ、それでナイジェリアのカドゥナ空港かな。

――時間はどれくらいかかったんですか。

山口　確か、十何時間かだった……。

――カドゥナ空港の後はどうされたんですか。

山口　イバダンにね。

――乗り換えて？

山口　うん。イバダンの首都ラゴスの空港について、そこからイバダンまで、二百マイルくらいなんだよね。大学の運転手が迎えにきてくれてイバダンに向かったんだけど、途中でパンクしてタイヤを取り換えて行ったわけね。そうすると、森のなかの道だからね。真っ暗闇なんだ。そのときはこんな暗いところでなにかできるんだろうかと思ったね。日本では信じられないほど闇というのは暗いからね。

——〝漆黒〟という感じなんでしょうか?

山口 うん。それは、大学に行ってからもさ。夜、校内を歩いていると、森のなかからパッと人が出てきたら、着ているTシャツと短パンだけが動いているみたいだからね。

——イバダンまで、二百マイルとおっしゃいましたけど、時間にするとどれくらいですか。

山口 三時間くらいだね。

——それで、まあイバダンまで着きますよね。そのまま大学に行かれたんですか。

山口 そう、それで大学に着いたら、まず、ケータリング・ハウスという三食付きの宿泊施設に入ったんだ。このケータリング・システムというのは、イギリス人が作ったシステムで、植民地なんかを公務員が旅行するために非常に上手くできているんだ。最初は、そういうところに泊まっていたのね。そこへ主任教授のピーター・カット・ロイドが来て、三日くらいしたら家にほかの先生を呼ぶからと言って、それで行ったわけね。

——そこでほかの教授のかたを紹介されたんですか?

山口 うん。

――どんなかたがいらっしゃったか覚えていますか？

山口　レイモンド・アプソープ、彼はオックスフォードを出てからロード・リビングストン・インスティテュートに勤めていて、その後イバダン大学に移ってきた人類学者でね。それからジョー・ブラックというアメリカの大学を出た社会学者がいたな。ブラックについてきた若いスタッフもいたけど、こいつのことはよく覚えてないね。

――ケータリング・ハウスにはどれくらいいらっしゃったんですか。

山口　一週間くらいだね。

――その後はどこに住んでらしたんですか？

山口　アパートみたいな、フラットってあるでしょ。そこに住んでいた。

――大学側の紹介ですか？

山口　大学のなかにあるんだ。それで、僕は運転もしないのに、「車は何を買うか」と言うから「フォルクスワーゲンだ」と言うと、「ここにサインしろ」と。「給料から毎月払うことになりますが、二年かからないうちに払い終わります」と言うので、大学の運転手も割り当てられてね。

◉運転手のムスターファと長男・類児くん

――じゃあ、運転手つきの車を半ば強制的に買わされたという形なんですね（笑）。運転手のかたの名前は覚えてらっしゃいますか？

山口　ムスターファという名前だったね。

――それで、そのとき山口さんはまだ免許はお持ちではなかったんですね。

山口　大学の近くで免許を取るところがあったからね。実技の運転はずーっと行って、それから坂を上がって行くと。その途中で一旦止まって、それからまた上まで登りつめた後、バックで降りてきて、そのままドラム缶が並べてあるところをぶつけないで入って行くんだ。

――なるほど、車庫入れですね。運転は、どれくらいで覚えたんですか。

山口　ひと月くらいかな。

――肝腎の授業は向こうに行かれてからどれくらいして始めたんですか？

山口　十月の後半くらいからだから、行って二週間くらいしてからだね。

――週どれくらい教えていたんですか。

山口　二回。

――一回の講義はどれくらいの時間ですか？

山口　大体、一時間半だね。

――そのときは、何を教えてらっしゃったんですか？

山口　一つは「アフリカの伝統的政治組織」、これは僕にとっては非常にやりやすかったんだ。

修士論文（「アフリカ王制研究序説」）で扱っていたからね。それと「西アフリカの民族誌」だね。英語が通じないから、ノートをしっかり取ってね。

――通じないというのは、山口さんの喋る英語が通じないということですか。

山口　こっちが喋る英語が通じないし、向こうが喋るのももの凄いなまりでね。それで行き詰まると、それじゃこれだよと黒板に漫画を描いちゃうんだ。そうすると、明快になって、それで進んでいくと（笑）。

――クラスは何人くらいいたんですか。

山口　四、五十人くらいかな。

――結構いるんですね。女性はいたんですか。

山口　いや、いなかったね。

――学生のなかにはいろんな部族がいるわけですよね。

山口　うん。メインはヨルバ族ね。その他にベニンという部族、それからイボ族、イビビオ族だね。一番よくできたのは、イボ族のピーター・P・エケという学生で、大学を出てからＵＣＬＡ（University of California）に行って、本を書いてね。これは邦訳も出ている（小川浩一訳『社会的交換理論』新泉社、一九八〇年二月）。ＵＣＬＡでは、僕が麻布で教えた六本佳平という人物と一緒だったんだ。日本に帰ってきて暫くしてからそう言われてね、一度、六本と三人で喋ったこともあるよ。でも、二人はあんまり話が合わなかったみたいだけどね。

◉新島（現・風祭）レイ子さん（当時父親の迪夫さんがイバダン大学で解剖学を教えていた）と、右はインドの留学生

―― ベニン族といえば、確かアポリネールの小説『虐殺された詩人』（鈴木豊訳、講談社文庫、一九七七年十二月）に出てくるピカソをモデルにした人物が〝ベニンの鳥〟という名前でしたね。

山口　そうか。ピカソにベニン族を題材にした作品があったかもしれないね。

それで、イボ族とヨルバ族というのが仲が悪いんだよね。僕はノートを充分に取っていないときは、喧嘩が始まるのを待っているんだよ。例えば、ヨルバ族が質問する。すると、イボ族が、「ヨルバの奴らはこんなことも判らないんだ」と言い出す。すると、こんどはヨルバがいちゃもんをつけて言い合いになるわけね。そのうちに授業は終わるというね（笑）。アプソープは後で、「俺も心配で陰で聴いていたけれども、何カ月か経った頃から何となく上手く行くようになったな」と言っていたけどね。

―― 授業以外の時間はどんなことをされていたんですか。

山口　主に本を読んでいたかな。そのほかに、大学のなかで演劇なんかをやっていたのを見に行ったりね。エモイス・チュツオーラの『やし酒飲み』を公演したのを見たことがあるけど、なかなか面白かったね。全部、ドラムで伴奏してね。僕のところに変な小さな彫り物を売りつけにきていた小僧が、舞台に立ってドラムの小さいのをパパーンと打っていたのを覚えているね。そのほか、時間があるからヨルバ族のいろんな町に行って見て歩いたりしたね。エグングンの祭りをやっているところとかね。

――エグングンの祭りというのはどんな祭りなんですか。

山口　死者の祭りなんだ。仮面をかぶった二、三人のグループがきて取り巻いてね。

――そういうお祭りというのはあちこちであるんですか。

山口　街路に出てやるのが多いんだよね。それから、イフェの王宮まで行って王に会ったり、マーケットに行ってひやかしたりとかそんなことをして時間を潰していたね。

――食べ物はどんなものを食べていたんですか。

山口　向こうの大学では、頼むからスチュワードを置いて頂戴というので、スチュワードを置いたらカレーライスかなんかを勝手に作っちゃうんだ。

――それも給料からの天引きなんですか？

山口　いやあ、それはこっちが直接払うんだけどね（笑）。

――まるで、イサク・ディーネセン（カレン・ブリクセン）の『アウト・オブ・アフリカ』（邦訳は横山貞子訳『アフリカの日々』晶文社、一九八一年四月ほか）のような世界ですね。

山口　うん。それが皿やなんかをよく割ったんだよね。そういうときは、まるで皿が自分から落ちて割れたように言うんだよ（笑）。

――そういう形で向こうに住んで、授業もある程度順調に行ってきたあたりから、そろそろ調査を始めるんですよね。

山口 そうね。八月の夏休みとかにね。

――山口さんが調査されたのはジュクン族ですよね。イバダンからジュクンまではかなり離れているんですか。

山口 離れてるね。

――ジュクン族を選んだのはどういう理由からだったんですか。

山口 僕がアフリカに関心を持つとしたら、アフリカにおける王権の問題でしょ。だから天皇制と同じような王権を持っていたという関心からね。

――そういえば、山口さんの修士論文にはすでにジュクン族に一章割いていましたね。

山口 うん。それで出発して、行く途中のスケッチは『踊る大地球――フィールドワーク・スケッチ』に載せたものなんだ。最初の調査に行ったときに一泊した村とかね。

――イバダンからジュクンまでは車で行かれたんですよね。それは山口さんご自身が運転されたんですか。

山口 うん。ジュクンの古都のウカリというところまで車で行ったんだ。

――奥さんと長男の類児さんを乗せてということですね。時間はどれくらいかかるんですか？

◉『ルイジのアフリカ日記』より

以下の四点の絵はアフリカでの出来事を長男・類児くんの視点によって描いた育児絵日記『ルイジのアフリカ日記』の一部である。筆記用具は主に青色のボールペン（一部鉛筆、黒色のサインペン）を使用。水をかぶった状態で残されており、半分は線が滲んでしまっている。下段の絵は、話に出てくるウカリへ調査に赴く途中の出来事を描いたもの。「日記一週間記念。この一年最もショッキングダッタ事件　テイ《ママ》ブ族にかこまれた事です　64年11月」と記されている。

C.M.S. BOOKSHOP
C.M.S.ブック
ショップで
パパの耳を
思いきりカン
でやりました。

64年11月

◉「アフリカの王様」（上）／「今日はマァケットに行きました」

山口　十三時間くらいかかな。ヌペという村に一泊してね。

――それで『踊る大地球』の最初にヌペの村のスケッチが載っているわけですね。行くまでにはかなり苦労されたんじゃないかと思うんですが……。

山口　マクルディというところを通り過ぎて、ジュクンに行ったんだけど、そこに車で近づいていったら、家の燃えた残りかすがあって、車がたくさん止まってるんだ。ちょうど、イギリス人の神父（カルマック神父）がいてね。この神父というのは、スーダン・ユナイテッド・ミッションという組織の一員だったんだけど、「お前はこれからどうするんだ」と言うから、「ウカリまで行くんだ」と言ったら、「そうか、自分はウカリの教会の人間だ」と言うのね。「いまティブ族が村々を襲っているから、それを軍隊が追い出しにかかっているんだ」と。その頃、ティブ族というのはイスラム教を支持する政府の考え方に反対して、暴動を起こしていたんだ。「どうすればいい」と聞いたら、「俺についてくればいい」と言うんだね。「あなたについて行っても大して頼りになると思わんけど」と言ったら、うちの家内が「いや、少なくとも、聖職の人と一緒に行って殺されたら、天国までは行けるのは間違いないから」と言うんでね（笑）。それで、その人の車についてそろそろと行ったわけだよ。その人物は最後まで親切だったね。ジュクンではその神父によく「飯喰いに来ないか」と誘ってビールを飲ませたりしてね。あるとき、類児にその神父がビールを飲ませて、類児はぐでんぐでんに酔っぱらって踊り出したことがあったね（笑）。

――ジュクンの村に着いてからはどうでした？

山口　そうね、外から来た人間を相手にするのは、パコという名前の村の外に対する官僚みたいな奴がいてね。

――ジュクンにはそういう外から来た人に対応する役割の人がいるわけですか？

山口　そうやって作っていくわけでしょ。

――いつもパコという人は山口さんについて村のなかを歩き回っていたんですか？

山口　そうね。ときには干渉したりしてね。それから、もう一人、村から出て中央政府に勤めているエドワードというのと二人だね。

――ジュクンの側としては突然日本人が来て、どうぞ、どうぞとなるもんなんですか。

山口　そういう意味では、外国人の調査が来るのは慣れているからね。

――夏休みの間ずっとジュクンに滞在されていたんですか。

山口　そうなんだけど、話が通じるのは、パキスタンから来た医者でね、これがいろいろ面倒をみてくれたんだ。はじめは、かなり危険なところに来たなという感じがあったんだけどね。レスト・ハウスという外から来た人間を泊めるところに泊まったんだけどね。そのうち、王様の配下が一人の男を連れてきてね、「これは車の運転をしていて人を轢いちゃったために村の刑務所に二年間入っている人間だけれども、お宅のボーイとして認めてくれ」と。「何ができるんだ」と聞いたら、「家の周りの草を刈る、それから子どもをあやす」と。「まあ、しょうがない」と言って雇ったんだけれども、類児はそいつと一緒に遊んで育ったんだ。別れるときは、そいつが泣くんだね。類児がベランダで遊んでいるときに、毒蛇が足に迫ってきた。そのときに、俺はバーンと殺したと。そういうふうにして可愛いがって育てたんだと言ってね。

――そうして、山口さんたちは受け入れられてジュクンの村に住むことになったんですね。それで、実際の調査というのはどういうふうになさったんですか。

山口　王様の奥さんの集団がいるんだよ。そこに頼みに行ってね。「このなかでジュクン族の古い話を知っている人は誰だ」と聞いて、その人に中心になって話をしてもらったんだ。「あなたが知っている話で主なものは全部語るまでとにかく喋ってくれ」と言ってね。それを録音してね。そこで話されるのは『源氏物語』みたいなものなんだね。中心になる女性がアクセントの必要なときに喋るのをちょっと止めると、今度は周りの女官が歌うんだよ。ドイツでいうジングシュピール（Singspiel）、要するに歌声付きのお芝居みたいなものだね。

――それは長いものなんですか。

山口　一番はじめのは長かったね。四十分くらいはあったかな。

――そういう話を幾つも語るということなんですか。

山口　そうだね。

――それは何語で語られるんですか。

山口　ジュクン語だね。

――山口さんはジュクン語はどこで勉強されたんですか。

山口　現地だよ。

――それまでは全然喋れなかったんですか。

山口　うん。

――そうすると、行ったときには、向こうで英語を喋る人は少しはいたわけですか。先程、おっしゃっていたパキスタン人とか。

山口　うん。それからハウサ語はこっちもある程度は判るからね。

――ハウサ語というのは？

山口　ナイジェリアの言葉なんだ。

――じゃあ、ハウサ語と英語を喋りつつ、ジュクン語を覚えていったわけですね。

山口　うん。それで、町の小学校の先生（ドド）が英語をよく喋れて、それがテキストを書き下ろして註釈もつけてくれたんだ。

――そのかたは男の人ですか。

山口　そう、二十七、八だろうね。

――じゃあ、毎日聞いては録音し、ということをやっていたんですか。

山口　そうだね。

――山口さんは『アフリカの神話的世界』でトリックスターの話をずいぶん取り上げていますけれども、最初からジュクンにトリックスターの神話があることはご存知だったんですか。それとも向こうに行ってみたらどんどん出てきたということなんですか。

山口　聞いてるうちにね、こいつはあやしいなと思って。そうしたら、だんだん語り始めてきたということなんだね。

――トリックスターの神話についても、語り手は、先程の『源氏物語』のような話をした女性の人たちだったんですか。

山口　もともとは寝物語としておじいちゃんから聞いた話が多いんだけど、そのなかにはトリックスター的な神話が多いんだよ。ところがその下の世代、特に男の連中というのは、そういう話を覚えていないんだね。

――おじいさんから聞いたという女性の人たちからだけで、当のおじいさんから直接はお聞きにはならなかったんですか。

山口　おじいちゃんのほうは、もうずいぶん以前に死んじゃっているからね。

――瓢箪の模様を記録したということも山口さんは書いていらっしゃいますけれども、それも最初に行かれたときから同時にやっていたんですか。それとも、もっと後になるんですか？

山口　瓢箪の模様はね、最初はマーケットで売ってるヨルバ族の絵でかためられているものを中心に集めていたんだ。

――そうすると、瓢箪の模様を調べたのはジュクン族ではないわけですか。

山口　それは西アフリカの北東部だね。ベヌエ川周辺の部族のものなんだね。家内が売りに来るのを買ったりなんかして、そういうものを見ているうちに興味を持ち出したということなんだ。

――それはイバダンでということですよね。

山口 そう、それを売っている人間の家に行って買ったり、町のマーケットに行って手に入れたりね。

――それは実用的な瓢簞として売っているんですよね。装飾品として売っているわけではないんですよね。

山口 その時代によっても、場所によっても違うのね。それから、あるところでは奥さんが逃げ出して、別の男のところに住むことが多いわけですよ。そうすると、奥さんは家を出る度ごとに瓢簞を一つ、二つと持って男のところへ行って置いてくるわけ。あるところまで行くと、十くらい集まると。そうすると、もうここへ十も集まったからという既成事実として、一緒に住んでもかまわないということになるんだね。

――そういうもんなんですか（笑）。

アフリカにいらっしゃった頃に、ウォレ・ショインカやチュツオーラとお会いになったことはあるんですか。ショインカとは、のちに対談もなさっていますが（「知的エリートの功罪」『国際交流』第十二巻第二号、一九八八年五月）。

山口 チュツオーラはあまり出てこないからね。

――そうですか。演劇を見たというだけですか。

山口　そうだね。ショインカはね、イバダンの町にウリ・バイエルという人間が中心になってやっていた、「ムバリ」というクラブがあってね——これは当時のモダン現象なんだけど——、そこで投げ銭でお金を払う形で物語をやったり歌を歌ったりしていてね。イビビオ族の踊りとかそういうのをやっていたんだ。その「ムバリ」でショインカがカンパのためにお金を集めて回っていたときに僕は会ったことがあって、そのときに二言、三言話したことがあるくらいだね。

——ディーネセンを読んだのもその頃ですか。

山口　イサク・ディーネセンは、日本に帰ってきてからだね。

——イバダン大学では、どこで本を手に入れたんですか。生協のようなものがあるんですか。

山口　うん。大学内にブックショップがあるんだ。それが凄いブックショップなの。ここはロンドン大学のブックショップと直結していて、ロンドン大学のほうから見境なくどんどん本を送ってくるんだ。それで、一年に一度それを大安売りをするのね。あるとき、僕が行ったら、山のように本が積んであるところがあって、みんな二シリングとか三シリング、高くても五シリングくらい……。

——当時、一シリングはどれくらいでしたか。

山口　五十円だね。それで、僕があれを欲しい、これを欲しいと言っていたら、ブックショップのおっちゃんが「そうか、お前は本にそんなに関心があるなら、大学の塔があるんだけど、その塔の二階に倉庫があってそこに入る鍵をお前に渡すから、入っていって、好きな本を幾らでも持ってこい」と言うんだ。それで、気に入った本を選んで持ってきたんだけど、そのなかに詩人のディラン・トマスが入っていたのね。そうしたら、それを見てブックショップのおっちゃんは興奮してね、「お前、ディラン・トマスが好きか！　俺はディラン・トマスと同じウェールズの出身だ。この本は一シリング以下だ！」って（笑）。そういうふうにして、本を買ってたんだ。

――それはもう、宝の山ですね。

山口　そうなんだね。

――ディラン・トマスのほかには、どんな本があったんですか。文学関係が多かったんですか。

山口　そんなこともなくて、人類学なんかもいろいろあったね。

――そういう安売りのときもでしょうけど、通常も本はそこで買っていたということですね。

山口　そうだね。

――町のなかに古本屋というのはないんですよね。

山口　ない。

――普通の本屋さんは？

山口　本屋も基本的にはないね。

――図書館は？

山口　図書館はね、大学が「アフリカーナ」という独立の文庫を持っていて、アフリカ関係のものを中心に本を所蔵していて、学生がいつもいっぱいだったのを覚えているね。

――イバダン大学には二年いらっしゃって、一九六五（昭和四十）年に一度戻ってきますよね。最初から二年間という話で行かれたんですね。

山口　そうね。

――日本に戻られて、東京外国語大学のＡ・Ａ研（アジア・アフリカ言語文化研究所）に講師として勤められるんですよね。それは岡さんの引きがあったということなんですか。

山口　うん。それもあるけどね。

――それで、翌年の十一月にまたアフリカに行かれるわけですよね。

山口　そうですね。

――そのときは、大学の講師という形ではないですよね。これはＡ・Ａ研の研究員の調査として行かれたんでしょうか。

山口　いや、そうじゃない。二度目はね、ＩＣＵ（国際基督教大学）にいた考古学の先生が世話してくれてね、ウェンナ＝グレン財団の基金を得ることができたんだ。それで、調査に行くことになったんだけど、アフリカに行くときに、テレビ番組のスタッフが足りないから手伝ってくれないかという話があって、栃沢さんというカメラマン、それからもう一人、アメリカに行って帰ってきて、何だか知らないけどいろいろやる男がいて、それがマネージャーということで、それから清水くんという東京外大を出て、うろうろしていたのが僕も連れて行ってくれと言って加わったと。そのほかに録音の専門家とライターがついて、それで一緒に行ったわけね。

――それは、『山口昌男山脈』の第一号に載せた「アフリカ通信」に出てくるテレビ番組のスタッフの一員になったという話ですね（本書一三六～一五〇頁に収録）。

山口　そうね。それで向こうに行って、まずセレンゲティ国立公園を車で行くというところを撮影することになったんだけど、公園のなかは結構きつくてね、夕方六時くらいになったら門が閉まるんだ。その閉門に間に合わなくて、公園のなかで一夜を明かすことになったんだ。そうしたら夜中にね、車の周りには、ハイエナが寄ってきてなかを覗くんだよ。そのうちそのハイエナが車の泥よけを喰い切っちゃったりしてね。ガラスの一つも割れたらお終いだったね。怖い思いをしてその晩を過ごしたというわけさ。その後、今度は、ウガンダのナショナル・パークに行ったんだ。そこではテントを張ってキャンプしたんだ。

――ナショナル・パークは、テントを張っても安全なところなんですか。ハイエナが来たりとかはしなかったんですか。

山口　そこは来なかったね。だけど、インド人たちが日曜日に暇だからというんで公園にでも行って、珍しいものがあったら見ようというんでやって来るんだね。そうしたらテントが張ってあると。それで、次々と来ては、なかを覗くわけね。そこで、町へ行って商社の人にヌード写真があったらくれないかと言って、雑誌をもらってきて、それをテントの入口に貼っておいたのね。

――えっ、なんでヌード写真を？

山口　そうすると、恥ずかしがって近づかないからね。そうやってインド人を追っ払うのに成功したわけね（笑）。

――そこにはテントを張って暫くいたんですか。

山口　ひと月くらいいたのかな。

――ひと月もいたんですか！　そこで何をしていたんですか？

山口　ナイジェリアに行くのに、僕はビザを申請したんだけど、ナイジェリア大使館の係の奴が、申請料だけ取って何もしなかったんだね。それでひと月くらいいたんだな。

――テントのなかにいたのは山口さんだけだったんですか。それとも、全員がビザを申請していたんですか。

山口　ナイジェリアに行くよう申請したのは僕だけだったんだけど、ほかの連中もまだ撮影のために残っていてね。ホテルに泊まるお金がないからそこにいたわけさ。

――番組自体はどんなものだったんですか？

山口　アフリカを紹介する番組だった気がするけど、もうよく覚えていないな。

――山口さんはその番組に出たわけではないんですか？

山口　車がエンストしたときに押している人物の一人として出ていたらしいけどね。まあ、その後、どうにかビザが下りて、カンパラの飛行場から乗って行こうとしたら、タイプライターを忘れて、それが来るまで飛行機に待ってもらうというハプニングもあったんだけど、どうにか、ナイジェリアに着いたんだ。

――二度目のときは、奥さんとお子さんはいらっしゃらなかったんですね。

山口 そのときは一人だね。

――その後は、すぐまたジュクンに行かれたんですか。

山口 とにかく、車がないから借りなくちゃならないと。それで、一面、工場が密集している地帯ができているところがあったんだ。そこへ行って、工場を管理している山崎さんという人から、大変な恩を受けてね。山崎さんの車を貸してもらって、一人でジュクンまで行ったのね。今度は、ジュクンのなかでもそれまで行っていなかった所に行って同じような調査をしたんだね。

――一九六六（昭和四十一）年の十一月に行って、一九六八年の四月に戻られていますから、また一年以上はアフリカにいらしたわけですね。その後、パリに寄って戻られますけれども、パリではまたいろいろおありでしょうから、次回お聞きすることにします。

＊以下に併せて「アフリカ通信」を掲載する。これは当時、『日本読書新聞』の編集者であった阿藤進也氏宛に送られたものである。

❖アフリカ通信❖

一　赤道アフリカ踏査隊始末記、或いは隊長落第記

まだ日本にいた頃、何度か第一面に寄稿してくれと言われながら（と記憶している）、最近の「読書〔日本読書新聞〕」の第一面は、読者が盛りがついてカッとなるような文章でなければおさまり切らないとかねがね思っていたので、とてもただ本を読むのが好きというだけの小生の手におえないといって辞退した事がある。通信ならと言った覚えがあるので（これは別に依頼によるものではないが）、最近のアフリカについて何度か書き送ってみたい。先ず、お話にならない私事から。

アフリカに舞い戻ったのは昨年〔一九六六年〕の十一月末である。一九六三年から二年間ナイジェリアの大学で教えるために妻子同伴で滞在した時に、ささやかれた「妻子同伴とはアフリカ探検も落ちぶれたものだ」という陰の声を見返すべく、一度探検隊長というものになってみたいものだと思っていた。群をなして猿の研究をしている訳でもないので、独りで資金の工面をしてさて出かけようという時になって、東アフリカからコンゴを経て西アフリカに達するＴＶフィルム撮影踏査隊の隊長になり手がないのでたのむという申し出があった。仕事は国内での金集めに名前を貸す、現地でアドヴァイスするという二つ。

同行したのは、マネジャー格のＩ⑴氏、撮写《ママ》のＴ氏、録音のＩ⑵氏、文筆業のＭ氏、それに言語学専攻の大学院学生Ｓ君。それぞれ個性的な人達であった。それに傭われマダムとしての隊長の私。

ところでこのグループの性格は、T氏、F氏らのアフリカTV撮影班とはかなり異るものである。後者がTV局丸抱えであるのに対して、前者はいわば下ウケであった。零細産業の下請突貫工事がどんなものであるかという事は、その後の旅程、食生活でいやでも味わう事になるのだが、羽田に見送りに（というよりフィルムを渡しに）来たTV局の人にこちらから名乗りをあげて挨拶すると「ああそうですか」という冷淡な返事に、成る程このグループは群小プロダクションの一つという事になるのかと気がついた次第であった。

扨て現地での成り行きはどうであったろうか。まず生一本で融通の利かない文筆業のM氏がマネジャーのI(1)氏と衝突して降りた。私はまあ日本人がグループを作るとケンカしない方がおかしい。隊長は傭われマダムで外部との交渉の時に顔を出せばよろしいと言うので、一切内部干渉せず、といった国内では通らぬリクツで見送った。しかし「人間はどうでもいいので、フィルムだけはいいのをとりましょう。私にコレがアフリカだというアイデアがいくつかあるから、それを映像化しては如何」という提案を行った。当時ケニアは「さらばアフリカ」をめぐって外国人の撮影班に極度に神経をとがらしている時であった。たとえば、十二月はじめのケニア独立記念式典に際し、新聞記者に化けて、記者席（大統領、閣僚のステージの横）にもぐり込んで、ハーフ・サイズ・カメラで（これでも記者である事を疑う者はいなかった）天晴れ記者ぶりを発揮し、ケニヤッタの写真をとっていた時、突如として駆け寄って来た大統領新聞秘書官にどやしつけられた。「座っている大統領を撮るとは暴動（riot）

行為だぞ。」と怒鳴っている。「ライオットとは大げさな。それに俺はケニア市民じゃないからライオットはおかしいね。傭兵ならふんだんに報酬を貰っているはずだよ。」と何故秘書官が怒ったのかよくわからなかった。一説では、「ケニヤッタは年をとっている。ケニアの統一は、ケニヤッタ一人にかかっている現在、当局は大統領の獅子吼の写真を撮って欲しいので、力を抜いて座っている姿は撮られたくないのであろう。」という。又アフリカ人は姿勢で魂のあり方が極ると考えるふしがある（アフリカ彫刻を見よ。ほとんど立像である。）従って、座っている写真をとる事は、無防備状態の魂を抜きとる事を意味する。こう考えた方がライオットの語感も生きて来るようである。（秘書官あれ程怒る事はなかったのである。あとで知ったのだが、私のカメラは空フィルムであった。）この事件を除けば、私たちのグループは特に鳴物入りで入国した訳でないし、首都のナイロビの公園にキャンプして通りがかりの英米人をして「日本商品の安いわけがわかった」と言わしむる生活をしていたから、大して目だつ事はなかった。私の感じでは、東アフリカの人々の心の赴くところと目ざすところを心象風景としてとらえられれば、それだけでヤコペッティの偏見と憎悪に満ちた作品と違ったものが出来るはずであった。

三週間も経つと、根気のないマネジャーのＩ⑴氏が、アフリカの現実に吹きさらされて、ヘッピリ腰になって来た。予算が尽きて来た。日程が少ない。と口ぐせのように言いはじめた。「テントに寝起きして、一日百円程度のメシを喰って、それで予算がないなどと言われてはかなわない」とI(2)氏らが抗議し、雲行きが怪しくなって来たので、私もなだめようとした出鼻を「隊長は金の面で口出ししないで下さい。」とくじかれて、「成程俺は傭われマダムであった」と感じ入った次第であった。(そういえば全体の予算について隊長たる小生は何も知らされていないのであった。)この頃になると、I(1)氏の頭の中にコンゴから西アフリカにかけての地図はもう存在しないようであった。それでも氏が集中した努力はあちこち駆けずり廻って、コンゴ行きが如何に危険であるかという材料を集める事にあった。私は「人間というものは、次の瞬間どのように変わるかという事が予測つかない点ではアフリカも他の世界も変りないね。危険が気になるようでは、只の旅行者に戻ったらいい。」と高みの見物を極め込むだけであった。

結局二カ月行動を共にして、東アフリカ三国を廻りウガンダのカンパラへ来た時に、全く馬鹿らしくなり、「ここから私は西アフリカへ飛ぶ」といって、後も見ずに一目散に逃げ出した隊長であった。

しかし新聞のTV評によるとフイルムは評判がよかったようである。但し、私は見ていないし、同行した録音・撮影の両氏も、(ましてやTV局も)私の家族にオン・エアの日時を知らせなかったので、四歳になる私の息子は親父の顔を想い出すチャンスを失った訳である。従って、この探検は、私にとって存在しないも同じ事になる。一将功為らなかった幻の探検記のお粗末な一席である。

（なおついでながら、隊員の中で只一人言語学専攻のS君だけが、初心貫徹、二カ月かかって浮浪罪で牢屋にぶち込まれたりしながら、無銭飲食、ヒッチハイクでコンゴをくぐり抜けて、ナイジェリアで私と再会した事を付け加えておきましょう）。

二　アフリカの本屋事情

日本の新聞を読んでいたら、世界の本屋といった特集で、アメリカ、フランス……等々所謂欧米の書店のお話が載っていた。このような企画に（あこがれに応えるという）よもやアフリカの本屋がのる事はなさそうなので、この機会に一言。

ほとんどの人がアフリカに本屋があるかないかと考えた事はないであろう。人は大抵他の国には自分の国にある便利なものがすべてあると考えるか、全く無いと考えるか、どちらかである。

私が前に二年間ナイジェリアのイバダン市に滞在した時の欲求不満は、かつてこの人口百万といわれるアフリカ最大の原住民都市（植民地都市に対して）に、喫茶店と古本屋が一軒もない事に集中していた。成る程イバタン大学内の書店は、英語の新本のストックは豊富である。しかし、古本屋のない都市生活というものがこれ程味気ないものであるとは、日本にいてちょっと気がつかなかった事であった。古本屋というのは本好きな人間にとって何が出て来るかわからないという意外性に満ちた期待を抱かせるドリーム・ランドであるはずである（尤も最近の神保町は必ずしもそうと言えなくなって来ているが）。「ナイジェリアの人間は学校出た途端に新聞しかよまなくなるんだから、また仕方がないだろう。」とアフリカで古本屋にめぐり会う事はあきらめていた。

東アフリカ、ケニアのナイロビは、流石ヨーロッパ人、インド人が多いだけあって、比較的大きな書店が四軒ある。「でも、古本屋というのはないな。月収二、三十万でベンツを乗り廻すというこちらのドイツ人商人の感覚では、馬鹿らしくて古本屋なんてのは出来ないし、又成り立たないのだろうな。」と考えながら、或る日、インド人の経営する古道具屋に入っていった。古道具屋は大抵奥行きが深い。奥の方に入ってみると意外にも書棚があって、古本がぎっしりつまっていた。特にとりたてて面白そうな本がない事は背表紙を一瞥しただけで感じとられた。しかし、古道具屋の添え物であるたのしさか、値段がずば抜けて安い。文庫本なら二十五円、ハードカヴァーなら五十〜百円である。本はほとんどケニア独立前後立ち去ったイギリス系入植者が置いていったものらしかった。当然の事ながら小説本が多い。たちまち小生のコレクションにアイリス・マードックやオズバート・シットウェル、或はジョイス・ケアリーの山が出来上った。植民地主義の遺産である。

イバダンにやって来た。調査に使う中古車の手頃なのがないので、三週間程大学内の友人のところに居候しながら、色々と当っていた。その間大学の書店に毎朝立ち寄って三十分程ぶらぶら立ち読みするのが日課の一つであった。或る日奥の方に見なれない机が持ち出されていて、本が山盛りになっていた。これがその後二週間続いた大安売りのはじまりであった。先ず文学関係、二、三日経つと新しい机に歴史関係、次に社会科学関係と出て来るのだが、全然広告をしない。始めのうち、気がついている人は少なかった。値段はほとんど三分の一以下。全くの新本である。例えば、エドウィン・ミュアの「自伝」千五十円が三百五十円。キングズリー・エイミスの「地獄の新地図——SF概観」八百円が二百五十円、ギルバート・マレーの「古代ギリシア文学」七百五十円が百円、G・クールトンの「中世の村落と荘園と僧院」千円が百二十五円といった調子である。大学の書店が近々改築するので、そのための店ざらいだという事であった。生憎そのうちに調査のため奥地に向って出発する日が近づいて来た。マネジャーに事情を話すと倉庫に入れてくれると耳うちしてくれた友人があった。申し出ると、鍵を渡してくれた。大学の時計塔の中にある倉庫に入って、一山抱え切れない程持ち出して来ると、マネジャーは手当たり次第に値段をつけはじめた。D・G・E・ホール編「東南アジアの歴史家達」二千五百円が二百五十円等々、「E・オルソン『D・トマスの詩』四百二十五円、あんたディラン・トマスの詩がわかるのかい。俺はわからんよ。多分わからんだろうからこれは五十円」といった調子である。結局、名著・セミ名著を七十冊程買い込んで、使った金は一万円をそう出ていなかった。

イギリス経験のある人なら知っている事であるが、イギリスでは本は日本のケチな委託制と違って買い取り制であるから、時が来たら取次店あたりがバーゲン・セールに出してしまう。従って、イギリスのゾッキ本屋は倒産と関係がないだけにたのしい。又各書店も愈々売れそうもないものは、値下げして売ってしまう。私が現在滞在しているナイジェリア北部州の首都カドゥナでも、イギリス系の（キリスト教）書店は、この棚を持っている。従って、私は未だに「ヘンリー・ジェイムズ文学評論集」千五百円が五百円、G・ジェリネック「マリア・カラス――プリマ・ドンナのポートレート」二百五十円を七十五円といった買物を続けている。しかし、イバダンのような事はもう二度とないだろうと思う。

ついでながら腹が立つのはアメリカのミッション系の書店である。これは北部州ではどの都市でも最大の規模を誇っている。しかし、その客のお粗末な事は寒気を催さずにいられないていいのものである。カドゥナのアメリカのミッション書店に入ってみよう。先ずどこでもキリスト教関係が中心の棚を占めている。まあ、これは仕方がないだろう。アフリカ物。ここはアフリカ。次に古典。これは学校教科書を売るためであろう。次に子供の本、ガキがいる限り確実に売れる事間違いなし。英語のテキスト。アフリカ人は英語は金なりで頑張っているから買う。次に自然科学の教科書。これでおしまい。あとは、文房具である。この余り見えすいた商教一致には呆然とさせられる。せめて、ペリカン・ブックスくらいはと思って見廻しても二、三点宗教関係があるだけ。そのくせ二十五円〜五十円のアメリカ政策宣伝風の学生版と称するペーパーバックは一つの棚をしめている。現代文学なし。哲学なし。推理小説とんでもない。ケチ精神に徹していて、値下げ本の棚がないのは我慢するとして、本の好きな人間なら、建物の大きさに期待して入っても、出て来る時は憮然たる面持ちにならざるを得ないだろう。「Ｐ・Ｇ・ウッドハウスの一冊くらい置いたっていいだろう」と手ぶらで出て来た私は大そう機嫌が悪かった。これは私情から来るものでも何でもない。人口二十万に二軒（もう一軒はイギリス系ミッション書店、規模は小さいがティヤール・ド・シャルダンの隣りにエリック・アンブラーがずらりと並んでいる愉しさである）しかない本屋の後進国における文化的位置を考える時に、このむき出しの商教一致に我慢が出来ないのである。ソロバンを云々したいなら、キリスト教を看板から降ろせ。キリスト教だけで売り度いなら看板に明記せよ。いずれにせよ、これがアフリカで一番不愉快な本屋である。人は宗教的帝国主義センターというかも知れない。

三　アフリカの村落にて

三月のはじめイバダンを発った私は、途中行きあたりばったりに、様々な部族の村に泊まり歩きながら、調査地に向った。例えば、途中でのせてくれというナイジェリアの青年をのせる。休暇で帰郷する所だという。村に入る分かれ道まで来ると、あと十キロくらい奥に入ったところだが、連れていってくれるかというから、三日間居候させてくれたらという交換条件で送り届ける。彼としても久しぶりの帰郷に外人の友達の車で帰ったとあれば大名士になれる。私にとっても村に警戒されずに簡単に入りこめるので、少しも損な事はない。果して村につくと夕闇の中から彼の奥さんが、歓迎のつもりか飛びついて来る。それから村中引き廻されて挨拶の交換である。乾期とて雨の降る心配がないから、彼の小屋の前に組立てベッドを組み立ててもらって星空を仰ぎながら寝る。村民にとってちょっとしたショーである。まわりには見物人が輪を作っている。そのうちそれらの黒い人影が闇に融け込んで声が遠ざかったなと思う頃、私は眠りにおちいっていたらしい。朝は小鳥と人の声で目を覚ますと、もう野天ベッドの廻りは見物の群である。次の日はもうショーはいいだろうと村はずれの鍛冶師の屋根だけついた仕事場にねぐらを求める。日中は少年を一人つれて部落から部落をスケッチして歩く。まだ調査のウォーミングアップの段階であるから別に聞き書き的な野暮な事はしない。この村の住民はヌペ族という。ヌペ族はイギリスのネーデルという人類学者が「黒いビザンツ帝国」という著書で知られた大研究を為しとげた部族である。夜は民謡を歌わせたり、笛の名手に笛を吹かせたりして録音にとる。一銭のお金もかからない放浪の旅の気楽さである。このような三日をこの村で過して別れを告げ、ふつう三日で行く所をこの様な調子で八日間かかってぶらぶらと調査目的地にたどりつく。ワセ・トーファというジュクン族の村である。村長兼王様にあいさつをして、当分の間わらじを脱がせてくれとたのむと、快く引き受けて屋敷内の小屋の一つをあけてくれる。この小屋は村長兼王様の執事の奥さんのうちの一人の小屋である。矩形の中庭に面して、方形の小屋が四つ、彼は三人の妻帯者である。「ははん、平安朝の天皇の家みたいだな。」と思いつつ、夜になると暑いので又中庭に寝る。執事と三人の妻も中庭に花ゴザをひいて寝る。奥さん達は私が眠るまで眠らない。すわったり横になったりして歌を唱っている。

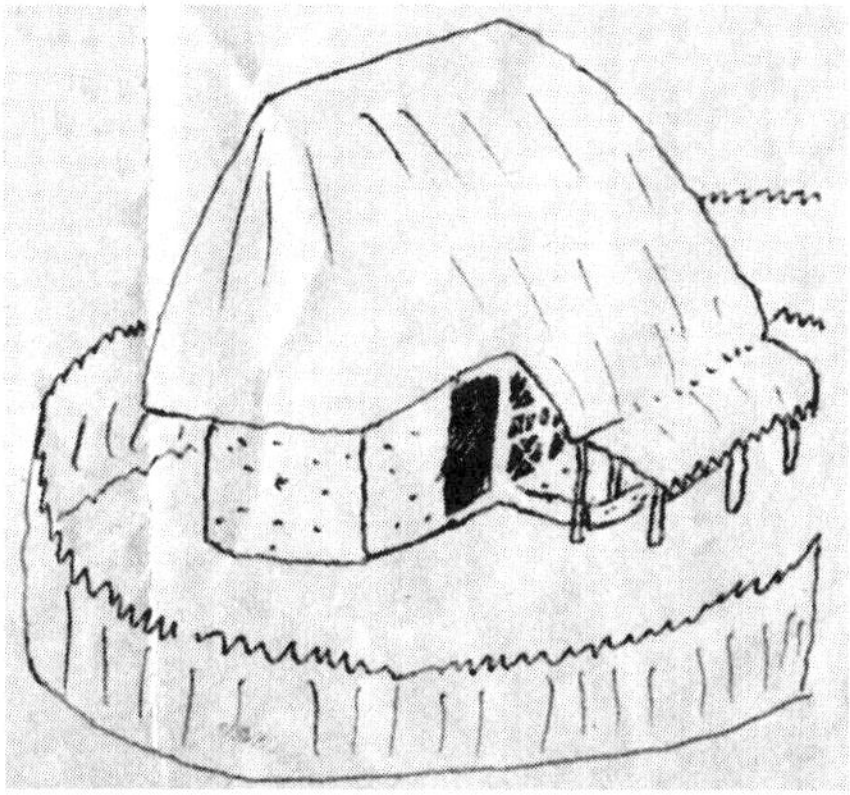

◉ワセ・トーファで村人が建ててくれた山口さんの家

一週間もたった或る日、附近の部落の調査から帰って来ると村長兼王様が家臣と共に一生懸命土をこねて新しい家を作りはじめる。「ごせいがでますな（バルカ・ダ・アイキ）」と言うと、ニヤニヤ笑っている。二、三日たって壁が乾いて来る。今度は屋根をふきはじめる。「かなり大きな小屋ですな」というと「これが寝間、これが仕事部屋、ここが人と話すところ（ベランダ風になっている）」「なる程」「これは、あなたの家じゃよ。」小生とび上ってしまった。成る程家がこうして簡単に手に入る世界に生きている人間に、我々の世界の大きなフラストレーションの一つには全く無縁なのだ。

「殿、して費用はどのくらい。」「まさか、お客さんからお金が貰えますか。」という返事である。我々の世界の日常のコミュニケーション体系のバランス感覚が、ここで大きく崩れるわけである。

毎の生活は朝屋敷の前の広場の大きなバオバブ樹の下に王様専用のデッキチェア（椅子とベッドは相当奥地まで早くから普及しており、この点日本の西欧化と逆である。）を持ちだして、テープ・レコーダーをいじくっている。すると乾期で畑仕事がないから村の連中が集って来る。前の日に録音した昔話などを現地語で書き下していく。わからない（聞きとれない）言葉があれば、何度でも繰り返してくれる。同時に現地語から共通語のハウサ語への逐語訳を手伝わせる。疲れてアキが来ると、小生の特技を生かして、片っぱしから似顔絵描きを始める。そして又仕事をくり返す。それも疲れると昼寝をする。村の連中も廻りで昼寝をはじめる。途中、マンゴーの実や牛肉の串ざしにして焼いたのを買っておごる。せいぜい十円か二十円の出費。そのうち、小生が「呑んべの王様」とアダ名をつけた男が「うちへおいでよ、私のうちへ」と誘いに来る。行くと酒壺を出して、嬉しそうにふりながら、ドンブリ大の瓢箪の容器一杯にした地酒をすすめる。最低二杯は呑まなければ承知しない。私は下戸の方であるから飲むと大抵眠ってしまう。一時間程ふつう眠るのだが、私が起きるまでこの「呑んべの王様」はいつもじっと膝をかかえて坐っている。

私は似顔を描きながらじっくりと観察する機会を持っているので、村の連中の顔を覚えるのは早い。どういう訳か彼らは描かれている間は十分くらい、全然筋肉一つ動かさない。これは我々のような落ち着きのない人間には不可能な事である。目の玉一つ動かさないのである。「奴ら、自分の体をコントロールする術は、文明人よりもよく知っているな。」と私は一々感心する。彼らも又私が名前を覚えるのが早いといって感心している。我々は変化に対して、適応する術は身についているが、彼らの如き変らない事に対する訓練は身についていない。お互いさまだが、どちらがいいのかねと考えながら日が過ぎて行く。一月たった頃、村長兼王様に「殿、下宿代はいかばかり。」とポケットの札に手をふれながら聞く。「まさか、あなた。お客さんにいくらくれと言えませんよ。どうしてもお金を使いたかったら、実際にメシを作る夫人連にまとめて千円でも二千円でもやってくれるといいんですよ。」という訳で、三食つきの下宿代が月二千円という事になった。我々の世界のように労働力・時間をはじめすべてが金と数字に換算できる世界と違って、ここではまだ金に換えられるものは、収穫した作物と市で売り買いするもの程度である。インフォーマントが色々な事を語って、それが金になるという事は考えてもみない。二年前、近くの部族でアメリカの調査者が律義にも一時間百円という基準を設けたところ、金になるという事を知った途端に次々と値上げを要求し出した村民に悲鳴をあげていたのを見て、私は「だから言ったじゃナイカ。彼らの生活観念を変える権利は、俺達ヨソ者にはないんだと。金があるばっかりに、いらぬおせっかいするからだよ。」とうそぶいたものである。今度も百キロ程離れた山地民の部族の間に入って調査しているアメリカ人の人類学者を訪ねていった時、彼の家に近づいたと思う頃、足の指先に真新しいホウタイを巻いた裸族のおばさんに出会った。「ハハン、ヒューマニズムのニオイがするぞ」と思う間もなく、彼のテントが視界に入って来た。

私には勿論村民の要求に応える薬を買い込む金がないから、足の指を切ったなどといって来ると「葉っぱを巻いて、ヒモでぐるぐるしばって置け。俺がいなかったらそうして、ちゃんと治っているじゃないか。」と誠に非人間的である。但し、王様が頭が痛いと言えば「それ、それ」といって征露丸を出して「これこそ、我が日本国の秘薬中の秘薬。」といって服用していただく御殿医である。勿論、翌日の王様は気分ソーカイである。王様と平民とを一緒にすると王様も平民も喜ばないばかりか、挙句の果ては「あいつはセンスがない。」という事になって仕事がやりにくくなるだけである。（最近のアメリカのある実験例では、風邪薬といって毒にも薬にもならない服用物を飲ませた治療率は、七十%だそうである。アメリカ人はヒューマニズムが邪魔をして、それを応用できないだけなのであろう。）

王様は近頃「どうも体力がない。」といって訴える。「殿（ランカ・デデ）、そんな事を言っていいのですか。昔ジュクン族の王様は国の活力の象徴だったから、病気などで力が弱ると殺されたというじゃありませんか。」とたしなめる。「いや、昔は昔。今は今」と王様も言う可き事は心得ている。アフリカの近代化である。

＊先に掲載した「アフリカ通信」は、第二回目の調査のためにアフリカを訪れたときのものなので年代は前後するが、以下は、イバダン大学の講師として初めて訪れたアフリカ滞在の模様を描いた文章である。初出は『国際文化』第百四十一号（一九六六年三月）。当時の現地での状況が、ユーモラスな筆致のなかにいきいきと描き出されている。なお、この文章はこれまでの山口さんの単行本には未収録である（一五三頁掲載の図は、先にも触れた『ルイジのアフリカ日記』のなかにある類児くんがはじめてアフリカで映画館に連れて行ってもらったときを描いたもの）。

アフリカの中の日本――ナイジェリアの場合

日本とインド

ドンガ河をフェリーのエンジン・ボート（渡し舟）で渡ると、北部ナイジェリアも愈々奥地である。一九六四年、時は七月、まさに雨期に入ろうとする頃である。ということは、これ以上先へ進むと、自ら外部と遮断することを意味する。この辺りのエンジン・ボートはそれ程頼りないのである。一度故障が起きると、軽くて二、三日戻ろうにも戻れなくなる。妻と丁度一歳の誕生日を迎えたばかりの息子を加えた私達三人の一行は、私の最初の調査地を目ざして、小さな車に三カ月分の必需物質（粉ミルクも含む）を満載して、ナイジェリア北部州のサヴァンナ地帯を北東に向けて進んでいた。私にとっては最初の調査であるから、期待と家族を伴う事の不安とが入り混った心境であったが、妻にしてみれば、経済的に仕方がないとはいえ矢張り暴挙であることに変りなかった。

こういった状態で、エンジン・ボートが百メートルも向こうの岸から来るのを待つというのは、矢張りやりきれないものであるらしい。廻りには、順に荷物を載せた半裸のおかみさんたち、着飾った牛飼いのフラニ族の女たち、訳はわからないが大声で話に打ち興じる、ちょっといかつい顔をしたティブ族の男たちが、矢張り同じボートを待っている。誰かがトランジスター・ラジオ（多分日本製）をかけっぱなしにしている。太陽は焼けつくように暑い。大きな蝿が飛び廻る。あたりに、バオバブの樹がないので、狭い車の中が唯一の日蔭である。と、突然何かよく解る言葉で歌われたメロディーが耳の中にとびこんで来た。UEOMUUITE

AARUKOOOU……。我ら二人は同時に叫んだ「ありゃ九チャンだ」。これが日本から我々にとどいた最初の声だった。といっても放送局は東部ナイジェリア放送である。あとでわかったことだが、エヌグの水道局にいた山本さんが、放送局の依頼で貸したレコードがこれなのだそうである。

ナイジェリアのテレヴィ局では「鉄腕アトム」を流している。大学構内にいる時は、我々も時々近所のナイジェリア人教授のところに、見せて貰いにいっていたが、愚妻のたのしみの一つは、歌の部分になると解説してやることであった。歌だけは日本語そのままで流されるのである。これはちょっと変な気持であるが、日本の声が我々のところにとどいて来ることに変りない。しかし、この教授一家を除いてはナイジェリアの聴視者で、この歌詞が日本語で歌われているという事を知る人はないであろう。というのは日本というのはどこにも明記されていないからである。

それは「スキヤキ・ソング」の場合でも同じである。その点、日本の歌はインドの歌に較べて、大いに不利である。ナイジェリアの映画館で上映される映画のうち九十パーセントはインド映画である。内容は、ハリウッドの活劇の焼き直しで、おそろしく低いコストで作られ、ひどい英語とポルトガル語の字幕のついた、映画としては四流か五流の安物である。しかし、インド映画は現在ナイジェリアのマス・メディアの中で大衆文化の中核をなしていると言っても過言でなかろう。恋あり、活劇あり、歌ありで聴衆は大いに湧きに湧く。中でも歌は、島倉千代子の歌を一オクターブあげたようなものがほとんどであるが、大衆のメロディーの好みを左右する程になっている。彼らは勿論それがインドの歌であることを知って、小遣いがたまればレコードを買う。

これは馬鹿に出来ない。ナイジェリアの大衆（この中には高い教育をうけた人も大多数含まれる）のインドに関するイメージは完全に安定している。北部州の奥地で学芸大学を出たばかりの小学校の校長先生と話をする。「町にいた頃はよかった。」私「どうして。」「土曜日になるとインド映画を見にいけたから。あれが学生時代の最大のたのしみの一つだった。」私「……。」「どうしたら、ナイジェリアもインドのように豊かな

国になれるだろう。」私「どうして、あなたはそんなことが言えるのか。」「だって、インド映画に出て来る建物、服装、みんな立派でしょう。」私「ありゃ皆昔の物語だよ。」「昔であれだけなら、今はもっと豊かに違いない。うらやましい話だ。私の祖父母の時代は皆服なんか着ていなかった。」私「ちょっと待て、私がナイジェリアに来て二年、新聞で人が餓死したという話を読んだ事がない。これはインドでは不可能な事だ。ちょっと饑饉があると数百万の人が死ぬこともある。これでもインドの方がナイジェリアより豊かだとあなたは思うか。」

二人とも気長であったから、話は延々とつづく。しかしナイジェリアのインドに対するイメージは映画が入ってくる間は変わる事がないであろう。このような事実に立ってインド政府はナイジェリアに学者的な人物を次々に文化使節として送り込んで来る。

ナイジェリアにいる間、日本映画を二本見た。うちの一本は『女舞』で、もう一本は『蜘蛛巣城』であった。後者をみたナイジェリア人は大喜びであった。日本中世の烏帽子頭巾をはじめとする服装が現在のナイジェリアのそれと大変よくにているからであった。その服装が出るたびに拍手大喝采。中には私の肩をたたくやつもいる。私は正直いって戸惑った。「俺達と同じだ」という反応には、親近感はあっても、インド映画から受けるような畏敬の念は含まれていない。日本はどう売り込むべきか。これを例外とすればナイジェリア人の間に日本というイメージはない。

メイド・イン・ジャパン

また北部州へ戻るが、或る奥地の村で首長にあった時の事。「あなたはジャパンだそうだな。」私「そうだ。」彼しげしげと見る。「変だな。」私「どうして。」「我々は日本人は緑色をしていて大変野蕃な人種だと聞いていたが、あなたは白人みたいだし、そう野蕃そうにも見えない。」突然の事に、二の句もつげなかった私も、あとで考えてみて、ビルマ戦線にかり出されてカムフラージュした日本兵を見た奴がこの辺にいるのだろうという事で自分を納得させた。

一般のナイジェリア人は日本製トランジスター・ラジオを持ち、日本製の布で服をつくり、日本製のモーターバイクに乗る。これが日本についての知識のすべてなのである。あとは日本の工場では社長以下、会社の指導部に白人が一人もいない、などということは思いもよらない事なのである。彼らの知っている工場とはその逆なのだから。次に日本製品について、「安かろう悪かろうと我々は英国人に教えられて来た。だが最近我々はラジオを通して、安いものが必ずしも悪いものではないという事を知った。」というのは私の親友であった大学の運転手ムスターファの言葉である。これは一般の大衆の感想でもあろう。現に私が北部州からイバダンに帰ってみると、町の新しいタクシーは皆がダットサン・ブルーバードになっていたという事実を、彼らは目の前に見ているのだから。

だが時々こういうことを言う奴がいる。話はまた北部州へ戻って、カメルーン国境に近い県庁のある町の事。髪がバーブ佐竹のようになったので、市場のはずれにある床屋に入る。と料金表が目にとまる「白人百七十五円、上級官吏百二十五円、紳士七十五円」そこで私「オッサン俺は何だい。白人でなし、（ナイジェリアでは）大学教師は役人でないのだそうだ、紳士がいいね。」「冗談いっちゃ困ります。あんたはレッキとした白人でさ。我々のように黒くないですからね。」私「だが日本人は黄色人種といって白人とは全然違うもんだとされているんだぜ。」「ここは我々の国だから、決定権は我々にあるんですよ。文句を言いなさるな、あなたは白人だ。」というわけで、南阿と違って、ここでは私はアフリカ人によって白人に分類されてしまった。

「だがどうして料金が違うんだ。白人の髪の方が刈りやすい筈だぜ。」「一つは外人収入税。一つは椅子の代金。だから上級官吏も紳士より高いんですよ。御覧なさい。小学校の先生以下紳士はあっちの普通の椅子。こうしなければ上級官吏の人達は来てくれないのですよ。」見れば成る程そうである。私はたしかに床屋の椅子に坐っている。原因はナイジェリア内部にあったのか。「ところで旦那。TAKARA ってえのはどういう意味でしょうな。」私「そりゃお前さんのカーチャンとかその他のお前さんが人に取られたら困るものだな。でもお前どうしてそんな言葉知ってんだ。」ちょっと見てごらんなさい。タカラ日本製って書いてありますさ。いつか誰かに聞こうと思っていたんだが、まさか日本人がここに来て坐るたあ思ってもみなかった。こりゃ」という調子で、床屋のオッサンというのはどこでもお喋りが好きである。

「ところで、旦那一つ聞きたいことがあるんですがね。」私「何だい。何でも聞けよ。紳士なんだから何でも教えてやるぜ。」「日本の製品も最近は大分質も向上して参りやしたがね。どうして大抵二年たったら皆言い合せたように壊れてしまうんですかね。皆言ってますぜ。」私「そんな事俺は知らんね。壊れたら直せばいいんじゃないか。だいたい、俺の息子をみろ。出来てから二年たっているが、まだこの通りピンピンしているぜ。」だがこれは私の負けである。ナイジェリアの散髪は大抵十五分くらいで終ってしまう。私は二百円払って「ほらオッサン、日本人は白人以上だぜ。」と出てみたものの、チョッピリ気になる次第であった。私が持って来たテープ・レコーダーも買ってから丁度二年目、あちこちガタが来はじめていた。故国ではすぐ修理に出せばすむことだし、最近の家庭電化ブームで、新しい製品に次々に目が移っていくという事情、それに二年もてばいい方だという我々特有の諦め方、これがここまで来ると通用しないのである。我が商人達はそこまで考えて物を売り込んでいるだろうか。その結果がナイジェリアの辺境におけるこのような反応である。

知識人の日本像

イバダンで会う知識エリート達は必ず一応「日本は西欧の国でないにもかかわらず、近代において驚異的な躍進をとげた。我々はその秘密を知りたい。」と言う。これは挨拶である。次に必ず「その日本がどうして西欧の諸国と一緒になって我々新興国を搾取するのか。例の貿易のアンバランスの問題だ。」私「私は外交官じゃないし、日本政府から派遣されて来た訳でないから答える義務があるとは思わないが、あなたたちが日本の品がヨーロッパ製品より安いから買うのと違いますか。だがこんな説明は聞きあきているでしょう。ではAとBの軒の商店があって、AがBから買うからといってBがAから同じように買わなければならないという理由はないんじゃないですか。Aが店を持つからには、採算がとれるという見通しを持っての話なのだから、品物の売れ行きが悪いからといって文句いう筋合いのものじゃないでしょうね。」

ここまで言う事は余りない。大低は途中で逃げてしまう。「おこぼれがこっちへ直接廻って来る訳でないから弁護する義務を感じないね」とか何とか言って。

だが、日本の事をほとんど載せないナイジェリアの新聞も、日本との貿易のアンバランスは最も好んでとりあげるトピックの一つである。「新興国に対する新興搾取者」といった見出しで。このトピックとなると例えばふだんは東アフリカの事も余り精しく報道しないくせに「ケニアの議員の一人が、日本製の自動車に乗るくらいだったら徒歩で登院した方がいいと言った。」といった記事はどこからか探し出して来てデカデカと載せる。二年間の滞在期間中この問題、すなわち貿易問題に関して日本に好意的な記事（『デイリー・タイムス』ナイジェリア）を読んだのは唯の一度だけであった。

曰く「君達は貿易のアンバランスをとりあげて、日本を攻撃すればよいと思っているらしいが、問題はそう簡易ではない。だいたい貿易のバランスは一国単位で論じられるべき問題ではない。日本を例にとれば、日本がアメリカに対して出超であるという事実を考慮にいれなければならない筈である。……それにかつて大衆の手が届かなかったラジオを大衆のものにしたというのは何といっても日本商品の功績である。従って単に日本製品排撃を狭い観点から論ずる事は再び大衆の消費生活の窮乏を招く事になりかねない。」といった論旨であった。私は思わず我が目を疑った。ちょっと信じられない程筋の通った議論であった。生来疑い深いたちであるから、私は「成る程、大使館今度は搦め手を攻めたな』などと簡単に割り切って、このような言説の効果を余り信じないことにした。ナイジェリア政府が対日貿易大幅削減を決定したのはそれから間もなくの事である。

「先進国」日本

ナイジェリアにおける日本の像を様々なレヴェルで紹介して来たが、ここで最高の知性の一人の日本観を紹介しよう。私は学期中は大学で「西アフリカの社会構造」とか「伝統的アフリカ政治組織論」といった心臓強い講義を担当していたが、休暇を利用して北部州の奥地に調査に出かけるのを常としていた。しかし何といっても調査費を捻出するのが大変である。そこで学部の予算から少し、あとは各研究所から貰って歩くという事になる。そのようなわけで以下は大学内のナイジェリア社会経済研究所長オニトリ博士との一問一答。

「補助金申請は六十ポンドですね。よろしい。努力しましょう。ところで、あなたの研究に対して日本の政府或いは財団から何らかの形で援助はないのですか。」私「私の場合は政府機関から派遣されている訳でなく、当大学との個人契約で来ているので日本政府として研究資金を出す義理はないでしょうな。」「では日本政府はアフリカの社会・文化の研究をどのようにバック・アップしていますか。と申しますのは、御存知のように、私達のアフリカは研究の領域において無限の可能性を持っています。アフリカ人が自分達の持っている可能性を知るためには、私達アフリカ人研究者の数が少なすぎます。そこでアフリカ以外の研究者も大いに研究に協力して欲しいと思うし、そういう研究者のいる国の政府はどんどん研究者をアフリカの大学ないしは研究機関に送って欲しいと思うのです。当大学があなたをスタッフとしてお招きしているのもそういう精神に基いているものだと思います。この点について日本の政府はどう考えているのでしょうか。」私「よく解りませんが、日本にはアジア経済研究所というのがあって、その研究員が二、三人アフリカの各地の研究所に配置されているようですよ。」「皆経済学研究者ですか。大いに結構だが、どうも意図が見えすいているような気がするな。まるで政府・社会・文化の点で我々にとるべきところがないみたいではないですか。どうして、片貿易といった問題をそういう点で埋め合わせるという気持になってくれないのですかね。怒らないでくださいよ。我々の乏しい資金であなたに来ていただいて、研究していただく。日本政府は何もしない。これではどちらが後進国だかわかりませんね。いや失礼。」

私は日本の対外政策について、どういう意見を述べたのかはよく憶えていない。とにかく彼の論旨には一言もなかった事だけは記憶している。これに似た意見は政治学科主任教授エスエン＝ウドム博士（私の家内は言い易いのでドクター一銭うどんと言っていたが）も述べていたし、アフリカ研究所言語学教授アームストロング博士もアックラの第一回のアフリカニスト会議の報告で述べていた筈である。

私は研究の性質上いろいろな人間とつきあったので、少なくともナイジェリアにおける日本像の一面を伝える事が出来たのではないかと思っている。しかし、同時にナイジェリアに住む日本の方々のアフリカ像ひいては日本のアフリカ像をも同時に考慮しなければ片手落ちになると思うが、これを述べる紙数もないし、これを述べたところで飯沢匡の『帽子と鉢巻』のアフリカ版になるだけなので、ここで一応筆をおく事にしたい。

第六章　パリの異邦人――1968-1970

――一九六八（昭和四十三）年の四月にナイジェリアの調査から帰国されるわけですが、その途中にパリに立ち寄っていますね。このときに、オデオン通りにあった人類学と言語学専門の本屋さんに行かれたわけですね。

山口　それはオデオン座からオデオン通りを辿って、地下鉄のオデオン駅に行く前のところにあった「パンセ・ソバージュ（野生の思考）」という本屋ね。そこへぶらっと入ってみたら人類学のものが圧倒的に多くて、特に構造論的な本がたくさん並んでいた。僕は丸善の信用状を持っていたから、それを見せて片っ端からそこで本を買い込んでね。

――どんな本を買われたんですか。

山口　構造論関係のものをはじめとしてデュメジルの本とか、二時間くらいかけてずいぶんと買ったわけです。高い本の山が三段くらいできたのを覚えている。

――「パンセ・ソバージュ」というのは、大きい本屋さんなんですか。

山口 いや、一階だけのワンフロアの小さい本屋でね。

――そこで、人類学者のダン・スペルベルさんを紹介されるんですよね。

山口 そうね、本屋の親父（プレー）が、ちょうど僕が本を買っているところにスペルベルが入ってきたから、これはあなたと同じ人類学者のダン・スペルベルであると紹介してくれた。その後、二人で向かいのカフェに入って話をしたんだな。僕はナイジェリアでジュクン族の調査をやってきたという話をして、ジュクンにおけるデュアリズムの問題や王権の話なんかをしたら、彼は面白いと言ってね。ひと通り話が終わって、別れ際にいまどこに住んでいるんだというから、サン・カンタンという北の方の街のユースホステルに泊まっている、と答えたら、その日の夜だったかに、今度はスペルベルの友人のダニエル・ド・コッペ（人類学者）が電話を寄越して、明日会いたいと。

――それは、スペルベルさんがド・コッペさんに山口さんの話をされたということですか。

山口 そう、スペルベルもド・コッペもナンテール（パリ第十大学）で人類学を教えている仲間だったからね。それで、次の日の昼に、ド・コッペ、スペルベル、ミクロネシアのことをやっているラトゥーシュ、それからもう一人、アメリカ・インディアンの研究をしていたパトリック・マンジェの四人と待ち合わせて昼食をしながらまた喋ったわけ。あとで、ド・コッペが教えてくれたんだけど、あれは一種の試験であったと。お前と喋ってつき合うかどうか決めようと言っていたんだけど、話しみて仲間にすることに決めたんだと言うんだ。それからまた、電話が来て会おうということになって、夕方、約束したサン・ミッシェルの教会の泉のところで待っているとド・コッペが車で迎えに来たんだ。それでラトゥーシュの家に行って飲んだんだな。そのあとにこれもナンテールで教えていたジャンヌ・ファブレという女性の家に行って、僕たちがワインなんかを飲んでいたら、そこへ人が何人も集まってきてね。確か、イギリスから来たというオックスフォードの学生もいたな。で、午前三時くらいになってもう朝だから出ようと言って、僕の泊まっていたユースホステルまでド・コッペが送ってくれたんだ。僕が車を降りようとすると、ド・コッペが、「このままお前のスーツケースを持ってユースホステルを出てこい、俺のところへ泊まれ」と言うんだ。僕は「そういうわけにはいかないだろう、フランス人は他人を自分の家に泊めるのを嫌がると聞いている」と言ったら、「いや、僕は人類学者だから」なんて恰好いいことを言うんだね（笑）。それから、僕はド・コッペの家に泊まることになったんだ。

◉友人の人類学者ダニエル・ド・コッペ氏

――送ってもらって、そのすぐにあとに荷物を持ってド・コッペさんの家に！

山口　その頃の僕は、身が軽かったからね。

――ド・コッペさんの家はどの辺にあったんですか。

山口　ペレール、凱旋門のある広場に近いところね。ド・コッペの家は四階建てで、僕が間借りしていたのは、その四階にある小さな部屋、ベッドが一つ置いてあって、そこに寝泊まりすることになったわけです。ド・コッペの家には、親父さん（マルセル・ド・コッペ）が持っていたレコード・コレクションがたくさんあってね。バッハのカンタータとか、シャンソンなんかもあったかな。ド・コッペの父親というのは相当な音楽好きだったらしい。ドビュッシーとも友達でね。僕はあるとき日本の古本屋で、ラビニャックという人の書いたバイロイト音楽祭についての本（Albert Lavignac "The Music dramas of Richard Wagner and his Festival Theatre in Bayreuth"）を手に入れたのね。それを見たら、第一回目からずっとワーグナーのオペラを聴きに行ったフランス人のリストが載っているんだけど、そこに二年にわたってドビュッシーとド・コッペの親父さんの名前があるんだね。そのことはド・コッペにも教えて上げたけどね。

――確かド・コッペさんのお父さんは外交官だったんですよね。

山口　そう。アフリカの各地で大使を務めたりしたこともあると言っていたね。マダガスカルにも何年か住んでいたらしい。それと驚いたのは、その奥さん、つまりド・コッペの母親（クリスチアーヌ）は、ロジェ・マルタン・デュ・ガールの娘だったのね。だから『チボー家の人々』を書いたマルタン・デュ・ガールは、ド・コッペのおじいさんになるわけ。それで、ド・コッペの家に泊まりながら、ナンテールにも遊びに行ったりしていたんだけど、そろそろ日本に帰る期日が迫ってきた頃に、ド・コッペが「お前もナンテールに教えに来ないか」と言うんだ。僕はそう言ってくれるだけでありがたいけれども、このまま日本に帰るからと、まあ、それで帰ってきたんです。

ところがその年の秋だったかに、京都で国際人類学会があって、ド・コッペが日本に来たわけです。そのときにパリでの話になって「「俺たちのところに一緒に来ないか」と言ったのはお世辞だと思って聞いていたけど、あれは本気だったの」って聞いたら「勿論、本気だ」と言うんで、「それならば、行ってもいいけれども、僕はフランス語を喋れないよ」と言ったら、「俺たちは誰でも英語も喋れるから、それで大丈夫だから来て一緒にやろう」と言ってくれたんで、それで行くということに決めて、フランスに行ったわけです。

—— それはもっとあとの話になるわけですよね。最初のアフリカから立ち寄ったパリの話に戻りたいんですが、その頃、哲学者の中村雄二郎さんとお会いになっていますよね。

山口　そのときに会ったんだったのかな？　そう、そういえば、大使館に行って雄二郎氏の住所を聞いて電話をしてそれで会ったんだ。

—— 何故、わざわざ電話してお会いになったんですか。それまで中村雄二郎さんとは面識はなかったんですよね。雄二郎さんの本を読んでいて、関心を持っていたということなんですか。

山口　彼自身も当時すでに構造論的なことに触れて書いていたからね。だから僕の視点と合うんじゃないかと思ってね。

――その前後だと思うんですが、ド・コッペさんの紹介で、ミュゼ・ド・ロム（人類学博物館）でアンドレ・ルロア＝グーランさんにもお会いになっていますよね。

山口　それは、ルロア＝グーランがミュゼ・ド・ロムの人類学部門の代表だったわけですね。僕はミュゼ・ド・ロムを使わせてもらいたかったんで、ド・コッペに紹介してもらって、ルロア＝グーランに会いに行ったわけです。そのときに、瓢簞の模様の分析の話をしたら、ルロア＝グーランも関心を示してね、参考になるからと南ロシアの民族用具の表面に描かれた図形について彼が書いた民族誌のコピーをくれたりしてね。ルロア＝グーランはどこの部門の倉庫にでも入れる鍵を渡してくれたんで、僕は自由にミュゼ・ド・ロムのなかを歩き回ることができたんだけど、特に瓢簞の置いてあるところには何度も行って、その模様を写していたわけです。

――ド・コッペさんのノルマンディーの別荘に行かれたのはその後ですか。

山口　そうね。ノルマンディーのディエップという港町に近い、キベルヴィルというところの小高い丘の上に別荘が建っていてね。この別荘には部屋が十二くらいあるんだよ。各部屋には本棚がいっぱいあってね。ド・コッペのお母さんがサロンの主で、その仲間がみんな本を寄付したからいろんな本があるんだね。それでそこから帰ってくる途中でピッコロ・テアトロ・ディ・ミラノの公演があるのを知って、“Arlecchino servitore di due padroni”（『二人の主人を一度に持つと』）を見に三日間通ったわけですね。

――ピッコロ・テアトロは中村雄二郎さんとご一緒にご覧になったんですか。

山口　いや、その前だったんじゃないかな。

――山口さんは、『道化の民俗学』の最初のところで、新聞広告で見てピッコロ・テアトロの公演を知ったとお書きになられていますけれども、もうその辺は覚えていませんか。

山口　そうね。忘れちゃった。

――『道化の民俗学』によると、中村雄二郎さんは山口さんと会う前にご覧になっていて、雄二郎さんからもピッコロ・テアトロが面白かったよ、という話を聞いて、それで興味を持ったというようにお書きになっていらっしゃいます。

山口　そうか。そのときは、芥川比呂志が一つ後ろの席に座っていたのは覚えている。

――何かお話なさったんですか。

山口　ちょっと話をしたぐらい。

――このときは、パリにどれくらいいらっしゃったんですか。

山口　ひと月ちょっとくらいじゃなかったかな。

――そのあと日本に戻られて、その年の八月に岩波の『講座　哲学』に「アフリカの知的可能性」を掲載しているんですが、それはどういう経緯で掲載されるようになったんですか。

山口　その頃はね、岩波の大塚くんに手紙をたくさん書いて送っていてね（この手紙は大塚信一編著『山口昌男の手紙――文化人類学者と編集者の四十年』トランスビュー、二〇〇七年九月に収録されている)。

――アフリカにいた頃には、ずいぶん大塚さんと手紙のやりとりというのはしているんですか。

山口 うん。そうね。

――そうすると、そういうやりとりのなかで、「アフリカの知的可能性」が書かれた?

山口 そう。あれはアフリカで書いたんだね。あの頃、僕がああいうものを書いたということは、日本の知的社会のなかでは驚きだったわけね。

――その頃、アフリカに知的可能性が潜んでいるなんていうことを言う人は誰もいなかった時代だったでしょうからね。年譜で確認すると、この年の九月に京都国際会議場で国際人類学・民族学のアフリカ部門の会議に参加していますね。ここで、先ほどおっしゃったド・コッペさんとの再会も果たしているわけですね。

それで、その年の十月に埼玉大学にいた川田順造さんから、石田英一郎さんが病気なので、代わって人類学思想史を担当してほしいと頼まれたと。そのときの学生に小松和彦さんがいらっしゃったわけですね。埼玉大学でのことは何かご記憶にありますか。

山口 その頃は全共闘運動が盛んな時期で、埼玉大学では〝山口昌男を倒す会〟というのを作って、そこに僕を呼んだんで、そのときは学生がいっぺんに打ちのめされたと。「発言をするときは、君たちの名前は別に言う必要はないけれども、まず、自分の所属している学部とどういうことをテーマにして学んでいるのかを教えてください」と僕は言ったわけです。そうすると、学生は困ってしまって、ぼそぼそとテーマはこれこれとか言うのね。それに対して僕がそういうふうなテーマだったら、これこれが問題になるんじゃないかと、逆に問題を作って投げちゃうわけ。それをやっていたら、結局みんなおとなしくなっちゃったんだね。

――トリックスターのやり方ですね（笑）。それは、授業ということではないんですよね。

山口　そう。

◉小松和彦氏と
（1984年11月の日本民族学会創立五十周年記念式典にて）

――小松さんのことで、覚えていらっしゃることはありますか。

山口　そういうときには、小松くんは出てこなかったね。

――以前、小松さんからお聞きしましたけれども、授業が終わってから一緒に喫茶店にいって山口さんからいろいろ話を伺ったとおっしゃっていましたが。

山口　彼は気が弱いという印象があるね。

――『知の遠近法』によれば、病気だった石田英一郎さんが、亡くなられたあとに日本民族学会でシンポジウム「日本民族学の回顧と展望」があって、山口さんはそこで日本の人類学は天皇制を避けているという発言をなさっていますね。

山口　民族学会で、人類学の未来について話をしているときに……、それはなんかテキストを書いたんじゃないかな。そうしたら祖父江（孝男）氏がそれに反論したんじゃなかったかな。

――それに対して、山口さんご自身も天皇制についてを直接の対象にすることを誓わされたとお書きになっています。

山口　僕は天皇制は日本人の内側にある問題であってね、対象的なものとして扱うものではないと言ったわけですね。

――それに対して反論はあったんですか。

山口　祖父江氏ぐらいだね。

――翌年の一月に「文化と狂気――ホモ・デリルス」を『中央公論』（第八十四巻第一号）に掲載（のちの『人類学的思考』に収録）していますが、そのときは編集者の塙嘉彦さんの依頼だったんですよね。

山口　彼との出会いはそれね。彼はフランス政府の技術留学生としてパリへ行って、『エスプリ』とか『エクスプレス』なんかの編集者をしていたのね。で、帰ってきて中央公論社に入ったんだけど、彼の独自の感性に見合うような書き手が全然見つからなかったわけ。それでその頃、僕は京都に行っていたんだよ。

――それが、先程の国際人類学・民族学の会議ですね。

山口　そう。そこに塙くんも来ていてね、青木保と一緒に会おうと言ってきたわけ。

――青木さんとはいつ頃から？

◉塙嘉彦氏と（西新宿にあった文壇バー「火の子」にて）

山口　そのときが初めてじゃないかな。

――そうすると、塙さんが連れてきたというか、人類学会議に来ていた山口さんと青木さんを塙さんが引き合わせたということなんですね。

山口　そうだったと思うね。*一

――塙さんの最初の印象はどうでした？

山口　彼は、バスター・キートンみたいな顔をしていてね。最後までそれでからかったんだけどね。

――最初にお会いになったとき、山口さんと意気投合したんですか。

山口　話していると、付いてくるからね。狂気の問題に関心があると言ったら、その当時誰もそんなことを言った人間は

＊一　二〇一三年六月七日、東京外国語大学で開催された「山口昌男追悼ＡＡ研シンポジウム 人類学的思考の沃野」終了後の懇親会で青木保さんに確認したところ、これは山口さんの記憶違いとのことである。青木さんは山口さんが『思想』（一九六六年三月）に掲載した「文化の中の「知識人」像」を読んで心を動かされ、その年の六月、箱根で日本民族学会が開催された際、山口さんがシンポジウムの司会を担当すると知って会いに行ったのが最初の出会いであるとのことである。

いなかったからね。じゃあ、その問題でやってくれるかと。今度、『中央公論』で現代の思想状況をテーマにした特集号（「現代世界の思想状況　第三回　革命思想の新しい展開——現代急進主義とユートピア」）を出すからというんで、狂気の問題をそこで扱ったわけです。

——塙さんについて山口さんは塙さんの追悼文（「ひと編集者に出会う——塙嘉彦氏を悼む」『文化と仕掛け』所収）のなかで「ロシア二〇年代、三〇年代のザミャーチンやブルガコフへの私の眼を開いてくれたのは塙氏であった」と書かれていますね。

山口　その辺のことはもう忘れちゃったんだけど、ロシアについて言うと、イギリスの古典学者のC・M・バウラという人が"The Heritage of Symbolism"（この本はのちに邦訳が出た。小林忠夫訳『象徴主義の遺産』篠崎書林、一九七五年一月）のなかでいろんな詩人を取り上げていてね、そのなかでバウラは、アレクサンドル・ブロークについて一章をあてて書いているんだね。それがブロークについての適切な評伝で、ブロークがロシア・シンボリズムの詩人として、大変目立った仕事をしていたと書かれていたわけだね。これを読んで僕はブロークに興味を持ったんだ。バウラという人は、何カ国語も自由に話せた人物なんだけれども、そういう人が世の中にいることを知って、その頃はこういうスタイルの学者になるのもいいんじゃないかという感じがしたんだね。

——バウラにはマヤコフスキーやパステルナークを扱った『現代詩の実験』（大熊栄訳、みすず書房、一九八一年十二月）という本もありますね。山口さんはこの本のなかのロルカを扱った章を『歴史・祝祭・神話』で引用しています（当時は邦訳はなく、原著である"Creative experiment"から引用）

が、マヤコフスキーなどをはじめとする二十世紀のロシアの詩人や芸術家についてはこの本からの刺激もあったんでしょうか。

山口　いや、むしろマヤコフスキーについてはリペッリーノの『マヤコフスキーとロシヤ・アヴァンギャルド演劇』（小平武訳、河出書房新社、一九七一年十二月）のほうだね。

――山口さんはリペッリーノの"Il trucco e l'anima"（『仕掛けと生気』）も『本の神話学』や『歴史・祝祭・神話』で取り上げていましたね。

山口　リペッリーノの取り上げ方が面白かったからね。この本のなかで、リペッリーノはコメディア・デラルテへの関心がロシア二〇年代で盛り上がっていたことを論じていたんだね。エヴレイノフやメイエルホリドがアルレッキーノなんかをどんどん自分たちの演劇のなかに取り込んでいったと。メイエルホリドについては、エドワード・ブローンが新しく英訳した"Meyerhold on theatre"が出たとき（一九六九年）、書評を"Times Literary Supplement"だったか"Observer"だったか忘れちゃったけど、それで読んで、すぐ僕はその本を手に入れて読んだんだ。この本も非常に刺激になったのね。あとで『歴史・祝祭・神話』を書いたときに、メイエルホリドを取り上げた章で使ったりしたんだけどね。

――ロシアの方に話は飛んでしまいましたが、塙さんということでは、『エスプリ』の日本特集（第四十一巻第二号、一九七三年二月）のときに天皇制論（"La structure mythico-théâtrale de la royauté japonise" 邦訳は、森田祐三訳「天皇制の神話＝演劇論的構造」『山口昌男著作集　第五巻　周縁』所収）を寄稿し

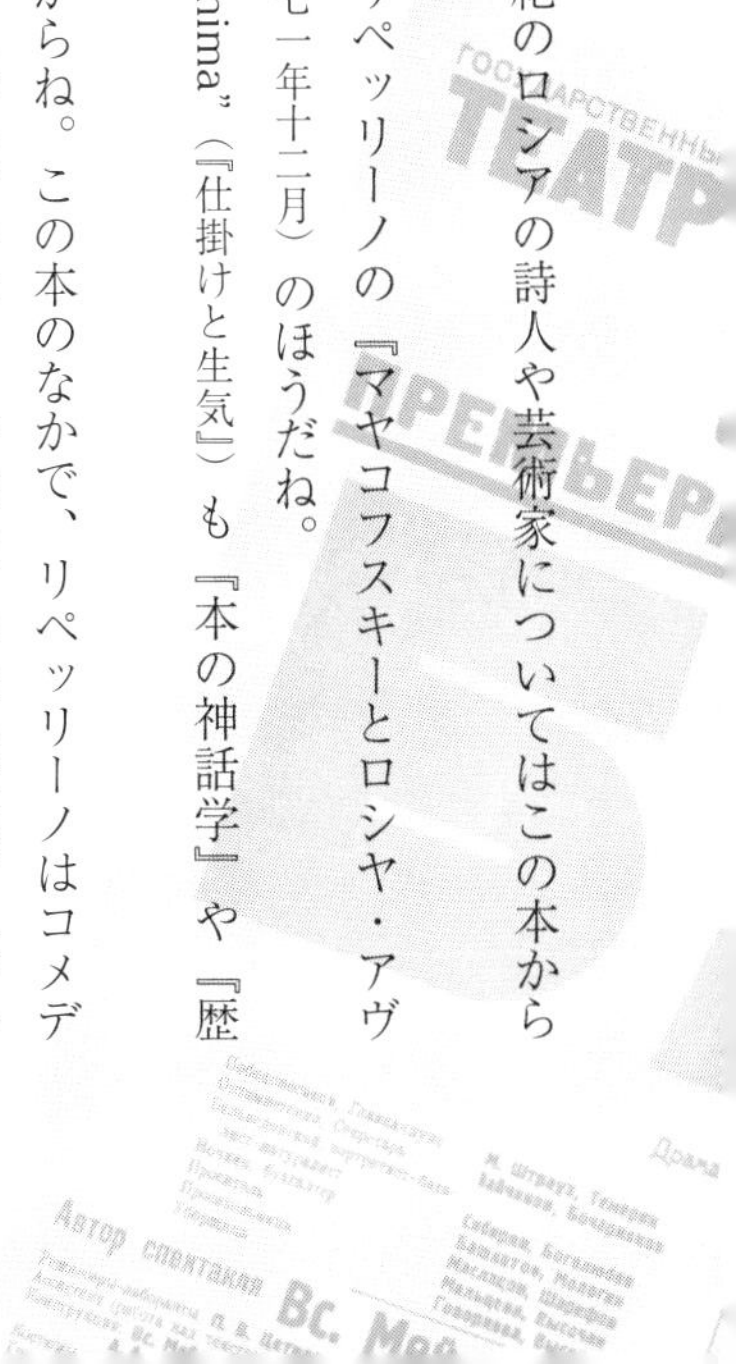

●В・Э・メイエルホリド演出、В・В・マヤコフスキー脚本『風呂』ポスター

ていらっしゃいますね。

山口　そうですね。あれは塙くんの依頼で、書くようになったわけね。

——それともう一つ、『ディオゲネス（ディオジェーヌ）』のほうに、“La royauté comme système de mythe”（第七十七号、一九七二年一—三月、邦訳は井村俊義訳「神話システムとしての王権」『山口昌男著作集　第四巻　アフリカ』所収）を載せていますけれども、それはロジェ・カイヨワの依頼ですよね。で、そのカイヨワを山口さんに紹介したのも塙さんだったんではないですか。

山口　カイヨワが日本に来たときに塙くんに誘われて一緒に日仏会館に行って話をしたんだけど、そのときカイヨワがお前は面白い奴だとね。そのあとにパリで会ったときに、「何かフランス語で書いてくれ」と言われたんで、「それなら日本の王権についての比較研究論を書きましょう」ということで、その頃僕はナンテールで講義していたからそのテキストを基にして書いたわけです。

——林達夫さんも最初は塙さんの紹介だそうですね。『林達夫座談集　世界は舞台』で山口さんは「中央公論社の最上階にある「アラスカ」の横の日本間みたいなところで、蘆原英了さんと志水速雄さんと一緒に会った。それからあとは主に大塚くんと一緒だね。ときどき平凡社に出社してくる前の日に大塚くんを通して「会おう」というメッセージがきて、そのときそのときの都合で、大江（健三郎）さんと一緒に会ったり、中村（雄二郎）さんと一緒に会ったりしたわけですね」（一九六頁）と述べていらっしゃいますが、そのときのことは何か覚えていらっしゃいますか。

山口　いろんな本の話をしてね、僕は大体それを読んでいるんで、「山口くんは僕の読みそうなあらゆる本を先駆けて読んでいるね」と言って感心していたね。いまはもう林さんに相当するような人間はいないんじゃないかな。あの頃はいい人間は極端にいいというね、林さんばかりでなく、徳永康元氏みたいな人もいたしね。

――「文化と狂気」を『中央公論』に掲載した同じ一月には、『文学』第三十七巻第一号で「道化の民俗学」の連載を始めますね。

山口　あのときは、内藤（佼子）さんという編集者が『文学』の編集部にいてね。彼女は、石母田正氏の担当の編集者だったんだよ。僕は石母田正氏とは親しかったからね。それで、石母田氏の紹介ということだったと思うんだけど、『文学』に狂言についての原稿を書いてくれと頼みに来たんで、「僕は最終的に太郎冠者のことをやるけれども、その前に比較文化的に道化のことをやりたい、それでもいいか」と言ったら、「どうぞ」と言うんで、あの連載が始まったわけだね。

――その前に山口さんはアフリカでトリックスターの調査をされて、道化というものが山口さんのなかで大きくなってきたと。それを日本の狂言の太郎冠者と結びつけてということだったんですかね。

山口　ゆくゆくはね。

――『道化の民俗学』はピッコロ・テアトロの話から始まって、コメディア・デラルテのアルレッキーノ、それからアフリカのトリックスターの話になり、インドに行って、というふうに世

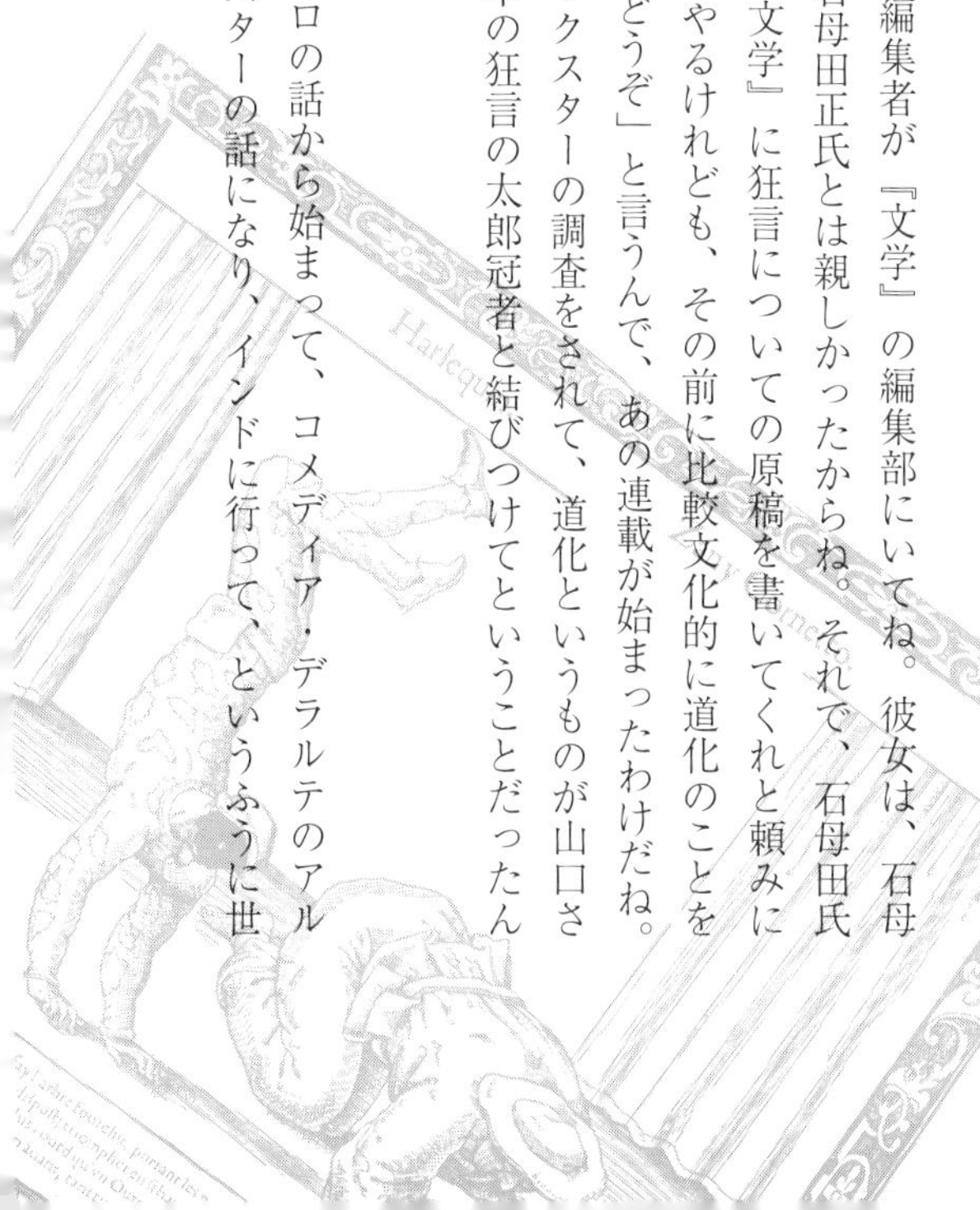

●逆立ちする
アルルカン＝アルレッキーノ
『フォサール・コレクション』より

界的な広がりを持ったテーマになって行きますよね。それは、書いているうちにそういうふうになって行ったんですか。それとも、山口さんのなかで最初からそういう構想があったんでしょうか。

山口 アフリカは実際に調査したときに、問題はそういうところにあるなと。そのほかアメリカ・インディアンとかそういうところにくると、大体かたまりができていたからね。

―― じゃあ、トリックスター、道化の問題というのは、アフリカからピッコロ・テアトロ、コメディア・デラルテのほうに行って、それをやっているうちに今度はインドやアメリカ・インディアンなんかの道化が繋がってきたわけですね。

それと、『道化の民俗学』では、ミハイル・バフチンの『ラブレー論』（邦訳はのちにミハイール・バフチーン著、川端香男里訳『フランソワ・ラブレーの作品と中世・ルネッサンスの民衆文化』せりか書房、一九七三年一月）を資料に使われていますよね。

山口 あるとき、神保町の北沢書店に行ったら、隅の棚にあったのを覗き込んで見つけて、これだというのでね。全くそれは偶然発見したわけだね。

―― 『道化の民俗学』では、『ドストエフスキイ論』も使われていますが、こちらは新谷（敬三郎）さんの訳が出ていましたね（冬樹社、一九六八年六月）。山口さんは『ラブレー論』を先に見つけて、バフチンのほかの本はないかと探して、『ドストエフスキイ論』に辿りついたということなんですか。

山口　そうね。まあ、あれはあくまでドストエフスキー論として訳されていて、僕があういう形で取り上げなければカーニヴァル論としては、読まれていなかったわけでしょう。

――　確かに『ドストエフスキイ論』のなかでもカーニヴァル論の章（「第四章　ジャンル、題材構成上の特徴」）は少し異質な形で入っていましたからね。むしろ、新谷さんの関心はポリフォニーを論じた章のほうにあったようですね。

　それにしても、『道化の民俗学』は読んでワクワクするような世界を作りだしていますよね。

山口　それを素直に受け入れない連中がいるんだよね。

――　『道化の民俗学』を連載しているときの反応というのはあったんですか。

山口　高山宏がバリケードのなかでコピーを読んでいたというのはあとで知った話で、あのときはあれよあれよという間に進んでいったという感じだった。[*一]

――　結局、太郎冠者のところまで行き着く前に山口さんがエチオピアの調査に行かれるというので、連載は中断してしまいますね。そのあとアメリカ・インデアンの章だけは作家の井上光晴さんが編集されていた『辺境』に掲載されています。『辺境』に載ったのはどういう経緯があったんでしょうか。

＊一　高山宏さんは筑摩叢書に収録された『道化の民俗学』の「解説　ついにヘルメースが……」で、次のように述べている。「学生自治会にいたぼくはたしか「道化の民俗学」は、林檎箱みたいな臭いのついた旧式な湿式コピーの回し読みで、バリケードの中で読んだ記憶がある。」〔三四六〜三四七頁〕

山口　あれは、あるとき井上氏が彼の雑誌に何か書いてくれないかというんで電話して来たんだ。そのときに、「道化の民俗学」を読んで面白かったと言うから、それなら続きとして考えていたアメリカ・インディアンの道化について書きましょうということでね。井上氏とはその後、偶然に大阪の駅で会ったときに、あれはとてもよかったと言ってくれてね。短い時間だったんだけど、そのときはとても濃密な時間だったのを覚えているね。

——なるほど。それから、これも同じ時期（一月）に吉本隆明さんの『共同幻想論』（河出書房新社、一九六八年十二月）の書評を『日本読書新聞』に八回にわたって掲載しますよね（のちに「幻想・構造・始原——吉本隆明『共同幻想論をめぐって』」のタイトルで『人類学的思考』に収録）。あれは、『日本読書新聞』の方から依頼があったんですか。それとも山口さんの方から書かせろということだったんでしょうか。

山口　依頼が来たんだ。『共同幻想論』のなかで十年くらいは先に行っているだろうというふうなことを彼は書いているんだけど、そういうことだったら、フランスですでにデュルケームなどが言っている、というようなことを僕は書いたわけですね。

のちに『現代詩手帖』で、吉本と対談と対談してくれと言われて、僕は三時間くらい対談したんですよ。それは吉本氏がゲラを持って行ったまま返してこなかったのね。

——僕も『現代詩手帖』で、次号に山口さんと吉本さんの対談を掲載するという予告を見た記憶があるんです。楽しみにしていたんですが、結局、その次の号以降にも掲載されることはありませんでした。その対談、読んでみたかったですね。

山口　河出のムックで吉本氏のが一冊出たときに、僕は彼の『アフリカ的段階について』（試行社、一九九八年一月、非売品。その後、春秋社、同年五月）を取り上げたことがあるんだよ（「『アフリカ的段階』素描」『KAWADE夢ムック 文藝別冊 吉本隆明』二〇〇四年二月）。

――『アフリカ的段階について』を読んでみて、ヘーゲル的な発想を否定してアフリカからヨーロッパを対象化するというのは、山口さんが「失われた世界の復権」（『未開と文明』、のちに『人類学的思考』に収録）で言われていたことと非常に近いのではないかと思いました。

山口　そう、僕のやり方はもともと非時間的な組み立て方なんだ。問題は時代によって違うけれども、それに対する一種のアンチテーゼとして、アーカイックな世界があるわけね。要するに、日本の一般的な論客が考えるフレームワークがそれだけ古いということなんだ。僕はそういうものと違う基本的なものをやった上で、論拠を立てるから日本の論壇では生意気だと中傷されたわけね。

――『日本読書新聞』というと、阿藤（進也、当時の『日本読書新聞』の編集者）さんとは、いつ頃知り合われたんでしょうか。

山口　それは大学院の頃だね。その頃僕は毎週一回、木曜日に行って『日本読書新聞』の編集部に寝泊まりしていたわけです。書評に必要な本を選んでね。その頃は『日本読書新聞』に匿名でよく書評を書いていたんだね。

――『日本読書新聞』の編集長をしていた巌浩さんというかたとは、アフリカでお会いになっているんですよね。

山口　僕が調査に出掛けていたら、いない間に来て、家に泊まっていたのね。そのとき僕は、砂地帯に自動車を突っ込んで事故を起こして、ボロボロになった車で戻ってきたらそこに巌氏がいたわけね。

――じゃあ、そのとき巌さんは連絡も何もなしに突然訪ねて来たんですね。

山口　巌さんは阿藤くんからの僕の様子を聞いてやって来たんだね。

――年譜に戻ると、二月に現代人の思想シリーズで『未開と文明』の巻を編集されますね。それは林達夫さんの慫慂《しょうよう》で山口さんを担当にということだったんですよね。

山口　そうね。

――その頃は、先ほど伺った塙さんを通して林さんとお会いになる前のことですから、つまり面識のない林さんから山口さんを、ということだったわけですね。

山口　そう、僕が「文化の中の「知識人」像」を書いたときに、大塚くんを通して面白いというメッセージを寄越してね。まあ、それを読んで林さんは「『未開と文明』の巻の編集を山口に頼め」と言ったんで、僕はそこに「失われた世界の復権」を書いたわけだ。

――そのあと、九月にはアフリカ大サバンナ調査団の一員として、エチオピアの調査に行かれますよね。この調査に行かれるために「道化の民俗学」が途中で中断という形になるわけですね。

調査はお一人で行かれたんですか。それともご家族で。

山口　そのときは、一人ですね。

――エチオピアについては「エチオピア通信」があるんで、ここから少しお聞きします。

❖エチオピア通信❖

一

一九六九年九月十七日

発行　山口昌男　配布　久保覚

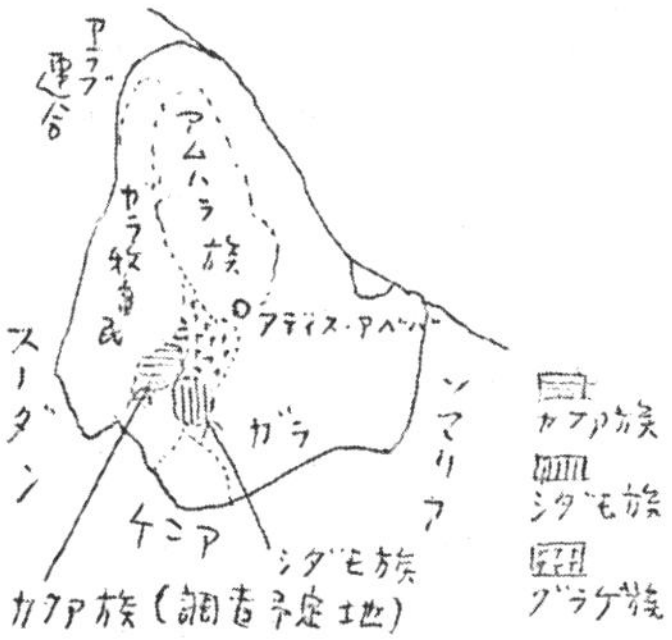

◉エチオピアの部族分布図

①エチオピアは、北アフリカというよりもアフリカ・プロパーという感じを与える。但し、男は美男、女は美女が多い。

②皇帝をはじめとする中心部族は、コプト系キリスト教で有名なアムハラ語族。ほとんどがオセロの末裔のような顔をしている。

③小生の調査予定地のカファ族は、熱帯アフリカの王権観

念の最も古くから知られた例として、フロベニウス研究所系のドイツ民族学者が前から注目していたところ。しかし、社会構造に関する調査はない。

④気候　首都アディス・アベバは雨期があけないので毎日一度豪雨が降っています。月末の雨期明けを待って調査地に赴く予定。

⑤準備　先ずハイレ・セラシエ一世大学のエチオピア研究所 associate membership を取るために千四百円也を支払って登録。次にすることはヴィザを三カ月から六カ月に延長すること。これが難しければ十二月にウガンダへ行って、再び三カ月の旅行者ヴィザで再入国の予定。次に内務省の調査許可を取ること。こういったことに今月末まで時間を使って来月はじめにカファ地方に赴く。

⑥友人　昨年四月パリで会った Dan Superber がシダモ族の調査に入っているという情報を得たので、今週の日曜日、飛行機でシダモ族に飛んで彼を訪ねる。正確な住所はつかめないので向こうで探しまわることになろう。時期おくれのスタンレーとリヴィングストンの邂逅の一幕。彼は小生が来ていることを知らない。

友人2　タクシーで一緒になったアチモラ・テ・ベレという画家と知り合いになる。彼のアトリエなど訪れて、似顔の描きくらべをしたが、こちらの方が上手だったらしく、少々不機嫌になる。しかし仲々有名な男で、顔も広いので色々な人間を紹介してくれた。来週から二カ月北ナイジェリアのアーマド・ベロ大学に行き、その後二年間アメリカに行くということであって、こういう国ではちょっと目立つと、旅行者に仕立てられてしまうおそれがある。

⑦**生活状況**　特に困窮していないのは、カンパに応じていただいた諸氏のお蔭と深く感謝しています。初め一週間は富川盛道氏が一緒だったので一日二千円也のホテルに泊っていたが、その後ＹＭＣＡの近くに部屋を借りて自炊を始める。部屋代月五千円。この部屋はカリガリ博士的な部屋で、三角とも不等辺四角形ともつかない形で天井の板の張り方も目茶目茶で、何時見ても見あきることがない。隣りの家との境の塀を利用して作ったため、こんなことになった。表現主義もジオメトリカルな世界ではショッキングだが、こういったところでは当り前。

⑧**学問**　アムハラ文化の根の一つが隠喩による風刺術であり、宮廷道化が存在していたことを発見。アディス滞在を利用して道化に関する民間伝承を採集中。

一九七〇年一月八日

エチオピア・マスケート　配布　阿藤進也

二

〈続刊の辞と休刊の言い訳〉

第一号の反応が０であった事に力を落していたところ、小生の第一便より先に手廻しよく、通信が拙宅に配布されてしまったので、これからもone of themとして、通信を通じて御消息を知りたいと思いますなどというイヤミが愚妻からとどいた事、等が原因でつい中断という訳でありました。

特集〈その後の消息〉

十月中旬　やっと調査許可を得て、南西エチオピアへ向かう。〔クシティック語系文化の比較研究という名の遠足〕

十月下旬　隊の義務により東京・中日に通信を送るも没。ラバを買って、ガム高原地方を歩き廻る。

十一月初旬　歩きすぎて、少し奥に行きすぎて警察につかまる。危く一夜ブタ箱入りになるところを、アメリカの平和部隊の教師の取りなしにより、彼の家に監禁。ヘルマン・ブロッホとトーマス・マンの好きな青年で、語り明かす。別れのプレゼントにナタナエル・ウエストの「ミス・ロンリー・ハーツ」プレゼントされる。仕事がうまくいかない時に読めという添え言と共に。翌日朝七時、鉄砲を持ったポリスの護送で、その村（ボロダという）を追放。一日四十五キロも歩かされる。

十一月下旬　ヴィザの関係でアジスへ戻る。十程飛行機で南西に飛びジンカという村に滞在、ケニア国境に近いが五百人程ポリスがいる。二十年前、ドイツの民族学調査団が来てエチオピアの最も未開の地と記したところである。

十二月初旬　ヴィザの関係で再びアジスに戻り、マジ高原に行こうとするも、途中ジンマで相当ひどい熱にやられ、八日間、生死の境をさ迷う。（以後禁煙）

十二月中―下旬（十五日―二十五日）　医者の忠告により、息抜きにウガンダに行く。カンパラのマケレレ大学で四、五日ブラブラした後、東北のソロティに長島信弘（人類学者、Teso 族の調査中）を訪ね、二日間ブッ通しに喋る。長島が駒場の時代に天沢退二郎とか福田章二とか渡辺武信らとゴロついていた話は仲々愉快であった。長島を訪ねるためカンパラを出発する前の夜、大統領が狙撃され、カンシャクを起した特別機動隊が町へ出て自動小銃を乱射して市民が三十人以上殺されたという事を知らないで、町で検問している機動隊に長距離バスターミナルに行くためのタクシーを拾わせて、あとで長島に「危ないところだった」といってひやかされる。

十二月下旬　現在、ブルキに飛んで、そこからラバに乗って二日歩き、マスケートという所にいる。昨日もポリス（どこにでもいる。エチオピアは最も徹底した警察国家の一つ。田舎ポリスに鉄砲を持たせているので物騒である）に引っぱられて訊問。

ポリス「お前は市場で穀物を買っていたそうだが何のためか言え」

小生「食うためだ」

ポリス「？・？・？・」

◉先日夜ハサミでG・I刈りにして現在の頭カクの如し

小生「今後、市場で卵をかう時もポリスの許可を得ようか？」
ポリス「いや、いい」（マーケット空間万才！）
こういった調子の生活があと一月とちょっと続く予定。
ではお元気で。

一九七〇年二月九日

発行人 山口昌男　配布人 阿藤深夜《ママ》

三

通信を書き出した動機はどなたも御明察のように、手紙を省略しようというよからぬ下心にあったのだけれども、結局一通り書いてしまったので、発行の意義が再び薄れそうになったのだけれども、ここで恩を着せて一点稼ごうというケチな根性が配布人A氏のオダテと相俟って継続に赴かせることとなった次第という前説。

バスケート族の調査か　十二月の末から一月の末まで約一月、同じオメート系バスケート族の間に住んでいた。現地ではバスケートともマスケートとも種族名を呼んでいるが、小生も誤解を避けるため後者をとろうかと考えています。というのは〝山口は西南エチオピアのバスケート族の間で「児童遊戯とその創造性」の研究に従事、『カーゴメ、カーゴメ、カーゴのなかの鳥は』という日本の童謡ともメラネシアのミレニウムの歌ともいえそうな歌を採集〟とヨタを飛ばされるおそれなきにしもあらずであるから。

寄生虫に足の裏を喰い荒される　バスケート（マスケート）では、道のわきでよく土地の人間が足の裏をほじくっているのをみて、ハダシで歩くと足の裏がわれて、その間に小石がはさまったのをとっているのであろうかと思っていると、滞在の終り頃、小生の足の裏もムズ痒くなり、次に痛み出して来たので、水虫かなと思ってのぞいてみると両足の裏約二十カ所が白く五ミリ四方に腫れ上っているのをボーイがみつけて、「ああこれは寄生虫です。針かピンでほじくり出さなければなりませんよ」というので安全ピンで穴をあけて、寄生虫（砂蚤という）の死体と卵をほじくり出す作業に最後の一日を費しました。この砂蚤は、日中は砂の中にいて、夜、人体の足の裏に入って卵をうみつけて死ぬという特殊潜行艇的寄生虫です。アディス・アベバに戻ってから、一週間以上、ほじくり出した部分が化膿したり、新らしく患部（初め小さくてわからないが次第に膨れ上って来る）を発見したりして、毎日、オキシドール、赤チン、ペニシリンをすり込む治療に専念。そのうちに、二月のはじめ弘前大学の山口助教授という寄生虫の専門家が丁度エチオピアに二カ月の予定で来て、日本では仲々接する機会がないから見せてくれとたのまれて、大学の医学部の研究室で写真（スライド十枚）をとられて、めでたく「学問の進歩」に寄与した気分を初めて味ったという一席。

帝政エチオピア　十二月の末、当地の大学の学連委員長が暗殺されて、その葬式に学生が集ったところ警察が発砲して、十五人から十八人の学生が殺されたという話は、日本に伝わっているでしょうか。政府の発表では三人。ＢＢＣの通信員が十五人と伝えて、即座に国外追放、西独の記者が十八人と報道してこれ又追放、アメリカ人の商学部長がこれに大学人が何の抗議もしないことについての批判の覚え書きを知人の間にサーキュレートして、二十四時間内追放。ドゥチュケが撃たれて大騒ぎしても「第三世界」のエチオピアの学連委員長の死などにはさっぱり関心が湧かないのではないでしょうか。

スーダン国境に赴く　翌、九日から月末まで、スーダンとの国境のアタアク族の調査下見に行って来て、三月帰国の予定です。

岡村昭彦と会う　彼はナイジェリアへ行く途中。小生「ビアフラ」と「アイルランド」の思想的連関をブッタら飛び上って驚いて「それ岩波新書に書こうと思っていた！」と。

――このなかで山口さんは、「小生の調査予定地のカファ族は、熱帯アフリカの王権観念の最も古くから知られた例として、フロベニウス研究所系のドイツ民族学者が前から注目していたところ。しかし、社会構造に関する調査はない」と書かれています。実際に調査の方は成果はどうだったんでしょうか。

山口　あのときは、行ってはみたもののほとんど調査ができなかった状態だったんだね。ハイレ・セラシエが独裁体制を敷いていたから、カファ族まで入れなかったんじゃなかったかな。

――じゃあ、実際にはカファ族については調査をしていないんですか。

山口　そうね。それで調査許可が下りるまでアディス・アベバにいたんだけど、そこでは水野（富美夫）さんという画家と知り合ってね。彼は土地の女性と結婚して、奥さんの絵を描いて売っていたんだ。僕は一時彼のところに居候していたんだけど、彼と一緒に日本人の秋田鉱泉の人がつくった四階建てくらいの温泉に入りに行ったりしていたんだね。

――エチオピアの方にも温泉があるんですね。

山口　温泉をくみ上げて、高いところから下に流すから、下の方ほど安くなるんだ。

――料金に段階があるというのは面白いですね。

そのほか、ハイレ・セラシエ一世大学（現・アディス・アベバ大学）のエチオピア研究所にも行かれたようですね。

山口　エチオピア研究所の所長だった人物は、お母さんがイギリスにおけるウーマンリブの走りみたいな人（パンカースト夫人）だったんだ。ハイレ・セラシエ大学では、むしろ庭園がよかったのを覚えている。熱帯的な庭園でね、丸い女性的な形の石が置かれていたりして、ヒエロニムス・ボスの「悦楽の園」を彷彿とさせるような庭なんだよ。植物もまさしくそんな感じのね。

――アムハラ文化についてはどうなんでしょう。「アムハラ文化に宮廷道化が存在していたことを発見」とこれも「エチオピア通信」に書かれていますが。

山口　それはアラカ・ガブラハンナという道化でね、ランボーがね……。

——詩人のアルチュール・ランボーですか？

山口　うん、そう。ランボーが一時商人としてつき合っていたエチオピアのメネリク王のお抱え道化というのがアラカ・ガブラハンナと言ったんだ。アラカ・ガブラハンナについては、彼について書かれた資料が手に入ったんだけど、アムハラ語で書かれていてね、こちらもそれまでアムハラ語はやらなかったからね。

——そういえば、山口さんは『ランボー全集』の月報でそのガブラハンナに触れて書いていらっしゃいますね（「ランボーの不幸」本書一九〇〜一九三頁に収録）。あれはこのエチオピアでの調査が基になっていたんですね。

「エチオピア通信」によると、長島信弘さんも訪ねています。当時長島さんはテソ族の調査をされていて、山口さんはそこに行って「三日間ブッ通しに喋る」と書かれていますし、長島さんのほうも『テソ民族誌』（中公新書、一九七二年十一月）の「あとがき」で「アフリカ研究の初期から ご鞭撻を受けた山口昌男氏とのおしゃべりも、たいへん啓発的であった」（二二四頁）と書かれています。

山口　あのときはカンパラのマケレレ大学まで行って、それで、そこからバスで長島くんが調査しているソロティの近くまで行ったんだね。テソ族は西アフリカの部族と違って、全く彫刻もやらない、昔話もほとんどない。やたらコミュニケーションだけが複雑だというので、長島くんもそのコミュニケーションについて調査をしていたんだね。

――そのあと、七〇年三月に日本に戻られて、六月からは、「本の神話学」の連載が『中央公論』で始まります。これは、「文化と狂気」を掲載した塙さんがもっと長いものをということだったんですか。

山口　そうだね。

――「本の神話学」のことで、何か覚えていることはありますか。

山口　阿藤くんが傍にいて、塙くんと一緒に必要な本はどんどん探してきたんだ。「道化の民俗学」のときは僕のテーマとしている連載だったから自分で本を集めたけれども、あれは集める人間がいなければできなかったからね。

――そのほかには何か覚えていらっしゃいますか。

山口　「本の神話学」は新しい知の体系というのを出してみようということで始まったわけね。僕はあのなかでそれまでの抽象的な社会科学というものを否定したと。パフォーマンスの方が先に立つのだということを主張したわけだね。

――確か『本の神話学』には「芸能としての社会科学」という章がありましたね。

さて、そのあと七〇年の十月にナンテールに客員教授として行かれるわけです。

＊『ランボー全集』第二巻（人文書院、一九七七年七月）月報二に掲載された文章。これはこれまでの山口さんのどの単行本にも収録されていない。

ランボーの不幸

ランボーの専門家でもない者に、正直いってアビシニア滞在中のランボーの伝記はほとんど知的刺戟の対象にはならない。

ランボーの不幸、読者の不幸は多分、彼がフランスを離れてアビシニアに行った事であろう。仮に若し彼がアフリカの他の地方に行くか、エチオピアも西南部に行ったら、ルソー以後フランス人達が出会いを待望して来た善良なる野蛮人に出会ったかも知れない。ピエール・ロティのような通俗作家ですら西アフリカのセネガンビアという土地の住民が幻想的で、エキゾチックな文化を維持している土地に赴いたために、『アフリカ騎兵』のような西欧と第三世界の出会いの嚆矢のような作品を残すことができた。また、彼のアビシニア体験は、グリオール調査団に随行して西スーダンからアビシニア西北地方を訪れたミッシェル・レーリスのごとく、ボードレールによっても、コールリッジによっても不滅のイメージに昇華された「アビシニア女」とほんの一時的に、それも生活必需品としてしか出遭うことのなかったことも人の知るところである。

ランボーが出遭ったのは、実は未開人であるどころか、シバの女王の系譜を曳く王権によって統治された長い歴史の蓄積されたすれっからしの文化の民であった。ということは、人間がすれっからしであったということである、これはエチオピアに滞在した人でなければピンと来ないであろうが、アフリカ大陸の他の地域の人間と異なって、エチオピアの北半分を占める住民アムハラ族はたいへん複雑な心性の持ち主である。いわゆるバントゥー系の熱帯アフリカの黒人のように、あけすけに物を喋らない彼らは、極めて自尊心が強く、ちょっとしたことでも傷つき、執念深く復讐する。そういう心理過程から言えば、アムハラ族は、アフリカの中では、日本を含む東アジアのモンスーン地帯の住民に最も近いと言えるだろう。私は一九七三―四年をジャワをはじめとするインドネシアで過したが、特にジャワ島民は心理的複雑さという点で、一九六九年から七〇年にかけて私が滞在したエチオピアのアムハラ族の住民を想い出すことが多かった。想うに、ランボーのジャワ島における不幸は、もう少し東へ進んでバリ島に赴かなかったことである。若しバリ島にまで足を延ばしていたなら、後にアントナン・アルトーがあれ程讃美し、新演劇の理念をその中から摑み出した「レゴン」をはじめとする舞踏演劇の宝庫の中に迷い込むことができたであろうと思われる。

こうしたランボーにおけるすれちがいの、我々の目から見ての不幸は、彼の後半生の伝記的事実の到るところに見られる。

ロイセット・サーカスとの出遭いがその一つである。彼は一八七七年にハンブルクで、北欧に巡回興行に出ようとしていたこのサーカス団の通訳兼口上使いとして、デンマークやスエーデンの定期市を廻って歩いたという。スエーデンを巡業する旅廻りのサーカスと言えば我々は、直ちにベルイマンの『道化師の夜』が想い出される。ベルイマンばかりでなく、サーカスとの出会いによって、己れの想像力を鍛えていった芸術家の数は決して少なくない。その代表的な一例はランボーのごとくサーカスに加わった表現主義の劇作家ヴェデキントである。ヴェデキントは、父に法律を大学で学ぶことを強要され、これを拒絶して勘当され一八八〇年代から九〇年代のはじめにかけて、サーカスの座付作者としてヨーロッパを巡り歩いた。一八八八年に彼は、パリでフェリシアン・シャンソールの書いたサーカス・パントマイム『ルル』という女道化の話を舞台化した作品を見て大いに感動し、この感動をふくらませて、後に『パンドラの箱』と『地霊』からなる表現主義演劇の傑作『ルル』連作を書きあげるに至った。この作品の刺戟でアルバン・ベルクはオペラ『ルル』を作曲する。ヴェデキントのサーカス体験の中からは、こうして二十世紀のラディカルな芸術の動機の一つが導き出された。

ランボーの場合はどうであったか。今更言うまでもないが、ストックホルムのフランス領事の要請で本国に送還されるというだけでお終いになっている。勿論、この頃の彼は、詩作から離れていたのだが、それにしても徹底した詩人であった彼は、詩以外のジャンルを通して、経験及び廻りの世界を組織することが考えられなかったという外はない。サーカスの詩的空間を捉える演劇的想像力はおそらく彼には無縁のものであった。今日我々を魅了してやまないサーカス道化が、根底において彼が謳いあげた世界の住人であったことを夢想だにしなかったのであろう。多分アビシニアにおけると同様、生活の重い軛《くびき》をすかして見た住民と同じような存在として映ったのであろう。

彼のエチオピアにおける武器の取引きの相手にメネリク王という名前が登場する。このメネリク二世というのは、最近クーデターで帝位を追われ、失意のうちに世を去ったハイレ・セラシエ帝の祖父で、一八八七年ハラルを征服してエチオピア統一を強力に推進した武断的な独裁者であった。ジャン＝マリー・カレによって、野心に燃える、狡猾な、悪名とどろきわたった抜目のない商人と描写されるこのメネリク帝には、アラカ・ガブラハンナという道化が随伴していた。ガブラハンナは、傍若無人の人間で、皇帝をからかい、王女をもからかったとして、彼にはかなりオブシーンな話も伝えられている。或る時皇居の入り口の傍らに王女が坐っていた。アラカ・ガブラハンナがやって来た。門の前でうろうしているガブラハンナに、何をしているのと王女が言うと、ガブラハンナに、大きな門が二つあるのでどちらから入ったらいいのかと思って、と言った。また或る時、皇帝のディナー・パーティに呼ばれたガブラハンナは、濃いはずのエチオピア・スープが薄すぎるのを看て取って、服を脱ぎ始めた。何をするのかという皇帝の問いに対して、ちょっと一泳ぎしようと思いましてと答えた。この種の昔話は、今日でも首都アディス・アベバでも採集することができる。この道化ガブラハンナの物語は、近東の伝承文化の精髄をなすナスレッディン・ホジャの滑稽譚と入り混って、紅海文化圏の豊饒な想像力の世界に組み入れられていた。とはいえ、ガブラハンナは実在の人物で、ランボーがメネリク王に会っていたなら当然このガブラハンナにも出会っていたはずである。

思うに、エチオピアにおけるランボーの不幸のもう一つの原因は、ハラルを中心とした北部の乾燥地帯の気候条件の厳しさにも求められるかも知れない。一八八二年ランボーは、ずっと南方の大きな湖水が眠っている地方へ赴こうと企てるが、実現できなかった。せいぜい彼が探検することができたのはガラ地方までであった。今日アルバ・ミンチを一つの行政の中心地とするエチオピア南部のガム高原は、何処まで行っても尽きることのない高原と野生の芝生を覆う涼しい気候で、徒歩で旅行するのにこれ程爽快な地方はないと思われる。筆者も騾馬を一頭買って、土地の警察に逮捕されたりしながら旅は騾馬づれとばかり四カ月間この緑で覆われた高原を気儘に放浪の旅を続けたことがある。ランボーの場合は僅かに、アディス・アベバ（アントット）からハラルに戻る道においてエデンの園を思わせる花園、野バラとジャスミンのはびこる小道、住民も北方の遊牧民ダンカリ族と異なって温和な土地に遭遇したらしい。

ハラルの砂塵から逃れて八七年八月カイロに滞在したランボーはここでアフリカへ長い旅行を試みるか、中国へ行くか、日本に行くかを夢見る。勿論、この夢も実現することはなかった。

第七章　パリ、再び――1970-1973

――一九七〇年の十二月にナンテール（パリ第十大学）の人類学客員教授としてフランスに行かれることになるんですが、山口さんがフランスにいらっしゃった頃のことは、「アフリカ通信」や「エチオピア通信」と同じように、「ナンテール通信」（一回分欠）と「アントニー通信」があるので、かなり詳しいことが判ります。これを補う形で少しお聞きしようと思います。

❖ナンテール通信❖

一

発行人　山口昌男　配布元　阿藤進也

配布先　順不同、間宮〔幹彦〕・塙・久保・大塚・遊戯の会・由良〔君美〕・石井

○皆様お元気ですか。小生は早くも言葉の苦労で痩せはじめています。
○それでも、一月九日遂に第一回の講義『交換と権力――政治構造論』二時間をなしとげました。第一回目は政治過程の構造論・象徴論的分析の諸前提と副題をもつ序論で、終日ド・コッペが、奇蹟が起った。学生が全部聴きとれたと言っていると耳うちしました。第二回目は南アメリカインディアン諸族における首長制の諸形態で、首長の執行する三つの機能(1)調停者、(2)物資の交換の回転軸、(3)〝言葉〟のあらゆる形態で住民を娯しませる芸人としての資質について話します。二時間分のテキストをフランス語で作るのは容易な業ではないけれど、ド・コッペがそれにたんねんに手を入れてテープに読んで、それにもとづいてこちらは準備します。それを見ている愚妻は、本当にフランス語で講義できるのかと思っていたが、いわば江利チエミの英語の歌みたいなものね。喋れなくても、歌の練習とステージ度胸で何とかきりぬけれるのねと変な安心のしかたをしています。
○フランスは今無声映画ブームで、街の映画館も、シネマテークも、テレビも、ドタバタで溢れています。日本にいたときは深夜映画で無声映画を放映すればいいのにと話したことがありますが、ちょっとテレビのスイッチをひねると短いのが夕方出て来ることがあってたのしめます。今日も（十二日）七時から三十分極楽コンビのドタバタをやっていました。大晦日は三時間くらいつづけてモダンからバロックをふくむショーをやっていたが、その合い間をキートンの『将軍』でつないで構成した演出は聊か気の利いたものでありました。
○今の小生のフランス語の状態では無声映画を見るべきではないのでしょうが、ド・コッペも熱中しているのでついつられてこのところマルクス兄弟のを一つ、キートンの『小兵』、エイゼンシュテインの『十月』、グリフィスの『国民の創生』を続けてみました。フランス風に愚妻も同伴なので愚妻は大そう悦に入っています。気にくわないのは、同伴女性がオーヴァーを脱ぎ着するのを手伝わなくてはならないことです。想像できないことかと思いますが、時々足を蹴とばしながら真顔でサーヴィスをしています。

二月九日　講義をはじめてから丁度一カ月になりました。この間第一回――政治と象徴、第二回南アメリカ・インディアンの首長制――レヴィ＝ストロースとピエール・クラストルの論文批判、第三・四回――〝王権の象徴性〟を終えました。第三・四回は『伝統と現代』〔第二巻第二号（一九六九年二月）掲載、のちに『人類学的思考』に収録〕の論文の翻訳です。これは『ディオゲネス』に載せるはずです。現在、ロジェ・カイヨワと交信していますが、最近カイヨワが「アカデミー・フランセーズ」に入ったのでいそがしいようです。ところで講義については、最初の時間に一カ月の間質問を禁止したのを二月八日解禁にしました。次回はピーター・バーガーの編になる『マルクス主義と社会学――東欧からの視点』（一九六九）に載った「G・H・ミードとピランデルロ」という論文を中心にロール・セオリーと政治空間の演劇論的前提という題です。毎回講義ノートはタイプに印刷していますからそのうちに刊行して邦訳も出ることでしょう。楽しみにしてください。翻訳権は「せりか」に渡そうか「イワナミ」さんにしようか迷っています。

○映画はその後、『ノスフェラトゥ』『マブゼ博士』と快調です。シネマテークで『憂国』を二回最近やりましたが行きませんでした。

○本日発売の『レ・タン・モデルン』は「人類学と帝国主義」という特集で①ジャン・モノ「豊かな喰人種」②キャスリン・ガフ「人類学と帝国主義」（マンスリ・レヴューより）③ガフの論文についての『カレント・アンソロポロジー』のコメント④ジャン・ルパックの《革命と人類学》といった考察⑤ジャン・プイヨンのつき合い論文がのっています。①の筆者はL＝Sの弟子で、「宇宙論的胎盤」という本（映画の神話分析）の著者。小生が来て一週間後に食事に呼んでくれた男です。小生の今の立場では、この種の売文的論争に一カツ喰わせるのはそう難しくはなさそうです。楽しみにして下さい。

○ナンテールは反動（共産党を含め）の捲き返し工作が激しく、特に社会人類学では共産党と右翼が握手して、ド・コッペと小生は早くも包囲されて攻撃をかけられています。

二

発信　山口昌男　配布先　阿藤進也

本号から配布先に宇波彰氏を加えられたし

○ナンテールの二月は危機の月と言われていますが、何事もなく過ぎました。学生は元気がなく、大学の官僚的支配は徹底して、この点では六八年は極めて空しかったという感じです。大学の学生は元気がなく、高校生が政治裁判にかかった学生の釈放を要求してカルチェ・ラタンに五十万程集まって抗議集会をやりましたが、それもどうという事もなく、全く、学生の間には政治的倦怠期のムードが支配しています。

○行政・政治どちらの面から考えても、どうもフランスというのは相当インチキな国で、ゴマカシと詭弁が一番よい手段なようです。大学も大体この原理で動いているようです。フランスにおいて何事かをなそうとすれば、まずこの政治文化の特殊性を徹底的に客観化してかかる必要があるという事を〈政治人類学〉の講義で強調しています。ジャーナリズムでさえずる小鳥たちも、祭壇のここちよさの上に居眠りをはじめているレヴィ＝ストロースらの老大家も、どうもこのインチキ性に目をつぶってあぐらをかいているようです。

○最近ではイヨネスコやカイヨワが相ついで「アカデミー・フランセーズ」に入っていますが、イヨネスコはそのメッセージの中で「現代の芸術は、今更言うべきことも、使い古されていない手段ももはや持ち合わせていない。希望が残っているのは映画だけだ」と言っていましたが、フランスの思想や人類学のような学問を見ても、この国にはもはや洗練された二番煎じしか残っていないのではないかという感じがします。とても、とてもA・M氏の如くボケルわけにはいかない。

○映画はこのところ相変らずキートン、最近では『三つの時代〔邦題『キートンの恋愛三代記』〕』という、グリフィスの『イントレランス』のパロディーとおぼしき奴を見ました。しみだらけのフィルムでしたが、身振りのレヴェルにおける変換の論理が見事に展開されていました。マック・セネットも時々やっているのですが、時間の都合がつかなくて見損ねています。新しいところではフェリーニの『道化師』とローシャの『七つ頭のライオン〔日本未公開〕』いずれも日本ですぐ公開されると思います。

○文学作品ではブルガーコフが大もて、続々と訳本がでるかたわら、『逃亡者』などのマヤコフスキーの影響歴然たる芝居も上演されたり、テレビ化されたりしています。一方ドイツ表現主義への関心がやっと目覚めていますが、二十世紀後半の知的起源を三〇年代に求めようとする試みはないようです。

○小生の講義は「シリュック族の王権と世界観」が終わって、今週から二週間に亘ってケネス・バークの政治象徴過程論、小生のフランス語がわかるようになった今、学生には刺戟度の高いものであるようです。
○春休みはプラドの博物館へ行ってボスをゆっくりと見て来ようかとも考えています。
○エドモン・オルティグは去年ナンテールに人類学を教えに来たけど、気どってばかりいて内容空疎という評判が立って学生が出席しなくなって一年でお終いになったそうです。

三　**特別増大号　別称アンダルシア通信**（**本号のみ**）

四月十四日　スペイン・地中海岸

発信者 山口昌男　配布人 阿藤進也

（配布先に本号に限り林達夫・蘆原英了の両氏を加えること）

特集　フランスからスペインへ《サーカスと道化を求めて》

四月に入って春休みから何となくサーカスづいてとうとうスペインまで飛び出して来てしまいました。そもそものきっかけはフェリーニの『道化師』を見たところあたりにはじまっているらしく思われます。フェリーニがサーカスの中に劇的なるものの原型を求めているのは、すでに『サテリコン』のどぎつさがサーカスの積極的泥くささの表現であることにもうかがわれたけれども、そもそも『ラ・ストラーダ』〔邦題『道』〕が全く、身振り芸と街芸性への復帰の宣言であったことはもう皆様が気がついているところであろうと思われます。その頃本屋の片隅に一九四六年にトリスタン・レミが書いた『道化師』という情報の一杯つまった二十世紀の道化についての本を入手していい気分になりました。レミは大衆小説家だけあって、この辺りの目くばりは極めて行き届いていたと言えるようです。

○この頃見た映画にフランスの若死にした監督ジャン・ヴィゴの『アタラント〔邦題『アタラント号』〕』と『行為の零次元〔邦題『新学期操行ゼロ』〕』という三〇年代の作品がありますが、この後者は中学校のストライキを扱った作品であるためにあちらこちらで総スカンに会い、とうとう上映禁止になってヴィゴは絶望と金づまりに追いこまれ三十一か二で死んでしまった〔正確には二十九歳で死去〕といういわくつきのものですが、今みると何でもない寄宿舎の舎監をベッドにしばりつけたり、学校祭の挙行されている中庭に前の晩に窓から運びだした様々のものを投げつけて校長や飾り立てた来賓を追いちらすといったたあいのないものです。しかし教師たちのデフォルメは全く絶妙といってよい程シュールレアリスム的手法で満たされ、モンタージュ、コマ落しが自由に使われて、作品全体がカーニヴァル的気分に満ち満ちています。この作品はカーニヴァル性とドタバタ性においてエイゼンシュテインの作品と同じ次元（行為のゼロ）に位置しています。従って教師は様々のタイプの道化として描かれ、豊穣な幻想性を展開しています。ヴィゴはチャップリンを意識していたためにチャップリンのパロディがいたるところに見られますが、実はその乾いたヒューマーはむしろキートンのものであろうと思われます。フランス映画は実にヴィゴにおいて『カリガリ』や最上のドタバタの可能性を示していたのが、禁止というバカバカしい手段で自らを封じ込めてしまったと言えます。事実フランス映画として我々に与えられていた安物のセンチメンタリズムの三流品が、こういったフランス社会の偽善性の犠牲の上にあだ花を咲かせていたのだと知った今、この国もいずれ半世紀後には今のオーストリアのような観光立国でお終いになるのではないかという感じがします。事実共にヴィゴを見にいった友人のダニエル・ド・コッペも「フランスは今やオリジナリティを欠いた俗物の国になりつつある。ヴィゴの窮死はその前兆だったのだ。この国の人間の新しい可能性に対する感受性の喪失は一そうひどいものになりつつある。」と言っています。
○映画づいているので、この前後、キートンの『フィアンセの狂気〔邦題『キートンのセブン・チャンス』〕』を見ました。これはいわば小生が暖めている追いつ追われつの神話のテーマ（つまり道成寺型）のほとんど古典的美しさに達した例であろうと思われます。イザナギの逃走神話も含めた走るイメージの原型の追求は、換えと変換作用を重ねていけば、人間の原体験に関するイメージのかなり広大な部分をカヴァーすることができるのではないかと思われます*一。その他三月—四月にかけて見た映画『メキシコ万歳』『アレクサンドル・ネフスキー』、キートン『三つの時代〔邦題『キートンの恋愛三代記』〕』等。うかつにも気づかなかったのですがスキラ〔出版社名〕のロラン・バルトが『シーニュの帝国』〔邦訳は宗左近訳、『表徴の帝国』ちくま学芸文庫、一九九六年十一月ほか〕を出した叢書の中にジャン・スタロビンスキー（日本風にスタロバンスキーと言って何回か注意されました）が「道化幻想」について一冊書いているのを入手〔邦訳はJ・スタロバンスキー著、大岡信訳『道化のような芸術家の肖像』新潮社、一九七五年九月〕。

○かくして、古くは十九世紀のテオフィル・ゴーチエの『スペイン紀行』（ジュリアード版）、新しくはオーウェルの『カタロニア讃歌』とシュザンヌ・デマルケスの『マヌエル・デ・ファリャ』を携え家族共々スペインへ。マドリッドについて二日間は祭日にぶつかり、無為に過ごしつつも、宿の近くの映画館でチャップリンの『サーカス』をやっている幸運さ。愚息と共に観に行くが、それ程期待を満たすものでもなし。日常の行為をはみだす道化的シチュエーションをもはみ出すという絶妙のテーマを充分に満たすことなく、チャップリンは例の如く裏（反）スター、かなわぬ志を抱きしめて一人淋しく去っていくというのでは如何にも不発の狂想という感じで、チャップリン節の欠点のみ目だっています。

○滞在三日目からは美術館類が開き出したので、ゴーチエが世界一の散歩道と評したプラド街のプラド博物館で一日を過しボスの「悦楽の園」をはじめとする幻想・狂気・道化・カーニヴァル・コンプレックスに誇張でなく夢中になって家族を巻き添えにしました。ルイジとタクムもボスは怪獣シリーズといってたのしみました。これはかねがね怪獣のレコードを空輸してくれる阿藤氏の教育のたまものです。意外な所で効力を発揮して助かりました。彼ら

＊一　その後、山口さんはこのテーマで「キートンの「娘道成寺」――ヒューマニズム再考」を執筆、『展望』第百八十四号（一九七四年五月）に掲載した。この論文は、サブタイトル「ヒューマニズム再考」をはずして『道化的世界』に収録された。

はおかげで「怪獣の元祖」としてボスは記憶に残ったようです。マドリッドにはプラドの他に北の方にラサロ・ガルディアーノという美術館があってここにもボスが二点ありました。プラド美術館の前には観光バスが十台程停まり中に押すな押すなの騒ぎでしたが、ラサロ・ガルディアーノの方は、四階の廻りがきれいな芝生に囲まれた美術館なのに訪れるものは我々のみ。という訳で、金ピカのモールつきの制服のオジさん達がすっかり退屈しているので大歓迎、子供と遊んでくれる、エレベーターにのせてくれる、ちょっと暗ければ電気をつけてくれるといった次第でした。ここにはゴヤの黒山羊を囲んだ魔女のサバトの絵もありました。全く旅というのは抗い難く観光ルートに引き寄せられがちですが（車もなく、金もなく、ヒマもなく、各所を限られた時間で欲深く廻ろうとすれば）ちょっとルートを外すと矢張り愉快なものです。

○プラド美術館の発見は、ゴヤのアルレッキーノです。小生未発表の原稿で「道化と幻想絵画」と題するエッセイ*一をフランスまで持って来ていますが（手を加えるため）、ゴヤにアルレッキーノを描いた作品のあることを知りませんでした。この作品は野外の芝草の少し高い所で左前方に百姓の観客を集めて、アルレッキーノとその他小人を含めた三人の道化が身振り芸を演じている観が描かれています。このアルレッキーノは所謂十九・二十世紀の蒼ざめたアルルカンのそれでなく、泥くささと威嚇性とどたばた身振り芸に満ちたまさに盛期のコメディア・デラルテ系のものです。面も怪人二十面相系のものでなく、ピッコロ・テアトロが復活させて、ヤン・コットやメルヒンガーがひっくりかえる程感動した初期（十六・七世紀）の動物性に満ちたものです。それにアルレッキーノの頭にビール瓶、前に突き出した両手の甲にグラスを載せたポーズはとんぼを切る直前か直後のものです。この道化芸の本質をついた作品は画集で見たことがないと思って、説明解説書を見ても何も書いていない。絵の下の説明には一九六二年に入手と書いてあるから或いは新発見のものかも知れない。しかしゴヤの全作品にみなぎっているカーニヴァル性を解明するのにこの小品は（見物は皆通りすぎて行くけれども）或いは鍵とも言えるかも知れない。特に小生が「道化と幻想絵画」の中で論じた二十世紀スペインの幻想画家ホセ・ソリャーノとの重なり具合がくっきり浮きあがって来るといった嬉しい作品であります。この作品が載っている画集があったら教えて下さい。

○ゴヤのアルレッキーノの発見のよろこびに飛び上った後、古都トレドをあきらめて、一路地中海岸のマラガ（マラゲニアの発祥の地）に南下。この町は南国的な観光地で、西にトレモリーナというカンヌ、ニースと並ぶ観光の中心があるので臍をまげて東へ向ってバスに乗ってままよと走り出したら、途中の寒村に定住するのによさそうなところがあったのでバスを降りて一週間滞在の部屋を確保。海に面した明るい部屋です。その日はマラガに帰って、奥

＊一　「道化と幻想絵画――イコンの遊戯」は、その後『山口昌男山脈』第四号に掲載、さらに『ユリイカ』第四十五巻第七号（二〇一三年六月）の「山口昌男――道化・王権・敗者」特集号に再録された。但し、後述されているホセ・ソリャーノについての言及は、「道化と幻想絵画」には見当たらない。

方の買物（ビキニなど）のお供のあい間をくすねて、フランス語練習用に涙ぐましくも携行したカセット・レコーダーのために、ガルシア・ロルカの作曲した「二つのギターのための十二のカンショーネ」という曲を買い込み、その後夜の七時半から河向こうの空地で「マドリッド大サーカス」があるのを聴き込んで、押しかけました。道化たちはガキ道化が多く予想に反してつまらなかったけれど、親分道化はさすがのドタバタ・パロディー・女装・万才・身体八丁・口八丁で堪能させられました。しかし矢張り、キメラ性に欠けたところがあるなと感じ、曲芸に喰われたうらみを残し、その曲芸もチェコの体操選手の流れたのを使っている感じは、やはりこの芸は落日に向かっているなと想わせる部分を含んでいました。ジンタとかつてボリス・ヴィアンが絶讃した観客の反応はたしかに、そちらの方が演劇的だと想わせたのは、ちょっと残念な事でした。帰りに街頭の新聞売りのスタンドに『サーカス』という絵本があったので、子供たちにと称して買って来たのですが、この中には、道化の一隊のたくみに描かれた絵が二頁見開きで載っていました。

○かくしてマラガから二十キロ程離れた村の海の見える部屋のヴェランダに坐ってロルカのカンションのテープをかけ、アンダルシアの太陽を浴びながら、この通信を認めている訳であります。マドリッドで入手した本の中にロルカの散文・エッセイ集があり、この中には、かつて「道化の民俗学」の中でスペインの宗教劇の本から孫引きしたエッセイ「〝ドゥエンデ〟の理論と遊戯性」〔邦訳は堀内研二訳「ドゥエンデの理論とからくり」『フェデリコ・ガルシア・ロルカ全集 第二巻 1926-1934』牧神社、一九七四年七月、所収〕が載っているので西仏辞典を片手に読みはじめています。これまでロルカは詩・劇で知られていたけれども、散文は一冊も出ていなかったそうですが、日本語版ではどうだったでしょうか。ロルカと民謡はよく結びつけられますが、更に民俗学者ロルカはもっと探られてよい相貌であることは確かです。事実ロルカと並んでアンダルシアが産んだ作曲家マヌエル・デ・ファリャとの内的連関を知るためにもこのエッセイ集（八つの論文を収録）はかなり役に立ったように思われます。
○ところで本に関する限りは、スペインは翻訳の上では百花繚乱といったところで、マルクス、レーニン、マルクーゼ、ホルクハイマー『理性の腐蝕』〔邦訳は山口祐弘訳、せりか書房、一九七一年一月〕、エンツェンスベルガー、ペーター・ヴァイス、ドリス・レッシング、ホルツ『ルカーチとの対話』〔邦訳は池田浩士訳、合同出版、一九六八年二月〕など一通り何でも出ています。流石フランコ批判と市民戦争に関する物は見当りません。しかしフランスにおける警察力の抑圧体制の厳しさを見たあとでは、街頭に多くの警官を見ても特異には思われない。この国のファシズムとは何ものなのだろうかという疑問が浮き沈みします。四半世紀を経た今、デモクラシーも風化した如く、ファシズムも風化に風化を重ねて、両者の体制とその開きは結果においてそれ程大きくなくなってしまっているのではないかと思われます。『カタロニア讃歌』の中でオーウェルが「結局この国のファシズムは北ヨーロッパのファシズムや独裁制の如く、徹底した陰さんなものにはならないだろう」と予言したのは当っているように思われます。塙嘉彦氏の喜びそうな話ですが、ブルガーコフは六四年に『演劇作品集』、六六年に『主人とマルガリータ』〔邦訳は安井侑子訳『悪魔とマルガリータ』新潮社、一九六九年十二月ほか〕の訳がでています。言うまでもないことながら、ボルヘスはずらっと並んでいる作品とボルヘス研究を片っ端から買い込んでフランスへ送っておきました。その他オルテガ論とかドン・ジュアン論を片っ端から収録して論じた『ドン・ジュアニスムについて』といったもの、カルデロン研究なども買いこみましたが、その他にレオ・シュピッツァー、ヴァルター・カイザーなど現代の文学論を片っぱしから訳したのとスペイン文学研究からなる五十冊くらいの叢書が目だつものの一つです。本屋は、時間が少なかったので古本まで漁り切れなかった（アトーチャというマドリッドの南駅の近くに三十軒程屋台で雑本の古本屋があるけど、これもローマの駅前の古本屋台と五十歩、百歩でここでは「ハンガリア音楽」というのを一冊買っただけでした）。所謂伝統ある図書館となると、今回はお手上げで見送っています。ただまだこれからの予定にバルセロナ（マドリッドと並ぶ出版のセンター。スペインのフランクフルトとでも言うべきか）があるので、いくらか機会は残っていそうです。

○実を言えば、ここ「エル・トルカル」の村には一週間中休みで滞在しますが、その間、又は後に、セヴィリアへ赴いてオルテガの言うハマドリュアデスの精が街の陽光の中に今でもただよっているかをたしかめ、*一 グラナダを経て、アリカンテ→アルコイという小さな村で四月二十三日から三日間行われる「ムーア人とキリスト教徒の戦い」というカーニヴァル的祭りを観るのが、今回の旅の最終にして最大の（ボスと並んで）目的です。この祭りは、「始まりと共に、ムーア人が町を占領して、二日間狂騒がくりひろげられた後にキリスト教徒がムーア人を撃退して秩序を回復する」というギリシャのアンテステーリア祭以来のカーニヴァルの古典的定式を含んだ祭りです。ナンテールで小生の講義の助手をつとめてくれているアニー・ルパレク嬢という大学院の学生がこの祭りを数年来調査しているので、共に祭りの分析をしようという計画です。この結果は、小生の政治人類学の講義の中でインテグレートされるはずです。この講義休み前にはケネス・バークの政治象徴論からヒットラー体制における象徴と神話を終わって、南アフリカ、スワジ族の王権と即位式におけるコスモジーと進んで、小生が休暇を少し長くとるので、その間ダニエル・ド・コッペが「メラネシアと古代インドにおける政治と犠牲（サクリファイス）」について二回論じ、休暇明けには、「ジュクン族の王権と象徴的二元論」について二回論じ、その後「エイゼンシュテイン及びバスター・キートンにおけるカーニヴァルの伝統」と進み、「カーニヴァル論——特にマルディ・グラと政治と狂気」「政治現象の演劇性」としめくくって行く予定です。その後、テキストに手を入れてこちらで刊行する予定です。（休み前の分ヒットラーの次は「ジル・ド・レと

＊一　『オルテガ著作集 第八巻 小論集』（白水社）所収の「ドン・ファン入門」（鼓直訳）に次のようにある。
「古代の神話はある種の妖精を、深い森の木の幹に寄り添うようにして生きているハマドリュアデスというものを夢想した。彼女らは、母なる幹から離れれば、立ちどころに命を失ってしまう。筆者にいわせれば、ドン・ファンという人間は、セビーリャのハマドリュアデスなのだ。それは、愉楽の市を永遠にさまよう運命を与えられていて、そこを離れて別の場所へ移されると、その色彩と薫香の大部分が消えてしまうのである。」〔二六八頁〕

ドン・ジュアンにおける神話と政治」でした。これは少々学生がわきました。学期末のレポートの題を学生が自分できめて出すのですが「キング・コングにおける神話と政治」「ピランデルロのエンリコ四世におけるレアリテとイダンティテ」「文化革命の革命性と演劇——モック・キングとしての劉少奇」「政治権力とパラノイア——カネッティをめぐって」等々、山口節が伝染し出したようです）。闘牛とかフラメンコについての記述を欠くのは申し訳なし。では皆様、お元気で。

一九七二年一月二〇日

発信 山口昌男　配布 阿藤進也

（配布先追加——長島信弘、青木保氏）

❖アントニー通信❖

◇復刊の辞　別れ際のよくない夫婦の如く、出たり入ったりあわただしいことだとからかわれそうですが、配布人の要望により（読者小衆の声とのこと）復刊を決意しました。これは、小生のこちらにおける帰属のあわただしさにもよる次第です。

◇ナンテール以後　ナンテールは喧嘩して叩き出された事の次第は前廃刊号でお伝えした如くです。あの号に関しては読者諸氏（姉）からの反応ゼロであったのは、やはり、花の都の西北のロマンの香りを全然ただよわせていなかったせいかと反省しています。それで今月号からは、もう少し色香をただよわせるつもり。たとえば

◇パリジェンヌの友人　小生が仕事をはなれて親しくしているパリジェンヌが二人います。一人は小さい古本屋を経営し、もう一人は同様小さいレコード屋を経営しています。この両方の店にはよく行って入りびたっています。すわと色めき立つ前に申しあげておきますが、二人とも七十歳前後のオバアさん。よき時代のパリを知っている人間の部類に属します。古本屋の方は十九世紀の子供の本にはじまって、きれいな挿絵の入った本を片っ端から集めています。従ってサーカスや道化関係の本も多く、誠にたのしい店です。二坪くらいしかない狭い店であるけれど、失われた世界のイメージで満ちています。パリの西の方の他に古本屋など全然ない狭い街路に面したところに孤島のようにある店なので、この店を知ったのは全く偶然のパリの散歩のたまものです。オバアさんは、妖婆よろしく「この《ベル・ズィマージュ》の門をくぐった人は、もう逃れられないよ。ウヒヒ」などと、おどかします。もう一人の方は、戦後日本に来た最初のピアニスト、ラザール・レヴィの秘書を二十年つとめていたという人で、小生がラザール・レヴィを聴いた話をしたら、大そうよろこんで、実は私は……と教えてくれたのですが、その後、この奇縁にちなんでレコードは二十％引き、入りびたっては新譜レコードを片っ端から聴いています。本屋のバアサンの方も、余りもうける気がなくて（他と比較するとよくわかる）、「こういう本屋をやっているとお客さんとのつきあいが

たのしいし、蒐集家が多いので情報交換のたのしさもある。」といっています。時には、オマケをつけてくれます。今世紀初頭のパリには、色々な店の宣伝のカードを配るのがずい分長く流行していたが、そうしたカードにアルルカンやピエロ、ポリシネルが描かれているのを二十枚くらい集めておいてくれて、小生が行くと帰りしなに、「ホイ、これは本日のオマケだよ」といって渡してくれます。先日のオマケは三〇年代のニースのカーニヴァルの絵葉書でした。商売より人間関係を大事にする人がいるという話。

◇ナンテール以後(2)　ナンテールで悪名高いダンピエール公爵（社会人類学科の主任教授）に一発かませた武勇伝と追い出された顚末が知れ亘って、エコール・プラティーク・デ・オート・ゼチュード〔École Pratique des Hautes Études、略称 EPHE〕（ソルボンヌ、高等学術院――コレージュ・ド・フランスの教授候補のたまり場）第六部門（経済・社会科学）の事務局長（ユダヤ人――ダンピエール公が大嫌い。ウィーン時代からゴンブリッチの親友）が、こちらに来ないかというので九月からエコール・プラティークの客員教授になっています。ナンテールは小生の件についての前任教授の扱いを不満として教授が一人辞任し（彼はマダガスカル大学へ行ったのでそのアパートに小生は住んでいます）、その後任に去年の十月から就任した教授も十二月には辞任したので、公爵は結局大した行政官（その評判にもかかわらず）でないということになっています。

◇レヴィ＝ストロース・ゼミでの発表　エコール・プラティークでは講義の義務は必ずしもありませんが、どこかで講義の手伝いをしてくれたらよいというので、第一にレヴィ＝ストロースのゼミで一回喋りましょうということになって、一月十九日、《ジュクン族の王権と二元的世界観》と題して発表しました。始まる前に教室にやって来たレヴィ＝ストロースは「あなたの用意したテキストを読みました。見事な分析です。本当に感心しました」と言ってそのまま彼の編集する『ロム（人間）』（"L'Homme"）というフランス人類学の機関誌に寄稿してくれたら有難いのだがと言うから、「この上ない光栄です」とこの話は本極り。発表前の紹介で「素晴らしい業績です」と絶讃したので、頭に来たのはフランスのアフリカニスト達。この連中はイギリスの素朴実在論的人類学のカスをなめているような連中で、これまでアフリカ研究の主（ヌシ）として、レヴィ＝ストロースにアフリカでは構造分析はそう簡単には出来ませんよとおどしをかけていた連中なので、外から来た小生があっさりと分析を提示して、レヴィ＝ストロースが絶讃したので、小生が一時間半喋ったあとで、質問の部に入ると滅茶苦茶になぐりかかって来ました。が、レヴィ＝ストロースが小生を支持していたので楽に戦うことができました。この勢いを得て、四月帰国前に、もう一度《北ナイジェリアの瓢簞のパターン分析》というお馴染みの鼻歌をもう一回ぶつ予定になっています。

◇《王権の象徴性》のその後　昔「伝統と現代」に寄稿した「王権の象徴性」に大幅に手を入れて仏語化した論文は長らくお待たせいたしましたが、『ディオジェーヌ』フランス語版七十七号（一月末発行）にのります。題は「神話システムとしての王権」としました。又塙嘉彦氏の『エスプリ』日本特集号のための「日本の天皇制の神話論的構造」は最近脱稿して、現在小生のフランス語の監修者ダニエル・ド・コッペのところに廻っています。

◇その他の執筆予定　上記の諸論が一段落したので、現在はエコール・プラティークで発行されている『社会科学情報』という雑誌に、「人類学の現象学的展開」なる論文（依頼された）にとりかかるべくウォーミングアップしています。これは日本語で言えば百五十枚くらいの枚数に相当するものになるだろうと予想しています。

◇日本向けサーヴィス　とは言っても、日本語の感受性を通して考えることも重要であることは言うまでもないので、最近『フィルム』誌のために「見世物と映像文化——映像芸術を文化史に向って解放するための一つの試み」と題する独演対談（四十五、六枚）を送りました（この論文は「〈見世物〉と映像文化——文化史の中に映画をときはなつためのひとつの試み」のタイトルで『フィルム』第十一号、一九七二年四月に掲載され、のちに『道化的世界』に収録）。これは絵本的構成もそなえて居り、いくらかたのしく有益な読物になっているのではないかと愚考しています。

◇コメディア・デラルテとの再会　現在住んでいるアントニー（事実は、エトワール——凱旋門の近くのド・コッペの家にもう一つ部屋と本棚を持って、両者を好きなように棲み分けているわけですが）も（南の郊外町）満更すてたものでなく、先日は町の劇場にピッコロ・テアトロ・ディ・ミラノがやって来ました。今回のフランス公演はパリではやらず郊外の労働者の多く住む町でやるというのが原則だったそうです。幕があがってのち、役者（例のアルレッキーノ役者フェルッチョ・ソレーリをはじめとして）が舞台に戻って来て質問があれば答えるといったけど観客はこんな経験はないので面くらって質問が出ないので小生が素人をよそおって質問を開始しました。途中話が少しテクニカルになって来たので（面の象徴性――及び、ブレヒトとメイエルホリドがピッコロ・テアトロに与えた影響の相違）、ソレーリがあとで話そうということになり、終演後楽屋でソレーリと他の役者と喋りつづけました。そんなわけですっかり親しくなり、次の日別の郊外町でやる公演に来ないかということになり、交通の便が少し悪い所なので、ピッコロの演出家の車で迎えてくれて、勿論木戸御免で、コメディア研究の最良の日を迎えました。狂言の話をしたりしていると、ぜひテキストを読みたいというから「小生の知っている限りでは外国語テキストは三〇年代にイタリア（ナポリ）で出たものだけだ」と言うとすっかり悦んで、どうしても読みたいと言うから日本の拙宅から取り寄せて最近送りました。大ポスターにサインしてくれたりして、ミー・ハー気分も味あわせてもらい芝居キチも少し重症になって来たなと感じているこの頃です。

◇ドタバタ喜劇決算　この一年に百二十〜三十本映画を見ましたが、その結果表現主義の主なものはほとんど系統的に見ることができました。パプストは『パラケルスス』に至るまで見ました。前通信で挙げたキートンの外に、マルクス・ブラザースもほとんど見てハーポの神話論的な分析が可能であると考えています。*一 その他日本では余り知られていないと思う

---

*一　その後、山口さんはこのテーマで「ハーポ・マルクスとブレヒト――あるいは「特権的身振り」」を執筆、『グラフィケーション』第八巻第五号（一九七四年五月）に掲載した。この論文は『道化的世界』に収録されている。

W・C・フィールズもかなり系統的に見ました。チャップリンもサイレントの短編を見あさっています。これはチャップリンの「インチキ反体制」を見世物文化論のたち場から批判するためです。新しいところではパゾリーニをまとめて見ました。初期白黒の道化映画は感心しました。『エディプス』〔邦題『アポロンの地獄』〕のような安っぽい擬似神話映画は全然買えないといった気持。二月中旬から四月中旬までナイジェリアの調査の予定。せりか書房から印税が入ればという切実な話。

——ナンテールでは前期の講義を担当されていたピエール・クラストルさんがヤマノミ族を調査するためにヴェネズエラに行かれたので、その後を受けて「政治の象徴人類学」の講義を担当されたわけですね。パリではどこに住んでいらっしゃったんですか。

山口 またド・コッペの家にね。

——このときは、ご家族〔山口夫人・長男の類児さん・次男の拓夢さん〕もご一緒に行かれたわけですよね。そうすると、一家で間借りしていた？

山口 そうですね。

——そこからまたどこかに移られたんですか。

山口 ド・コッペの家にはひと月くらい居て、それから近くに移ったんだね。ブールヴァール・ペレールというところ、彼の家から歩いていけるところの三階に部屋を借りてね。

――ナンテールでの講義については、何か覚えていらっしゃることはありますか。

山口　僕が講義の一回分をフランス語で書くと、ド・コッぺがそのフランス語を正しいフランス語に書き直してくれてね。それを今度はド・コッぺの友人のおばさんがタイプで打ってくれたんだ。この人は非常にいい人だったね。

――そのかたはド・コッぺさんの秘書だったんですか。

◉パリのアパルトマンのベランダにて

山口　いや、秘書というんじゃなくて友達だったのね。で、そのタイプを学生四十人くらいに渡して、それを読みながら僕は講義をしたわけだね。

――ド・コッペさんと言えば、のちに山口さんはインドネシアで調査を行っていますが、そのきっかけをつくったのはド・コッペさんだったのでは？

山口　ド・コッペたちがつくっていた研究グループがあって、そのグループがインドネシアを調査しようという計画があったわけ。それじゃ、僕もそこに加わろうということになったんだ。当時デンマークのお金持ちの人類学者が船を買って、その船を適宜に移動しながら調査をやろうということになっていたんだ。なかなかいい話だったんだけど、その人物が死んじゃって、計画が駄目になったんだ。

——それで、山口さんは単独でインドネシアの調査を行ったということなんですね。

山口 そうだね。

——ナンテールの講義は一月から始まって三月までやられて、そのあと四月にはスペイン旅行に行かれていますね。

（このとき、山口夫人が話している部屋に入ってくる）

◉長男・類児くん（向かって右）、次男・拓夢くんと共にスペインにて

山口夫人 スペインだったら、私は恨みの話しか出てこないぞ。私と息子たちは動物園に置いていかれたのよ。

——えっ？

山口夫人 あれはどこだったかしら？

山口 バルセロナだよ。

山口夫人 バルセロナの動物園に行ったときに、「さあ、俺はちょっと古本屋に行ってくるから、二時間ぐらいで戻る」って主人が言うのよ。私たちはそのまま動物園を見ていて、待ち合わせ場所を決めておいたんだけど、主人は何時間経ってもその場所に来ないの。動物園が閉まっても来ないのよ。忘れてたんだって！　お金やパスポートなんかは全部主人が持っていて、私たちはほんの小銭しか持っていなかったのね。お腹も空いてくるし、私が「何か買ってこよう」と言っても、子どもたちは「パパがここに居なって言ったんだから居なくちゃ駄目」って動かないのね。だから、買いにも行けなければ、全くあのときは人さらいにでもさらわれそうだったわ。

――そのとき山口さんは夢中で古本を探していたんですか。

山口　駅の近くにあった古本屋でね。十九世紀ベルギーの諷刺画家フェリシアン・ロップスの研究書を見つけてね。

――そういう本に出会って喜んで、奥さんたちを動物園に待たしているのを忘れちゃったんですか。

◉スペインの露店にて買物をする山口さん

山口　そうね（笑）。

山口夫人　お父さん、スペインでは私たちをマラガに置いてセビリアの方に行っていたわね。あのときは何をしに行ったの？

山口　お祭りをやっていたから。

山口夫人　そのあとかしらね、これは主人と行ったのがアリカンテというところでね。そこでもお祭りをやっていたから泊まる所もないのよ。そしたらタクシーの運転手さんが「家に来い、家に来い」って勧めてくれてね、親切に家まで連れていってくれたんだけど、そこの奥さんが髪振り乱して、「そんな客なんか泊められない」って怒ってるの。そりゃそうよね。そしたら、そこにいた人たちが話し合って、バカンスに行っている人たちのお部屋を一つアパートの管理人の人が貸してくれて、素晴らしいお部屋に泊めてもらったの。それでいろんな人に紹介してもらって、結構ＶＩＰ待遇でお祭り見たのよ。

――その前にプラド美術館に行かれてゴヤのアルレッキーノを見つけていますね。

山口　それほど大きくない小さな絵だったんだけど、アルレッキーノが逆立ちしている姿の絵でね、ゴヤのアルレッキーノは初めて見たんだね。

――美術館ではそれが一番印象に残っているんですか。

山口　そうだね。それから、ヒエロニムス・ボスがたくさんあったのも覚えているね。

――先程の奥さんを置いて行かれたお祭りというのは？

山口　セビリアの祭りでね。何日か続くお祭りで、始まりまでにしばらくゆとりがあったから、セビリアには一週間ぐらいいたんじゃなかったかな。

――スペインから戻られてから、山口さんはまたナンテールで講義をされて後期の講義を終えますよね。そのあとにナンテールを辞めることになったいきさつについてはよく判らないんですが、そこにはダンピエールという人が関係しているんですよね。

山口　ダンピエールというのは、ナンテールの人類学主任教授なんだ。彼は何でも独裁的に事を運ぼうとする人物で、ド・コッペはそれに対抗していたんだね。彼は自由な立場で人類学をやっていこうとしたと。そこでダンピエールは僕のケースを利用して、ド・コッペを叩きつぶそうと思っていたんだな。僕を呼ぶ話をド・コッペが言ったときには、賛成しておいてね。ナンテールからフランス航空の切符を僕のところに送ってきたんだけど、それに際してはダンピエールがサインしなければ駄目なはずなのに、彼はわざと書類にサインをしないまま休暇を取って中央アフリカ共和国に行っちゃったんだね。そのことでド・コッペが教授会のなかで孤立するわけですよ。

――そのとき、ダン・スペルベルさんなんかはどうだったんですか。山口さんを呼んだ仲間だったんですよね。

山口　そうね。スペルベルやパトリック・マンジェはド・コッペの味方で、教授会となると、ド・コッペたちとダンピエール派が言い合いをしていたわけね。それでオッティーノというイタリア人が、ダンピエールがいないときは、学部長代理をしていたんだけど、そうすると今度はそのオッティーノが責任を負わなくちゃならない。オッティーノは毎日のように僕のところへ来ては、「君が出すと言ってくれ、そうしないと僕が出さなくちゃならない。僕はそういうものを出す金はない」とわめくんだね。

――山口さんの航空券のサインをしないままダンピエールさんがアフリカに行っちゃったと。そこで主任教授であるダンピエールさんの承認のサインがないためにナンテールからは航空券代を出すことができないので、山口さんが自費でそれを払ってくれ、もし、山口さんが出さないのであればオッティーノさんが自腹を切らなければならないということですか。

山口　そうだね。だからそういうことを見越して、ダンピエールはサインしないで行っちゃったわけ。オッティーノ氏は泣きわめくし、このままだとド・コッペの立場を悪くすることになるんで、「それなら経済的な責任は僕が取る」と言ったわけね。それで『アフリカの神話的世界』の印税から払うようにしたんだけど、そのお金を日本から送金してもらう手続きの件でよく判らないことがあったんで、日本大使館へ行ったんだ。そのときに日本大使館にいたのが内田弘保氏でね。それが縁で内田氏とは日本に帰ってきてからもずっとおつき合いをする仲になったんだね。

――内田さんというのは、確か山口さんが福島で喰丸小学校が壊されるのに反対したときに、手助けをしてくれたかたでしたよね。

山口　そうね。それは彼が文化庁長官をしていたときだね。その後、彼は文部次官になったところで文部省は辞めて、奨学資金を出すところ（日本育英会、現独立行政法人日本学生支援機構）の会長になったんじゃなかったかな。

――えーと、それは航空券の問題で、もう一つ、次の年も山口さんがナンテールで教えることにも、ダンピエールさんは反対だったんですよね。ダンピエールさんのために駄目になった？

山口　ダンピエールという奴はやることが陰険なんだよ。あとで言うのはさ、大学側としては僕の客員教授としての資格を翌年まで延長することを認めたと。ただ、文部省に書類を持っていったところ、期日までに間に合わなかったために延長は駄目になったと言うんだよ。ヘンなところに官僚主義を使うんだよね。

――なるほど、そういういきさつだったんですね。

それで、そのあと山口さんはナンテールでの講義がなくなって時間ができたのでロンドンに行かれていますが、ヴァールブルク研究所に行っていきなりゴンブリッチさんを訪ねたんですよね。

山口　あのときは、「ゴンブリッチさんはいますか」と言ったら本人が出てきたんで、自分はこういう者だと説明してね。その後、ゴンブリッチ氏は二日間にわたってヴァールブルク文庫のなかを案内してくれたんだね。二人で歩きながらこういう本がある、こういう本もあると言いながらいろいろ見せてくれてね。彼は、「ヴァールブルク文庫の本はイコノグラフィーが優れているから、これを人類学者が積極的に取り上げないのはおかしい、ロンドン大学にありながらロンドン大学の人類学者でここにきて研究する人がいないのが残念だ」と言って嘆いていたけどね。

――いきなりゴンブリッチさんを訪ねるのも凄いですが、それでゴンブリッチさんご本人が自らヴァールブルク文庫を案内してくれたというのも、驚きですね。

そのあと、ロンドンから戻られて、九月からは山口さんは、エコール・プラティークに行くことになりますね。

山口　それはエコール・プラティークの第六部門（経済・社会科学）のエレールという事務局長が来てくれと言ったんだね。

――それは、ド・コッペさんが紹介してくれたんですか。

山口　そうだね。それでエレール氏が、「ナンテールが駄目になって君は空いているそうだからこちらへ来ないか」というので、「いいですよ」と言ったら、「それでは、よろしくお願いします」とね。「我々は皆、あのダンピエールが大嫌いなんだ。君はナンテールに一発食らわしたという話を知っているから、それでこちらの助教授になってもらったんだ」と言ってね。

——一発食らわすというのはどういうことなんですか。

山口　教授会で文句を言ってさ。

——文句というのは先程の航空券のことでですね。

山口　そうね。それで、そこの教授になることは、ゼミで話をするのが約束みたいな形になっていた、義務的なものがあると。それでエコール・プラティークにいたレヴィ＝ストロースのところで二回話をしたわけです。そのときのことは「アントニー通信」にも書いたけど、「ジュクン族の王権と二元的世界観」で一回、それからもう一回は「北ナイジェリアの瓢箪のパターン分析」というのをやったのね。

——レヴィ＝ストロースさんは山口さんの最初の論文を気に入っていたと書かれていますね。*一

山口　そのときに彼は、この論文は面白いと言ってね。それに対して反駁した人間の反駁をレヴィ＝ストロースが行ったんだね。「この論文では、王権と王殺しについて論じているけれども、王殺しと王権は十九世紀から二十世紀にかけての単なる伝説に過ぎない。それを取り上げるのは問題だ」と言った人間がいて、それに対してレヴィ＝ストロースは、土地の人間がそう考えたの

であれば、それ自体が社会的事実なんだと。社会的事実はそういうような形で使えるんだと。だから、それは容易に神話的事実と置き換えることができるんだと論じたわけね。

――その席にはピエール・ブルデューさんもいらっしゃったそうですね。

山口　ブルデューとは発表が終わって話をしたときに、ジュクンが男と女との家が構造的に対比になっているという、そういう家の区域割りというものがシンボリックなコンセプトに基づいているという分析は非常に面白いと言っていたんだね。

――レヴィ＝ストロースさんのところではもう一回、「北ナイジェリアの瓢箪のパターン分析」の発表も行っていますね。

山口　そのゼミの前に、レヴィ＝ストロースと会ってね、何百枚かあった瓢箪の模様を調べてみると、大体四つのパターンに分類できるという話をしたんだね。同心円的なパターンやクロスしたパターン、あるいはそれを一緒にしたパターンとかね。

＊一　山口さんはレヴィ＝ストロースとの対談「人間科学の新たな地平」に付した「レヴィ＝ストロース流の温情」（『二十世紀の知的冒険』所収）のなかで、このときのことを次のように述べている。

「当日、私は緊張の面持ちで、中央テーブルのレヴィ＝ストロースが坐るはずの椅子の隣りに十分ほど前に着席して待っていた。定刻少し前に、真向いの入口からレヴィ＝ストロースが現われて、少し離れたところから、「やあ、ムッシュ・ヤマグチ、私はあなたの今日発表する論文を読みましたよ。すばらしいですね、これは。ほんとに美しく書かれています。私は感動しました」といって近づいて握手した。」（九四頁）

――それは言語学でいう音素のようなものですか。

山口 うん、そうだね。そういうものが認められるんだけれども、それがどういうときに意味を発生するかは判らないわけね。レヴィ＝ストロースも彼がやった南米のナンビクワラ族の顔の文様の分析にも同じようなところがあると言っていたけどね。

――パリでは、田之倉（稔）さんとも出会っていますね。

山口 田之倉と会ったのはクリスマスの頃じゃなかったかな。

――そうすると、一九七一年の十二月でしょうかね。田之倉さんは日本人相手の「エトワール」というバーで初めて会ったと書かれていますね（「コルシカ人とバー」『火の子の宇宙』私家版、一九八三年九月）。

山口 そのバーには日本人の写真が無数に貼ってあったんだね。僕が入ったらいきなり写真を撮られたんで、ちょっとムッとしたら、日本人の人が来たら必ず写真を撮ってここに貼ってあると。そのうち罪に問われている人が入ってきて、それがきっかけで捕まったことがあるくらいだというようなことを説明したのが、そこにいた田之倉でね。

――最初にお会いになったときに演劇の話とかされて、意気投合したわけですか。

山口 そうだね。

――田之倉さんは、山口さんとお会いになる前から『文学』に連載していた「道化の民俗学」を読んでいたと書かれていますね。

山口　彼は僕のファンであることを隠さなかったからね。

――その後、一九七二年一月から数カ月だけ、ナイジェリアに調査に戻られますね。そのアフリカに行かれる前にミラノによって、ピッコロ・テアトロのフェルッチョ・ソレーリさんのお宅を訪ねていますが。

山口　彼とはアントニーにいたときに親しくなってね。あのときは、ソレーリが用事があるというので、彼の奥さんとパトリス・シェロー演出の『ルル』を見てね。

――『ルル』については、山口さんは相当関心を持っていらっしゃったようですからね。その舞台はいかがでした？

山口　それがリアリズムでなされた演出で余り面白くなかったね。

――それは残念でしたね。

　ミラノでは、フィンツィという古本屋さんも訪ねていらっしゃいますね。

山口　フィンツィね。あの古本屋は部屋が五つくらいあって、そのうちのふた部屋がコメディア・デラルテなんかを中心とした演劇関係の本で占められていたんだね。だから、その主人とコメディア・デラルテについての話をしながらいろいろ本を買ってね。

――その後にナイジェリアに行かれたんですね。このときはバチャヤマ族の昔話を採集されたとか。ポリカープ・ムポジョングさんというかたと知り合われて、そのかたの家に二週間くらい泊まられて話を聞かれたんですよね。

山口　ムボジョングというのは盲人だったんだけど、タイプは打ったんだ。非常に利口な人でね。

――ムボジョングさんとはどうやって知り合われたんですか。

山口　ナイジェリアの町に行ったときに誰かが僕に紹介したんだよ。

――バチャマ族というのは、どの辺りの部族なんですか。

山口　ジュクンの近くだね。ムボジョングから聞いたのは、そこのムブルムという道化の話ね。ムブルムというのは以前はバチャマの王様だったんだけど、大事な使いが来ているときにポケットから干し魚を出して隠れて食べていた、それがばれてムブルムは王様を首になって太鼓打ちにされたというような話なんかをね。

――それで、四月にパリに戻られて、五月に先ほどのレヴィ＝ストロースさんのゼミでの瓢箪の模様の分析を発表されたりして、日本に戻られます[*一]。

その翌年、「歴史・祝祭・神話」を『歴史と人物』第三年第四号（一九七三年四月）に掲載されますね。早川（幸彦）さんというかたが担当だったと、以前にお聞きしましたが。

山口　あのときはね、編集長をしていた粕谷一希氏が早川氏を連れてきて、「この編集者はやる気充分ですから、よろしくお願いします」と言ってね。彼が本を集めるのにふた月かかって、ひと月は読むのに時間を使って、ひと月は頭のなかで醗酵するのを待って、四カ月くらいかかって書き始めたら、止まらないわけね。あのときは、早川氏が傍にいて待っているんだね。彼は非常に気の短い、知的な青年だったね。

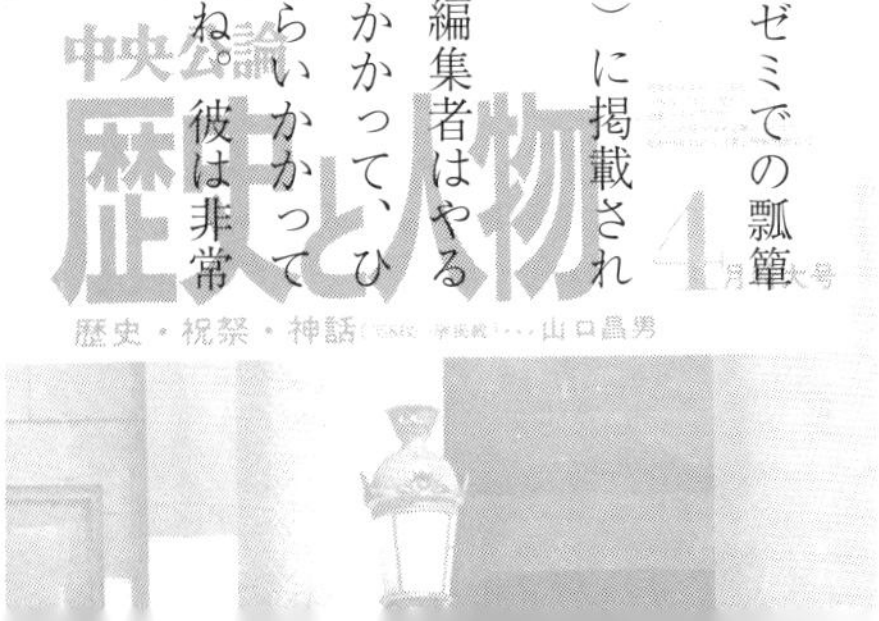

◉『歴史と人物』第3年第4号（1973年4月）

――一回で書かれているので相当な量がありましたよね。当時の『歴史と人物』には表紙に「三五八枚一挙掲載」と書かれています。

山口　二週間ぶっ続けて書いたからね。そのうちの一日は京都に行って結婚式に出てね。早川氏は中央公論社に電話して、山口はまだ書くつもりだと。電話口で粕谷氏からは、「俺は雑誌をやっていて一回こういうタイプのものを出したいと思っていたんだ。山口さん、満足の行くまで書いてくれ」と激励をいただいてね。*二

――そのときは分量は決まっていなかったんですか。それとも決まっていたんだけど、山口さ

＊一　山口さんが帰国したのは、大塚信一編著『山口昌男の手紙』によれば、「五月上旬には帰国する、という予定を氏は記してきた。しかし実際には、ナイジェリアから戻って後、イタリアやイギリスに行き、帰国は十一月後半のこととなったのだった。」〔一六三頁〕とある。これは大塚氏が一九七二年と七三年を混同しているのだと思われる。実際に山口さんが帰国した日付は五月五日である。このことは山口さんのパスポートから確認できる。

＊二　掲載誌『歴史と人物』第三年第四号の「編集後記」には次のように記されている。

「今月は山口昌男氏の論考三五八枚を巻頭に一挙掲載するという異例の処置をとりました。人類学の鬼才として一部識者に知られる同氏の活躍は、二十世紀後半の知性の在り方と可能性を探る意味で同時代人の注目するところです。今回の一挙書き下しにも、その特色は十分発揮されていて、目くるめく行文の博覧強記の底に、明晰・強靭な主題が据えられていて、今日の時代層への根本性格への問いに発して、それがやがて歴史的世界の構造を開示してゆく手法は、ある快さを伴ったむしろある平明さをもっていると思います。

筆者の執筆中の情熱と集中は、想像を越えるもので、今日の世相の中で、知的冒険を筆者と共に、本誌が協同できたことは無上の幸福でした。」〔三三五頁〕

◉『ユリイカ』第５巻第７号（1973年６月）

んの方がそれでは収まらないからということだったんですか。

山口　そうね、五、六十枚ということだったと思うんだけどね。

——のちに単行本『歴史・祝祭・神話』として出版されますが、スケープゴートの問題を、ガルシア・ロルカ、ジル・ド・レ、佐々木道誉、トロツキー、メイエルホリドなどを次々と俎上に載せて論じる見事さに、読んでいて実に驚かされたのを覚えています。

さらに六月に三浦（雅士）さんの編集していた『ユリイカ』第五巻第七号では「道化特集」を組んで山口さんも「道化と詩的言語」（のちに『道化的世界』に収録）を執筆したり、井上ひさしさんと対談（「近代日本の道化群像——祝祭空間の成立へ向けて」、のちに『挑発としての芸術』に収録）なさったりしていますが、あれは山口さんのアイデアだったんでしょう？

山口　そうだね。世界的にも道化というのがそれほど問題になっていないときにね。僕はいつも人より早いんだよね。

——あれは画期的な特集でしたね。三浦さんとは、そのときが最初だったんですか。

山口　いや、もっと前に『ユリイカ』第二巻第九号（一九七〇年八月）で原稿（「権力の意味論的儀式について——人種学的時局談義」）を頼んできたのが最初だね。

——「道化特集」のあと、「エリック・サティ特集」（『ユリイカ』第六巻第六号、一九七四年五月）をやったのも山口さんの示唆でしょう？　いまでこそサティは、コマーシャルなどでもよく使われて誰でも知っていますが、大田黒元雄などの一九二〇年代、三〇年代の同時代人は別として、当時の日本でサティと言ってもほとんどの人が反応できなかったでしょうからね。

山口　そうね。サティの場合は、飛躍する仕方によって道化的だと。僕ははじめから意識的に道化としてサティを見ていたところがあるね。

――一九七三年の七月、山口さんが日本にいらっしゃるときに、ヤン・コットさんともお会いになっていますね。平凡社で林達夫さんとお会いになるはずだったところに別のところに来てくれと伝言があって、そこに行ったらヤン・コットさんがいらっしゃったと。

山口　そう。あれはどこだったかな。東急文化会館の四階か五階だったかな。それで、そこに行ってみたら、喜志哲雄氏や観世寿夫氏も一緒に居てね。皆さんあんまり喋べらないんで、僕ばっかり喋っていたね（笑）。それがきっかけで、ヤン・コットとはしばしば会うようになったんだ。彼がアメリカへ帰ってからも、家に泊まりに行ったりしてね。そのときは、ヤン・コットの奥さんの親がポーランドの数学者として極めて優秀な第一人者だったという話を聞いたりしたのを覚えている。そのうち「君は持っていないだろう」と言って、"The Polish Review"という雑誌をくれたんだけど、それがヴィトケーヴィッチの特集号だったのね。ヴィトケーヴィッチについて書かれたいろんな文章が載っていて、それを読んで僕はヴィトケーヴィッチに興味を持つようになったんだね。

――なるほど、ヤン・コットさんに見せられたその雑誌が、ヴィトケーヴィッチを知るきっかけになったわけですね。

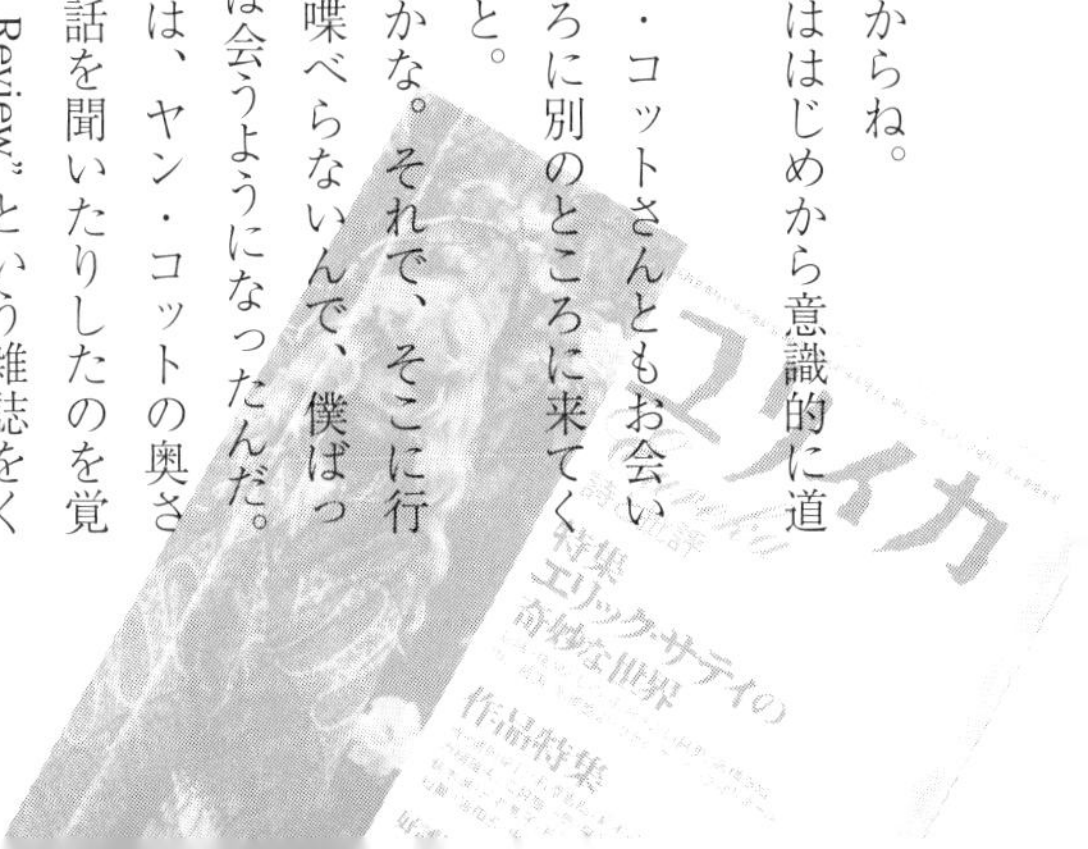

◉『ユリイカ』第6巻第6号（1974年5月）

第八章　オックスフォードからインドネシアまで——1973-1975

——パリから戻られて暫くは日本にいらっしゃいましたけれども、一九七三年七月、オックスフォードで開催されたイギリス社会人類学協会（ＡＳＡ）創立十周年記念大会に参加するために渡欧されますね。大会で山口さんは“The Kingship, Theatricality and Marginal Reality in Japan”を発表されています（このときの論文はのちにR. K. Jain edited “Text and Context: The Social Anthropology of Tradition” Philadelphia, Pennsylvania 1978に収録された）。このときにはエドマンド・リーチさんが賛成演説をしてくれたんですよね。[*一]

山口　その辺のことはもうよく覚えていないけどね。

——社会人類学研究所（Institute of Social Anthropology, University of Oxford）では、オックスフォード人類学創始者マレットの蔵書もご覧になっていますが……。

山口　エヴァンズ＝プリチャードが属していた研究所にマレットの蔵書が置いてあってね。会議が終わったあとに行ったら、そこには僕一人しかいなくて、そのなかで本を見ていたんだね。そうしたらエヴァンズ＝プリチャードがやって来て、「何でマレットの“Anthropology and the Classics”を見ているのかね」と聞いてきたんだ。

――そのときは何かお話をされたんですか。

山口　「最近は『人類学と古典科学』に関心を持っている人は少ないけれども、一時期は非常な影響力があった本だね」と彼は言ったわけね。「それはフレーザーの影響もあったからね」というふうにも言っていたのを覚えている。

――エヴァンズ＝プリチャードさんは山口さんがオックスフォードにいらっしゃったときに亡くなるんですよね。

山口　そうね。それから何日かして彼は死んだんだね。

――葬儀には山口さんも参列されたんでしょ。

山口　あのときは、葬儀に出席したらメアリー・ダグラスが来ていてね。少し話をしたら、「私はロンドンに住んでいるんだけど、ロンドンに来ることがあったら訪ねてこない？」と言うんで、

＊一　「E＝プリチャード卿の死と人類学の新しい方向」（『仕掛けとしての文化』）に「社会人類学会（A・S・A）という、半ば秘密集団のシンポジウムで、天皇制について報告したのです。（中略）口頭で大向うをうならせるというのは、ちょっと無理なようでしたが、E・リーチが賛成演説をぶってくれました。」（二七二～二七三頁）とある。

そのあとにロンドンに行ったときに彼女に会って、いろいろ話をしたんだね。

――　メアリー・ダグラスさんともお会いになっているんですか！　あと、マートン・カレッジの人類学者が夕食に招待してくれて、そこではJ・R・R・トールキンさんともお会いになっていますよね。

山口　マートン・カレッジに住んでいる人類学者が夕食に来ないかと言うんで、行ったんだよね。そうしたら隣にお爺ちゃんが座って、「トールキンです」と挨拶されてね。「ああ、あなたがあの"The Lord of the Rings"で有名なトールキンさんですか。私はあなたの本はそんなに読んではいないけれども、あなたのことは知っています」と僕は言ったのね。そのときは〝トールキン言語〟というコンセプトについて話したりしたんだね。食事が終わってから、彼は「少し案内しましょう」と言ってね、建物のなかを案内してくれたんだ。なかは夕食をする部屋と昼食をする部屋とが別々に分かれていて、そのうち昼食をする部屋に行ったら、オックスフォードの過去のドンの肖像画がずらっと並んでいるんだよ。「このうちで、この人と一人置いて、この人は、十七世紀頃に、ほとんど道化的に振る舞うことを許されていたんです。いろんな荘厳な儀式のときに現れて、適当にほらを吹くことを許されていました。特に、ドクターを貰う人をからかうことが許されていたんです」ということを話してくれてね。「そういう伝統はいまでも残っているんですか」と聞いたら「いまはそういう形は残ってないけど、私のようにあちこちで人をからかう人間もいますよ」とトールキンは言ってね（笑）。あのとき、誰かが写真を撮ってくれればよかったんだけどね。

――それは惜しかったですね。

山口　それでトールキンとは、ほかの予定があるからと別れたんだね。

――トールキンさんもそれから少ししてから亡くなるんですよね。

山口　そうだね。それで、トールキンの本がどっと出たね。

――オックスフォードでは、ロドニー・ニーダムさんの研究所も訪ねていますよね。

山口　あのときは青木保も一緒だったんじゃないかな。ロドニー・ニーダムとは、ジュクンの調査の話をしたけれども、僕のやったことは彼のやったことに非常に似ていると言っていたね。似ている相手というのは警戒するからね。

――じゃあ、あんまり話ははずまなかった？

山口　それでもニーダムとは、調査に行っている間に、手紙で二、三度やりとりをしたことがあったけどね。

――大会のあとにも、山口さんはウォルフソン・カレッジに滞在されて、ディアギレフ関係の資料をご覧になったりされていますね。

山口　そうですね。美術史家のフランシス・ハスケルに会いに行ってね。ハスケルのお父さんはバレエ研究家だったからね。

――ディアギレフの伝記（"Diaghileff: His Artistic And Private Life" 1935）を書いた、あのアーノルド・

ハスケルですよね。そうか！　それで『ユリイカ』の「道化特集」にフランシス・ハスケルの論考（土岐恒二訳「哀しき道化――十九世紀の一神話に関するノート」）が入っているんですね。

山口　そうなんだ。で、その奥さんというのが、ハスケルがモスクワに行っていたときに結婚したんだけど、ロシア美術の専門家だったのね。それで、オックスフォード大学付属の美術館（アシュモリアン美術館）で、ディアギレフ関係の資料を見せてもらったんだね。その後にロンドンにも行って、もう少し大きな近代美術の美術館（ヴィクトリア・アンド・アルバート美術館）を見せてもらったりしてね。

――オックスフォードには、田之倉さんも訪ねて来られますよね。

山口　そうだったかな。

――田之倉さんは、古稀の文集（『山口昌男山脈』）に寄せた「スコットランドの方へ」という文章でオックスフォードに山口さんを訪ねたと書かれています。

山口　そうか、あのときは田之倉がパリから車でやってきたんで、一緒にエディンバラに行ったんだ。その途中、古本屋があるというんで、中部イングランドのヨークという町に寄り道したんだけど、このヨークという町は城壁に囲まれていて、景観保護のために旧市街には車が入れないようにしてあるんだね。それで町の外に車を止めて田之倉と町中を歩いたんだけど、そこには古風な古本屋が二軒あったのね。絵本中心の古本屋とそれから十九世紀の小説中心の古本屋でね。そこで本を買い込んで、それからエディンバラに着いたんだけど、エディンバラでは演劇祭があって宿がいっぱいで泊まれないというんで、少し戻った手前の町でホテルを取ってね、そこからバスでまたエディンバラに戻ったんだよ。そこですごい見世物を見たんだよ。エディンバラ市の公会堂で“A Satire of the Three Estates”、「三つの身分の諷刺」というね、デイヴィッド・リンゼイという人の書いた中世の芝居なんだ。これがすごく洗練されていてよかったんだね。

――エディンバラでは、サティも聴かれたとか。

山口　うん、あのときはサティの音楽を使った小さなパフォーマンスをやっていたんだね。

――エディンバラに行かれたのは、その演劇祭を見るのが目的だったんですか。

山口　いや、エディンバラで演劇祭をやっていたのはたまたまでね。目的はエディンバラ大学で教えているトム・バーンズ夫妻を訪ねていったんだね。トム・バーンズというのはBBCの研究なんかをやった社会学者で、それから彼の奥さんのエリザベスという人も、“Theatricality” (Longman, London, 1972) というすごく面白い本を出していたからね。

――山口さんはそのあと、オックスフォードに戻って、パリに立ち寄ったあと、今度はアメリカに飛んで、十月末日からニューヨーク州シラキュース市で行われたアフリカ学会の年次総会に出席され、“The Jukun Trickster Cycle”という発表を行っています。

山口　あのとき発表した論文は、のちに記号学者のトーマス・ウィーナー夫妻が“Semiotica”に発表した論文のなかで紹介してるんだ。

――それは『現代思想』に訳出されていますね（アイリーン・P・ウィナー、トーマス・G・ウィナ

ー著、今井成美訳「文化記号論入門」『現代思想』第六巻第三号、一九七八年三月）。[*一]

その後、山口さんは、ちょうどいまお話に出たハーヴァード大学に客員教授に来ていたバーンズ夫妻に招待されて、ケンブリッジ市を訪れています。ケンブリッジ大学で、マイヤー・フォーテスさんの退官記念講演を聴かれたあと、シェリー・パーティがあって、そこでローマン・ヤコブソンさんとお会いになっているんですが、そのときのことは覚えていらっしゃいますか。

山口　いや、もう覚えていないなあ。

——　それは残念です。山口さんはヤコブソンさんとの対談に添えた文章「ヤコブソンとの出会い」（『二十世紀の知的冒険』）でこんなふうに書かれています。「（マイヤー・フォーテスの）講演後、その年夏オックスフォードで会って昵懇になったヌル・ヤルマン教授と思いがけない再会を喜び合ったりしていると、背の低い老人が近づいてきて、「人類学の研究室でシェリー・パーティをやるそうだから行こうじゃないか」と話しかけてくれた。この人が誰とも知らないまま、研究室までこれも文通だけで会ったことはないアイリン・ヴィーナー博士と話を続けていった。研究室のパーティで色々な人と話していると、先程声をかけてくれた老人が近づいてきて、「君はパリに長くいた事があるそうだけれど、私の友人のレヴィ＝ストロースはよく知っているかい」と言った。私は「一応は知っているつもりですが、失礼ながらあなたはどなたでしょうか」と訊くと、隣りにいた人類学科の助教授ジェームズ・フォックス氏が、「君は知らなかったのか。この人はローマン・ヤコブソン教授だ」と言った。あまりにも黄門漫遊記的な出会いに多少うろたえながらも、「トリックスター・シンポジウム」の話、ロシア・フォルマリストへの関心などを、とめどもなく喋ったように思う」（二一七〜二一八頁）。

山口　そうか。その辺のことはもう忘れちゃったけど、なかなか恰好いいね（笑）。でも、ヤコブソンとは、それがきっかけになってそのあとヤコブソンの家に行って話をしたり、ＭＩＴの彼の研究室のあったビルのレストランで食事をしたりしてね。最後に正式に対談したんだね。

――それが『世界』第三百七十二号（一九七六年十一月）に掲載された「二十世紀の知的青春」ですね（のちに『二十世紀の知的冒険』に収録）。

山口　ローマン・ヤコブソンは、僕がロシア語も喋れないのに自分の若い頃のことをよく知っているなと言って喜んだわけね。

――その後、山口さんはヤン・コットさんに電話されてストーニーブルックの家を訪ねています。それが、前におっしゃっていたヤン・コットさんのお家に行ったという話ですね。で、山口

＊一　ここには山口さんの "The Jukun Trickster Cycle" に言及して、次のように書かれている。
「最近、日本の人類学者山口昌男も、トリックスター・コンプレックスのダイナミズムを評価しはじめている。彼はそれを、認識的機能と美的機能のジンテーゼと見なしているのである。プラハ学派の美学理論のいくつかを創造的に駆使して、山口は北東ナイジェリアのジュクン族のトリックスターが演じてみせる円環を、単に対立物を媒介する論理的な道具としてではなく、現実を「活写する」美的方法として描写している。世界にカオスをもたらすことによって、トリックスターは一種の限界状況的な現実を生み出す。そして、その上に秩序が再びうちたてられるのである。山口の見解によれば、トリックスターは、いわば現実についての現象学的意味と構造主義的意味とのジンテーゼになっているのである。」（一三九頁）

さんはヤン・コットさんのお家に行かれる前にニューヨーク州立大学ストーニーブルック校で教えていらしたウィリアム・アレンズさんを訪ねて、アレンズさんの家に泊まられていますね。

山口 ウィリアム・アレンズね。彼が何年か前に日本に来たとき、彼と会って話したんだけれども、「僕のところに一回泊まったはずだ」と言ったんだけど、僕は忘れていたんだね（笑）。

―― そのときインドネシアでテトゥン族の調査をなさったデイヴィッド・ヒックスさんともお会いになっていますね。このときヒックスさんから未調査の部族の調査をやってみないかと示唆されたと『知の遠近法』に書かれています。インドネシアはド・コッペさんたちとも調査する予定になっていたし、ヒックスさんからの話で山口さんはインドネシアの調査に心が動いたのではないですか。

山口 それももう覚えていないな（笑）。

―― そのあと日本に戻られています。日本では、A・A研で山口さんが中心となって「アジア・アフリカにおける象徴と世界観」のプロジェクトが始まっています。[*] そこに、中村雄二郎さんや小松和彦さんはもとより、中沢（新一）さんや浅田（彰）さん、栗本（慎一郎）さんといった錚々たるメンバーが参加するようになりますね。

山口 そう、上野千鶴子とかね、青木保もいたし、観光人類学の山下晋司、経済学の岩井克人も来て喋ったわけね。A・A研はアジア・アフリカという名前に縛られていてやることが限られていたんだね。

――それまでは、ほかの研究会はアジア・アフリカ関連のものに限定された研究会だったけれども、山口さんがその枠を取り払って、いろんな方面からの人たちが参加できるようにしたということですか。

山口　東京の研究所が冴えないのは、東大の形式で、専門主義に偏ったということね。A・A研もその結果、研究所としても冴えないし、結局、言語学中心の研究所だったということだと思うんだよね。それは戦後の東京のアカデミーがぱっとしない理由の一つでもあるんだな。

――その年の四月にジョージ・スタイナーさんが来日されたとき、山口さんは『英語研究』第六十三巻第六号（一九七四年九月）で対談されていますね（"In Search of Cultural Identity: A Happy Loss of Time with George Steiner by Masao Yamaguchi"）。あれはどうして山口さんにということだったんですか。

山口　由良君美が『英語青年』に話したんじゃない。あのときは由良君美が傍で聴いてたんだね。

――なるほど。四方田犬彦さんの『先生とわたし』（新潮社、二〇〇七年六月）によると、由良さんは相当スタイナーさんに入れ込んでいたようですからね。

それから、八月に山口さんは、インドネシアに行かれるわけですが、その少し前、たぶん七月の終わりくらいでしょうか。寺山（修司）さんから電話があって、法政大学で『盲人書簡』をや

＊一　正式には「アジア・アフリカにおける象徴と世界観の比較研究」と呼ばれたこの共同研究プロジェクトの詳細については、真島一郎・川村伸秀編『山口昌男 人類学的思考の沃野』（東京外国語大学出版会、二〇一四年十月）所収の佐久間寛作成「学術研究の記録」に詳しい。

るので見に来てほしいと言われて行かれていますね。

山口　法政大学でやったときは、終ってから大学の外で、何人かで集まってね、話をして、青木保もいたんだけどね、それで別れて帰ったら十一時頃、また寺山から電話があって『盲人書簡』をどう思ったかと聞くんだね。そして、「さっきは通り一遍のことを話をして別れたんだけど、本当はもっと二人で話をしたかったんだ」というふうに言ったんだね。自分が芝居をやっても大きな新聞は取り上げないから、というふうなことを彼は喋っていたね。

――寺山さんと最初に会われたのは、天井桟敷の雑誌『地下演劇』のために土方巽さんたちと鼎談をしてほしいと寺山さんから電話があって、そのときですか。

山口　いや、そのもっと前だね。寺山修司は、ずっと前に雑誌『短歌』で僕が書いた「未開社会における歌謡」を取り上げて書いたことがあってね。それでそのあと、何かの機会に会ったわけですね。それは何人かと会ったから、何を話したかは記憶に残っていないけれども、いつのときだったか、「山口さんは自分にとっては一番気になる存在だ」と言っていたのを覚えているね。自分が目標を定めてこの地点に行こうと思ってある地点まで行ったら、必ず傍に山口さんは立っていると、そんなふうに彼は言っていたわけですね。

――土方さんたちとの鼎談のことは何か覚えていらっしゃいますか。

山口　あれは僕がエチオピアに行って帰ってきた頃だったからね、エチオピアで見た竹の楽器を奏でるパフォーマンスの話をしたように思うけど、もうはっきり覚えていないな。[*1]

――話を戻しますと、先ほども言いましたように、山口さんはそのあと、八月下旬にインドネシアの調査に向かわれるわけです。まず羽田からジャカルタに行かれたんですか。

山口　そうですね。ジャカルタから古い都のジョグジャカルタに行って、それからアンボンかな。

――当時山口さんが手帳に書かれた『日記』によりますと、九月十二日にそのアンボンに着いていますね。

山口　最初はそこからタンニバル島という船で三日かかる島を調査しようと考えていたんだけど、そこへ行く船が出たばかりで、次は一カ月先にしかないというんでね。それでどうしようかと思っていたんだ。

――タンニバル島を調査地しようと考えたのはどういう理由からですか。

山口　女性のトリックスターの神話があるというんでね、それを採取しようと思っていたのね。

――なるほど。ところが船がないと。

山口　そう。それである日、アンボンの町を歩いていたら、陸軍の司令部があったんだね。その入り口にいた歩哨に「司令長官はいるか」って話しかけてみたら、その歩哨というのが気のいい奴でね、「ああ、いるよ」ってね。「会いたいんだけど」って言ったら、「いいよ」って。それ

＊一　この鼎談は『地下演劇』第四号のために山口さんと土方巽氏、芥正彦氏の三人、そして途中参加の竹永茂生氏によって行われたが、掲載されなかった。

◉アンボンにて、山口さんの向かって左がナンロヒィ少佐

で司令長官のところまで僕を連れて行ってくれたんだね。

――『日記』によりますと、その辺の記述がはっきりしないんですが、どうもアンボンで半沢さんというかたを紹介されて、その半沢さんから警察を紹介され、更にそこから軍に紹介されたようにも読めるんですが[*1]。

山口 そうか。僕の記憶とは違うね。まあ、それでその司令長官というのが日本人のような顔をしたなかなかの紳士で、最初はインドネシア語で喋っていたんだけど、そのうち「日本語も少し判るよ」と言ってね。彼のおじさんというのが日本びいきで、日本語を喋ったんで、彼も少しは判るんだなんて話をしてね。

――そのおじさんというのは、第二次大戦中に日本兵から習ったんでしょうかね。

山口 そうだろうね。その頃は駐留日本軍がインドネシアにいたからね。それでブル島を調査したいんだけどとね。

――調査地を切り替えたわけですね。何故ブル島を?

山口 ブル島はね、「インガ・フカ」という男女の即興的な歌い方があるところなんだね。

――ヨハン・ホイジンガの『ホモ・ルーデンス』に出て来ますね。山口さんも「未開社会における歌謡」で引用されていますね。

山口　そう、ホイジンガはデ・ヨセリン・デ・ヨングがブル島で調査したのを使っているのね。それで僕もその「インガ・フカ」を調べてみようと思ってね。当時ブル島は外国人の立ち入りが禁止されていたんだけど、その司令長官が許可を出してくれたわけね。それでブル島の司令官が軍用機でブル島まで戻るというので乗せて行ってくれたんだね。

――ブル島にはふた月ほどいらっしゃいますが、『日記』を読むとその多くは毎日移動の日日で、まるで探険記のようですが……。

山口　島の真ん中にラナ湖という湖があってね、そこに古い集落が残っているというので行った

＊一　この辺に関わる『日記』の記述には次のようにある。
「九月十五日(月)　午後バルテル氏をたずねる。夜、半沢氏に紹介。

九月十六日(火)　朝警察、軍につれて行かれてマンティリ少佐に会う。考えておこうとの事、それ故半沢氏に報告。

九月十九日(金)　マンティリ少佐に会う。半年の条件でOK。その後半沢氏に会いお礼。

九月二十一日(日)　昼、ナンロヒィ少佐から突如電話、少佐自身やって来て、月曜か火曜に出かけると言う。

九月二十二日(月)　昼、ナンロヒィ少佐から電話、六時迎えに来るとのこと、午後少佐来る。C・マンティリの許可証を持って来る。半沢氏宅に行く。少し話して午餐を食べに行く。

九月二十三日(火)　朝五時起床。七時三十分、ナンロヒィ少佐が車で迎えに来る。九時四十五分、アンボン発、十時十五分着。」

わけね。

——荷物運びのポーターを雇われたようですが、現地の人たちには相当苦労されたようですね。十月十二日に「ホシラヘン〔地域名〕のルーカスが薬一箱と米を盗んだのを発見」とあって、十三日には「午後三時頃ホシラヘンホシラヘンからルーカスが来て申し開きをする。オポジョ外列席のもとに裁判、申し開きを受け入れる。結局二つのもの（犯人と容疑者）は別に考える」とありますので、荷物が盗まれて、裁判沙汰にまでなっているようです。

山口　うん、そんなこともあったかね。まあ、仕方がないよ。

——同じ十二日のところには「途中、トゲの木に左手をついて全面的にトゲ、うみはじめる」とあります。

山口　ラナ湖に向かっている途中が険しい山道だったんだね。片側が二十メートルくらいの崖になった細い道で、そこから落ちそうになったんで、慌てて反対側のほうに倒れて、枯れた木を摑んだんだ。そうしたらそれがトゲのある木で、たくさんのトゲがびっしりと掌に刺さったんだね。

——「うみはじめる」と書かれていますが。

山口　いや、それは大したことがなくて済んだけどね。

——『日記』にも「インガ・フカ」を録音したことが出てきますが、調査のほうはいかがでしたか。

山口　それがブル島のなかでも古い言葉で語られているんで、結局その意味は判らなかったんだ。

――ブル島では何語が話されているんですか。

山口　ブル語だね。ブル語は少し勉強したりしたんだけどね。

――それが『日記』に出てくる「絵辞典つくり」だったりするわけですね（「絵辞典」の一部は次頁に掲載）。

◉「インガ・フカ」ブル島でのドローイング

山口　うん、だけど「インガ・フカ」はもっと古い言葉だったからね。実際に、男女二つのグループに分かれて「インガ・フカ」を行っている場面に立ち会ったという以外にはあまり収穫はなかったな。

――『日記』には、この頃ときどきロシア語を勉強したことも出てきますが、何かロシア語を勉強する必要があったんですか。

山口　いや単なる時間潰し。

――十一月十五日にはブル島を発ってアンボン着、十九日にはデンパサール（バリ島）に来て、その翌日の二十日にディリ（ティモール島）に着いています。

山口　ディリでは海岸にあるビーチ・ハウスが安かったんでそこに暫く泊まっていたんだね。

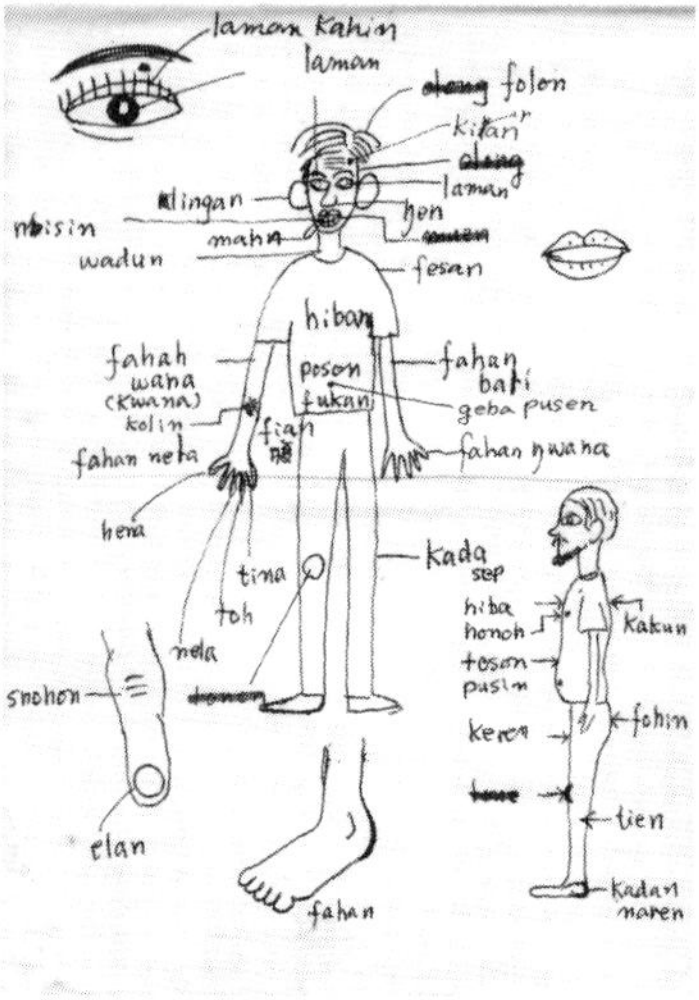

◉現地の言葉を覚えるために作製した絵辞典の一部

表紙に「Bloknote blanco」というタイトルのある 10.4×15.6cm の白紙のノートに描かれている。筆記用具は万年筆・ボールペン・鉛筆。

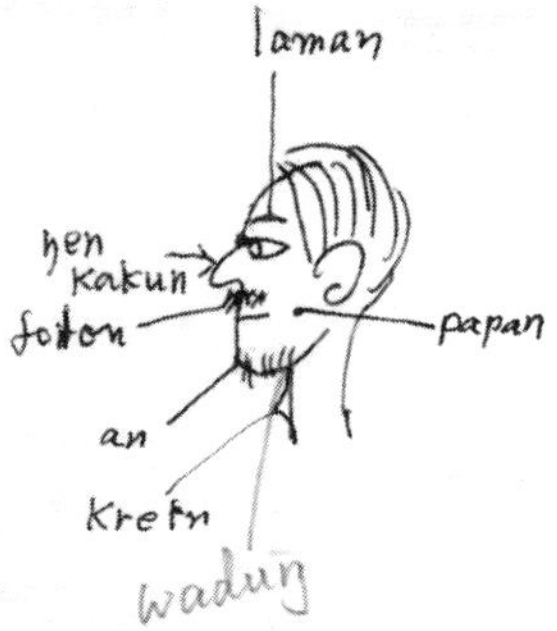

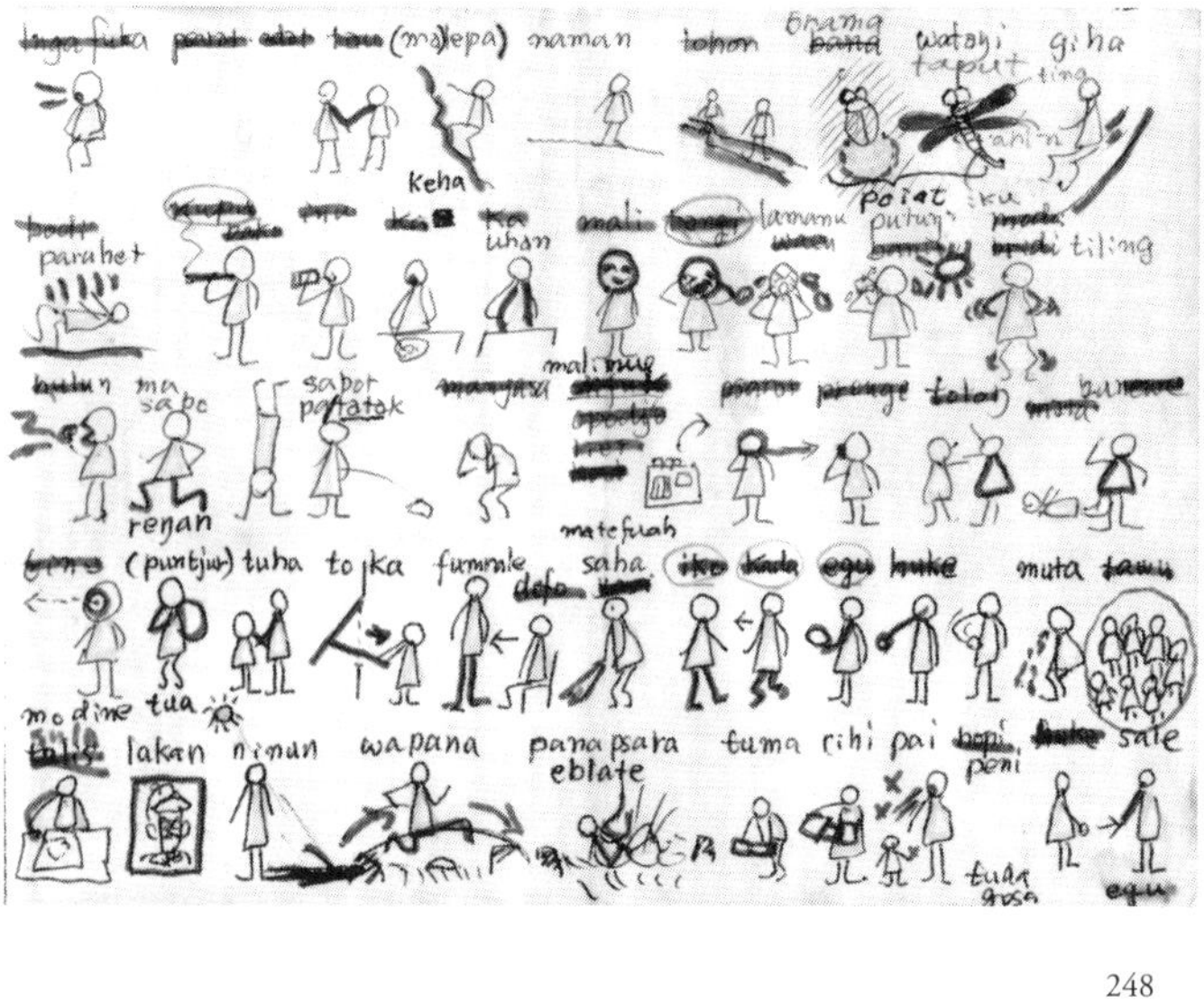

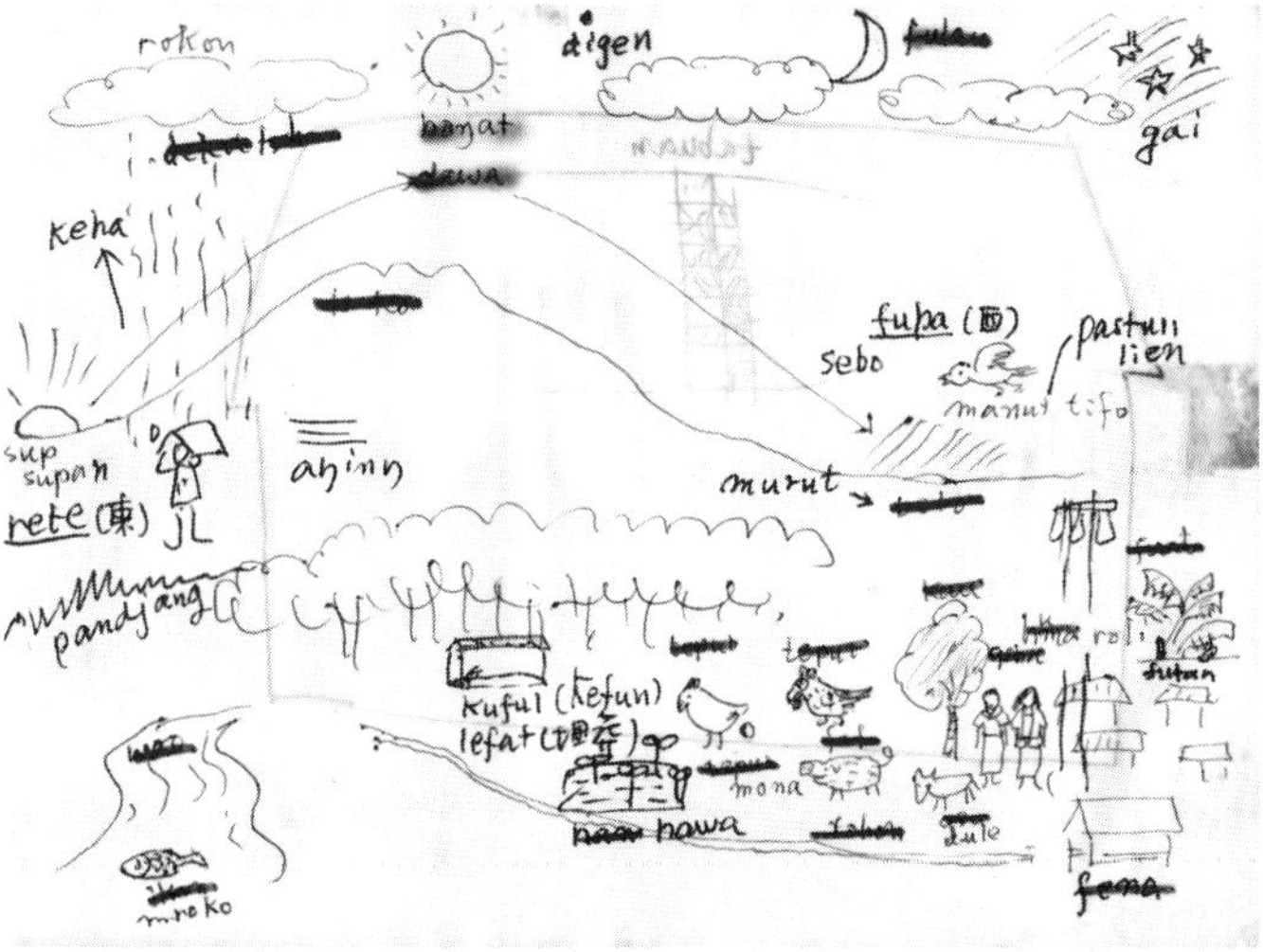
rokon
digen
gai
bayat
keha
fupa (西)
sebo
pastun lien
manut tifo
sup supan
rete (東)
ahinn
murut
pandjang
kuful (kefun)
mona
nawa
mroko

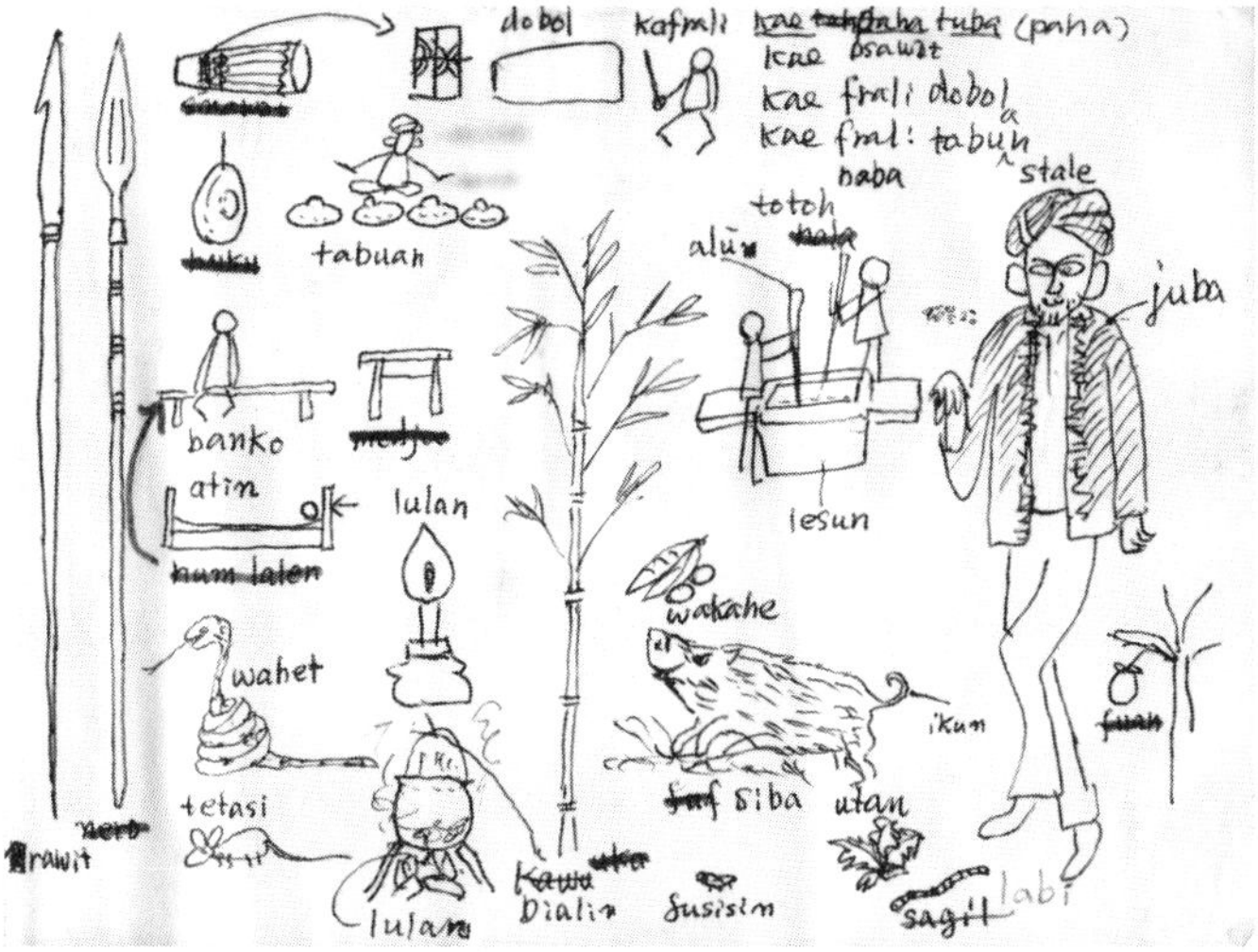
dobol
kafmli
tuba (paha)
kae bsawat
kae frali dobol
naba
stale
totoh
tabuan
juba
banko
atin
lulan
lesun
wakahe
wahet
ikun
tetasi
siba
utan
rawit
Dialin
susisin
sagil
labi
lulan

――着いて少ししてから、停泊していたパウラ丸という日本船の船長さんと親しくなっていますね。『日記』によると例えば、「十一月二十二日　昼と夜船に行く」「二十三日　午後四時頃からパウラ丸に行き週刊誌を見る」「二十四日　朝十時頃から船にいりびたり。昼めし、夕メシともに居候風。一日中週刊誌の読みだめをする」と、パウラ丸が出港するまでは毎日のように行っていたようですね。

山口　パウラ丸の船長というのがいい人でね、町に行って一緒に飲んだりしてね。

――その後、アタウロ島というところにも調査を試みていますね。

山口　アタウロ島というのは、ディリの沖にある小さい島ね。

――調査は何か収穫があったんですか。

山口　行ったんだけど、ここも蚤がやたらにいるだけで、特に人間もそんなにいなかったね。

――アタウロ島ではロペスさんというかたにお会いになっていますね。

山口　ロペス？　ああ、ロペスね。彼はアタウロ島で雑貨屋をやっていたのね。ポルトガル人で、絶海の孤島にいながらサルトルなんかを読んでいるわけだよ。

――知的なかただったんですね。

山口　フランス語をちょっと喋ったから、それでフランス語で話をしてね。

――『日記』によりますとこのあとティモール島のあちこちで調査を開始されているようですが、ここでもあまり収穫はなかったようですね。一九七五年一月九日の日付で「特にこれといった収穫なし。これ以上の情報は集まらないのではないかというあせりに捉われる」とあって、一月十六日に「調査は愈々行きづまった感じあり」ともあります。そして二月二十八日にティモール島を発ってフローレス島に調査地を移動しています。フローレス島では三月六日のところに「セミナリオ・ティンギでＦＲ〔神父の略〕に会って、ライブラリーを見せてもらう。ききしにまさるライブラリーなり」とあります。

山口　それはマウメレ（フローレス島の地名）の近くにあったカトリック神学校の図書館だね。ここに一九三〇年代頃にフローレス島で民族誌の調査を行ったオランダ系のアルントという神父の集めた東インドネシアに関する資料がたくさんあったんだね。それで神父さんの部屋にひと月近く泊めてもらいながら、その資料を写したんだ。タイプを自由に使っていいと言ってくれてね。

◉リオ族の家（正面に船のパネルが見える）

――『日記』によりますと四月三十日のところに「アルントを読む。アルントには舟＝家屋についての情報あり。本日の収穫であろうか」とあります。のちに山口さんは舟とリオ族の家屋のアナロジーを展開していますが、最初にそういうふうなものがフローレス島にあるのではないかと考えるきっかけとなったのは、このアルント神父の文章と考えていいんでしょうか。

山口　そうと見ていいね。

――　五月一日には「フロクラーへのリオの舟の論文を読む」ともあります。この人もオランダの人類学者ですよね。この論文はのちに「南海に日本文化の起源を探る」（『知の祝祭』所収）で触れていらっしゃいます。

山口　僕はリオ族の神話をあちこちに行って採取したんだけど、そうしたものを裏付ける神話が多いわけね。リオ族の最初の先祖はアナ・カロという名前でね。このアナ・カロは舟が漂流して島に流れ着いたとされている。アナ・カロはそこに菜園を作って住んでいたと。ところが夜になるとこの菜園の作物を盗んでいく奴がいるんだね。それでアナ・カロが隠れて見張っていた。そこには天と地を繋いでいた榕樹《ようじゅ》（宇宙樹）があったんだけど、そこからバビ・メラ（赤い豚）が降りてきて盗みを働いていたわけね。アナ・カロはこのバビ・メラを摑まえようとするんだけど、バビ・メラは榕樹を昇って逃げて行ってしまった。アナ・カロは怒ってその木を切ってしまうんだ。おかげで天と地は離れてしまったと。アナ・カロはその菜園にいた妹と結婚してリオ族の子孫となるのね。で、リオ族の母村とされるところの家屋というのが、この最初の舟をかたどったものとされているんだね。屋根がちょうど舟の形をしていて、屋根を二本の柱が支えているんだけど、この柱というのが舟のマストと同じ呼び方で「マング」と言うんだね。それとか正面の入り口には舟の形をしたようなパネルがついていると。このほかにも舟を思わせるものが幾つもあるわけね。それで、更に家は母体のイメージとも重なっている。家の真ん中に天井から太い綱がたれていて、これは「プス・アテ」と言われている。「プス・アテ」というのはへその緒という意味なんだね。子どもが生まれるとその綱の下に赤ん坊を一度置くんだ。死ぬときもいろいろあるんだろうけど、理想的な死に方というのはプス・アテの下だと言うのね。つまり、それは母体回帰と考えていいと思うんだけどね。

――いやあ面白いですね。『日記』の五月十一日のところに「ウォロガイ〔地名〕へ行く。原型としての家の祖型としての村。宇宙の中心としての集落。祖祭の場としての空間というモデルを保存している」とあって、更に五月二十五日には「今回の調査の最大の収穫の一つ。ヌアオネ〔地名〕とウォロギタ〔地名、あるいは「ウォロガイ」の誤記か?〕を訪れる。ランガも一緒、家屋と母胎の関係がはっきりと立ち現れて来る。」と書かれています。おそらく、このときに山口さんはそうしたことを考えていたということですね。

それと、ここに出てくる「ランガも一緒」とあるランガさんというかたですが、面白いかただったようですね。

山口　ランガはね、六十くらいのお爺さんでね、家を出ていろんなところに泊まり歩いていたんだね。僕のところにもよく来ていたんだけど、僕がフローレスの村を歩いて回りながら調査をしていたときに「俺と一緒に行くか」と言ったら、「じゃあ、行くのに用意をしてくるから」とちょっといなくなったと思ったら、警官の服を着て、警察の帽子を冠って、それから錫杖みたいな鉄の棒を持って現れて、その恰好でついて来たわけです。最初に行った村では、夜中にウォーと叫んでいるから何をやっているのかと思ったら、月に向かって吠えてたんだね。

――まるで萩原朔太郎ですね（笑）。まさにルナティック！

山口　うん、そうなんだ。村々に行くときに僕より先に村へ行って、「この日本人はあなたたちに向かって危害は加えない、だから言うことを聞け」と。「自分はこの日本人の通訳である」と言ってなかへ入っていくと、村では大切にされるんだね。それが高じてくると、入って行ったはいいけど、「自分はその付近の一番高い山の頂きにある警察署の署長だ」なんて始まっちゃうんで、どうもおかしいということになってばれちゃってね（笑）。子どもたちに追っかけられるようになっちゃったんだけどね。それであるとき、ランガが石鹸を買ってくれと言うんで買ってやったわけです。ところが、そのあとに川で水浴びをしたときに、僕の石鹸を貸せと言うんだね。「自分のを使え」と言ったら、「あれはあげちゃった」と言うのね。どうもある村の少女に恋しちゃってね、それで盛んにいろいろ口説いたら「自分を恋しているからには、何かプレゼントしてくれ」と言われて、結局その石鹸はその子に取り上げられちゃったというわけなんだね（笑）。

――道化をテーマになさっている山口さんの場合、ランガさんとの出会いは偶然にして必然という感じですね（笑）。それで、フローレス島を去る少し前に「ングワ・リア」という祭りをご覧になりますよね。『日記』では九月末頃のようです。

山口　「ングワ」というのは「祭り」ね、「リア」というのは「大きな」という意味だね。その年の米をふかして乾燥させたものを籠に入れて、さっき言った「プス・アテ」ね、一つの家の「プス・アテ」にどんどん結びつけて行くんだね。これが第一日目ね。で、三日目が凄いんだね。夜、村の七人の司祭が「サオ・リア（大きな家）」に集まってね、頭と利き腕に十字の印を白い粉でつけた司祭たちが円陣を組んで座るのね。そのあと家のなかの火を全部消すんだ。そうすると、各々の司祭はこう自分の座っているところで胎児のような恰好で身を縮める。真っ暗ななかに、家の炉の火だけが燃えているんだけど、中心となる司祭は、その火を頼りに竹の刀でタロイモをむいて炉でそれを煮るわけ。で、タロイモが煮えると、司祭たちはそれぞれ掌に乗せてもらって、指を使わずにそのまま口に入れるんだね。食べ終わると、残ったものと竹の刀を下に落とすのね。床は高床式になっていてね。中心の司祭はそれを下に降りて行って探すわけ。それで刀が見つかると「月が戻ったぞー」と叫ぶんだね。すると、家の明かりをつけてみんなが歌い出すわけね。これは要するに母胎回帰の儀礼なんだね。

――面白いですね。その第一日目が米の儀礼で、三日目の儀礼がタロイモというのも、坪井洋文さんの『イモと日本人』（未來社、一九七九年十二月）で述べている畑作文化の名残りとして正月にイモを食べるというような話を髣髴とさせますね。

それで、山口さんはその「ングワ・リア」をご覧になって、日本に戻られるわけですね。

――話は前後しますが、インドネシアに発たれるときに、『文化と両義性』の原稿を完成されて出発されていますね。編集担当は合庭（惇）さんというかたですよね。

山口　そうだね。あのときは、次の時代に残せるような考え方を示せるようなものを岩波の叢書として出したいということで、最初は、僕と中村雄二郎氏（『感性の覚醒』）、それからもう一人慶応の哲学をやっている坂本賢三氏（『機械の現象学』）にお願いすることにしました、と合庭氏から連絡があってね。

――『文化と両義性』は、山口さんがインドネシアにいらっしゃる一九七五年の五月に、仰るように「哲学叢書」の最初の配本として岩波書店から出ますが、その翌月にはもう一冊、筑摩書房から『道化的世界』が出ています。こちらの編集は間宮（幹彦）さんが担当されていますね。

山口　そうだね。筑摩のものは間宮くんがずっとね。

――実は、僕が最初に読んだ山口さんの本というのが、この二冊だったんです。『文化と両義性』は、通常、負性、マイナスであるとか、周縁であるとか、あるいは記号論でいう徴つきというようなものに目を向けることで、それまで隠れていて見えていなかったものを取り出してみせるという非常に魅力的な本だったんですが、『道化的世界』のほうも――いまから考えると主にパリでの体験が土台となっていたことが判りますけれども――バスター・キートンやコクトー、サティ、エイゼンシュテイン、マルクス兄弟、アルフレッド・ジャリ、シルビア・ビーチなどが次々と登場して、まるで知のびっくり箱のようでした。『文化と両義性』とはまた別の意味で大好きな本です。

山口　この二冊は僕の仕事の方向を示していると思うんだよね。『文化と両義性』はひとつのまとまった方向に収斂していく、『道化的世界』のほうはあらゆる方向に広がって行くというね。

――『道化的世界』で面白かったのは、それまで関係ないと思われていたものが、どんどん繋がって行くじゃないですか、その面白さだと思うんです。僕はロシア・アヴァンギャルドとかロシア・フォルマリズムに興味を持って山口さんの本を読み始めたんですけど、それがロシアだけじゃなく、同時代現象としてフランスのほうのコクトーだったりサティだったりにどんどん繋がっていく、その世界の広がり方というか、広げ方というか、その面白さを山口さんに教えてもらったと思っています。

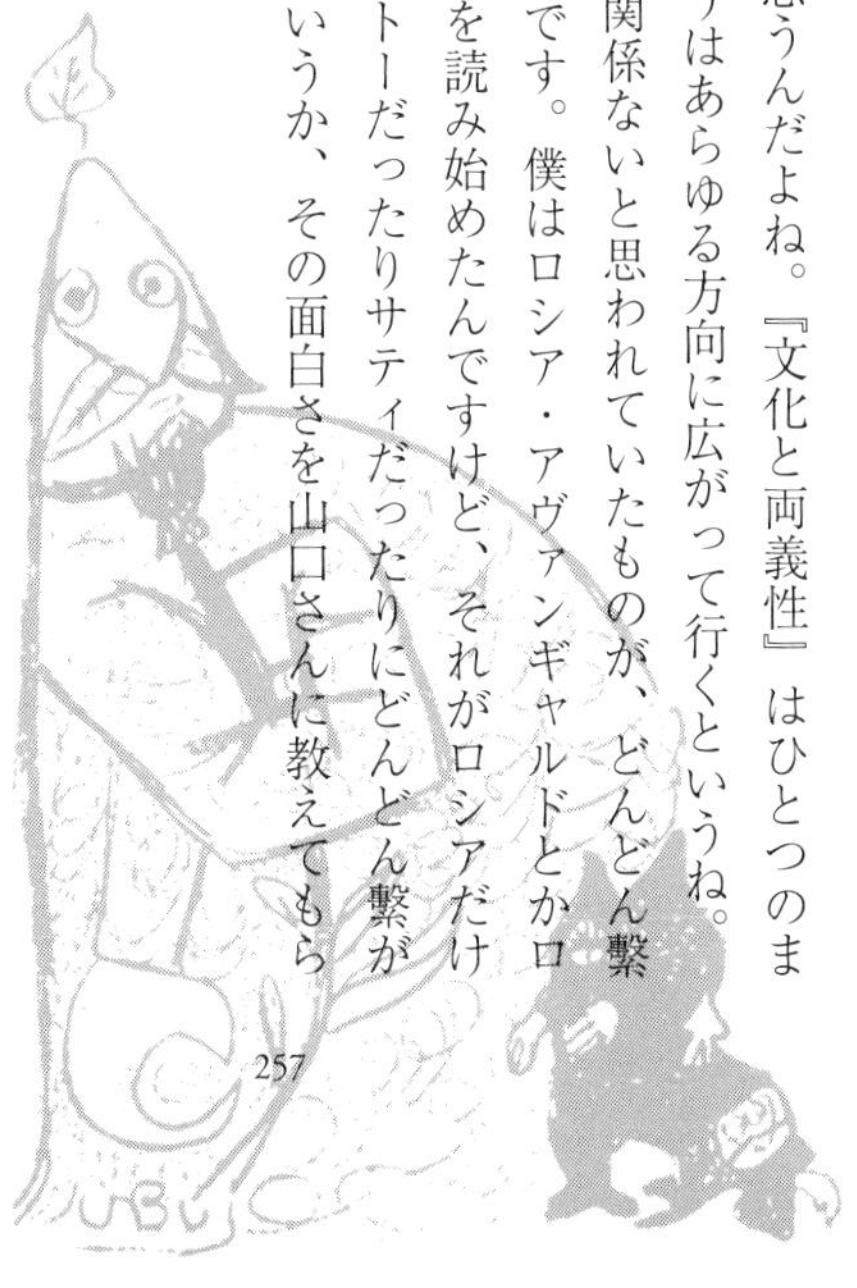

◉アルフレッド・ジャリ「ユビュ王」版画

山口　コクトーでもサティでも僕があれを書いていた頃は、もうほとんど忘れられていたからね。

――それで、インドネシアから戻られて、十二月八日の『朝日新聞』（夕刊）に「女性 この「存在論的他者」――ジンメルの「異人論」を中心に」（『仕掛けとしての文化』所収）を執筆されていますが、これは大岡昇平さんによれば、戦後初のルイーズ・ブルックス論ということになります（大岡昇平「あるアンチ・スター――ルイズ・ブルックスの「ルル」」『姦通の記号学』文藝春秋、一九八四年六月刊、所収）。山口さんはルイーズ・ブルックスのどの辺に魅力を感じていらっしゃったんですか。

山口　それは、彼女の存在を示した映画『パンドラの箱』ね。あれは……。

――監督はG・W・パプストですね。

山口　そう、そのパプストの『パンドラの箱』によって示された、夢のなかに片足を置きながら、この世の中を絢爛へと導くけれども、最後はロンドンの切り裂きジャックの犠牲になるという宿命の女《ファム・ファタル》ね、そういうふうなイメージをルイーズ・ブルックスは非常に上手く演じていたんだね。『パンドラの箱』はフランク・ヴェデキントが原作になるわけだけど、それ以前にヴェデキントがパリにいたときに見たフェリシアン・シャンソールの『ルル』がもとになっているわけね。

――山口さんはそのもうないだろうとされていたシャンソールの台本（Félicien Champsaur "Lulu Pantomime en 1 Acte" Dentu editeur, 1888）をパリで発見されたんでしょ。

山口　そうだね。シャンソールの本には、ジュール・シェレをはじめとしていろんな画家が挿絵

映画『パンドラの箱』で
ルを演じるルイーズ・ブルックス

『別冊太陽 スクリーンの悪女――愛と破滅の世界』（平凡社、一九九一年一月）に掲載された単行本未収録の文章。

悪女ルル――天使の仮の姿

悪女という表情には罠が仕かけられている。究極的な意味で言えば、最大の悪女は、男を日常生活から連れ出してしまうほど魅了し去る女性を指す。ミラノ行きの便が発つ直前に、人にこのような原稿を書かせる女性編集者は悪女に属するのかどうかは、本人に会ったことがないのだから俄かに断定は出来ない。

最高の悪女は私にとって土手のお六とか桜姫のように歌舞伎の世界では事欠かない。映画の世界では様々に考えを張りめぐらせた結果、パプストの映画『パンドラの箱』の中でルイーズ・ブルックスが演じたルルに落ちつくようである。もっとも、この映画はヴェデキントの戯曲『地霊』と『パンドラの箱』の二つの作品の合成によって出来たものである。ルルは第一次大戦後の市民社会の敵として出現する。ヴァイマール共和国の社会の中で新興ブルジョアジーであるシェーン博士の囲い者がルルである。シェーンはヴァライエティの小屋を経営していて、ルルはその小屋の踊り子である。シェーンの前には画家、黒人のプリンスと称する男が次々に現われ、絶望に捉われて自殺する。ルルは永遠の誘惑者ということになる。旧約に出て来るリリスの子孫だという説もある。しかしながらこの誘惑者は全く無垢な存在である。彼女には悪意というものは全くない。「始原的無垢」という言葉こそ彼女に最適な表現であり、ルイーズ・ブルックスのボビー・ヘアカットのちょっと眉をひそめたふうの表情は、映画史上最も魅惑的な誘惑者として、故大岡昇平を晩年に至るまで魅了しつづけた。

婚約発表の夜、ルルの男関係に激怒したシェーン博士は、ルルにピストルを突きつけて自殺を強要するが、発射された弾は逆に博士の胸板を貫く。『滝の白糸』のような話である。殺人犯として収監したルルは脱獄して、賭博者の群にまぎれ込み、ロンドンの貧民窟に身を投じていく。彼女の廻りにはシェーン博士の息子で画家であるアルワと、不良老人シゴルヒがつきまとう。シゴルヒは街の浮浪児であったルルを拾い育て、彼女を喰いものにして来たワル爺いであるが、ユーモアに富み、チャーミングであり、つい私もあんな老人になりたいと思うほどの人物である。ルル同様シゴルヒも「遊戯性」の原則の上に生きたのである。とどのつまり、ルルは霧の夜のロンドンの街路で袖を引いた客「切り裂きジャック」のナイフによって昇天の機会を与えられる。地獄の使者ジャックは、グノーシス的天使のルルを本来彼女が属していた場所に帰してやるのである。悪女とはその中間の過程に彼女に貼られたレッテルであったのである。

をつけていて、僕はフランスにいるときにずいぶん集めたんだけどね。フランス文学の連中はそういうところを追おうとしないんだよ。たとえば、カルメンにしたって、そういうところがあるからね。メリメが『カルメン』を書いたこととは根本的に繋がっていると思うんだ。ルル的なものは、コメディア・デラルテのなかの女道化で〝コロンビーナ〟という名前で表現されたものの系譜として、ヨーロッパの神話として存在していたんじゃないだろうかということで、僕は特に注目していたんだね。

―― それでのちに『新劇』第二十四巻第九号（一九七七年九月）「ヴェデキント「ルル」についての神話批判の前提となるようないくつかの覚え書き」（『道化の宇宙』に収録）を書かれるわけですね。

そのルルについて「女性 この「存在論的他者」」を発表され、そして翌年『中央公論』第九十一巻第一号（一九七六年一月）からは「思想'76」と題する連載を始めます。のちに『知の遠近法』としてまとめられるものです。その最後の二回が「天皇制の深層構造」と「天皇制の象徴的空間」で、以前の「風流夢譚事件」のこともあって、天皇問題にナーバスになっていた中央公論社は、当時の編集長だった粕谷（一希）さんを解任しています。*[1] その辺のことは覚えていらっしゃいますか。

山口 うん、問題になって粕谷が解任されたことは覚えているんだけど、それ以外のことは覚えていないね。

――そうですか。当時、山口さんは『週刊読売』第三十五巻第五十三号（一九七六年十二月十八日）の「編集長解任でまた語られた「風流夢譚」事件」という記事のなかのインタヴューで「この問題にはあまり関心がないんですよ。ぼくの論文は大衆性がないので、政治的な立場で判断されても困る。それに『風流夢譚』のときとは状況が違うでしょう。嶋中社長のアレルギーではないですか。そういう〝田舎臭い〟問題には興味がわかないんです。／あんな問題に社長がガタガタ介入してくるというのはそれだけ『中公』が人間的なんですね。そこにバルネラビリティー

＊一　当時の事情について、粕谷一希氏はのちに『中央公論と私』（文藝春秋、一九九九年一月）で次のように述べている。「問題は、『本の神話学』（塙嘉彦君担当）、『歴史・祝祭・神話』（早川幸彦君担当）以来、私も親しかった山口昌男氏の連載記事から起こった。連載は〝状況〟（〝思想'76〟の誤り――川村）と題し、自由に思想の流れを山口流に切ってもらいたいと思ったのである。しかし、連載であったから、私はゲラになってから読む習慣になっていた。ところがある月に、突然、この連載がトップから掲載中止を命ぜられ、私は編集長を解任され、「暫く家で休養しろ」と高梨氏に命ぜられた。
私は最初、何か何だかわからなかったが、少しずつわかってきたことは、山口昌男氏のゲラを読んだA君が、私になんの意見も通告もなしに、嶋中・高梨氏のところへ、「大変です」とゲラ刷りを持ちこんだらしい。山口氏の論文のテーマはあとでわかったことだが、天皇制を文化人類学の立場で論じたものであったらしい。私は読んでいないから、なんともいえないが、読んだら私でも山口氏に訂正・削除をお願いしたかもしれない。なにしろ、天皇制問題で中央公論社は深く傷ついているのだから、トップ層が神経過敏になるのはやむを得ない。

しかし問題は山口論文の内容より、直訴に及んだA君の行動であり、そのA君の言動を信じて私にはなんの事情聴取もなく解任し、休養を命じたトップの決定であった。

トップは担当者（早川幸彦君）、編集長、筆者の言い分を問かず事情聴取もなく論文のある部分を削除し、編集長を解任した――。要するに言論問題の教訓を何も学んでいなかったのであった。」〔二三六～二三七頁〕

◉田河水泡画
『のらくろ二等兵』

（いじめられやすさ）みたいなものがある……」（二八頁）と述べています。
それと、これはずっと以前から気になっていて一度お聞きしようと思っていたことなんですが、この連載のなかで、「のらくろはわれらの同時代人」を第九十一巻第三号（一九七六年三月）に掲載されています。ところが『知の遠近法』に収録されたときに、雑誌掲載分の最後の一ページが丸々カットされてしまったんですが、これは山口さんと編集をされた大塚さんとの間で何か問題があるので意図的にカットしたということなんでしょうか。もしそうだとしても最後の手塚治虫さんへの謝辞までカットされているのは変だと思うんですが。

山口（『中央公論』のカットされた箇所を読んで）いや、問題になったことはないね。

——この一ページがなくても論旨は通るんで、最後のページのコピーを取り忘れたまま進んでしまったんでしょうかね。

山口 そうかもしれないね。*一

——それから『世界』第三百六十三号（一九七六年二月）には、大江健三郎さん、谷川俊太郎さんと「現代世界と文学表現」という鼎談を掲載されています。活字の上で大江さんと話されるの

*一　失われた一頁は次頁に掲載しておいた。「のらくろはわれらの同時代人」（『知の遠近法』）の最後の行「のらくろの魅力をこの点を抜きにして語ることは出来ない」のあとに続く。なお、このことはのちに山口さんの葬儀のあと食事の席で同席した今福龍太さんにお伝えし、今福さんは『山口昌男コレクション』で山口さんの文章のアンソロジーを編んだ際にこの稿を含んだ「のらくろはわれらの同時代人」を完全版として収録した。

『知の遠近法』（カット部分）

こうした猛犬連隊の時間に対して、「敵」（負性を帯びた構造論的要素）の時間は、停止しているといえる。「敵」の役割は、主人公の行為に待ったをかけることによって、主人公の時間を屈折させ、さらに、屈折を発条《バネ》とする時間的飛躍を可能にするところにある。敵は時間的零の地点にあって、エントロピー（負性）の極限の時間・空間に位置する。要するに歌舞伎におけるカラミとして、悪役の演技が構造論的負の極性を帯びているということなのである。

のらくろサイクルを通して流れるのは、こうした、日常生活に根を持つ神話とその対極にある混沌の極性を基礎とした反神話のせめぎ合いで、その時々の火花がギャグでありそれによって引き起こされる笑いである。後者が前者と均衡状態にある時、「のらくろ」のイメージは補強され、のらくろ的宇宙は読者の深層の意識にまで達する。ウィットはそういうものであるといったのはフロイトであり、その弟子テオドール・ライクであった。この時、のらくろは、日常生活を意のままに再組織して活性化する新しい神話の創出のチャンピオンである。

このような行為を保証されている限り、のらくろはブル連隊長という大名、でか上等兵という次郎冠者を得て、さらにかっぱなど様々の精霊の化身としての敵を得て、宇宙論的活力の磁場となり、時代を越えた同時代性を獲得する。逆に単線的正統神話の物語性に呑み込まれた時に、のらくろは、神話創出能力を失う。位階が進むにつれて、のらくろは、正統の時間性（つまり「適応の条件」）に呑み込まれ、動きがとれなくなる。

こうしてのらくろが消え去る時がやって来た。退役は何らの解決ももたらさなかった。のらくろが、反神話のダイナミズムを展開すべき宇宙は、猛犬連隊とその敵の作りあげる時空の外には存在しなかったからである。戦後の普通社版ののらくろがまるで冴えなかったのも、テレビになってミコちゃんなる看護婦をつけられて子供達にそっぽをむかれたのも、日常生活に飼いならされたのらくろはもはや何らの破壊性の担い手にもなり得なかったからにほかならない（フェリックス猫の面影を失ったのらくろには、ミッキーのようなスマートな市民になるなどとても考えられなかった）。風狂の禅坊主の末裔としての面影も、ダダの同時代人としてのふてぶてしさも留めていなかったからである。

少女達が宝塚を持ちえたように、少年達も完結した宇宙を必要としていたし、しているのである。のらくろが同時代人として絶えず蘇りうるのはこの一点をおいてしかない。

（本稿の執筆に当って、手塚治虫氏の御尽力をいただきました。――筆者）

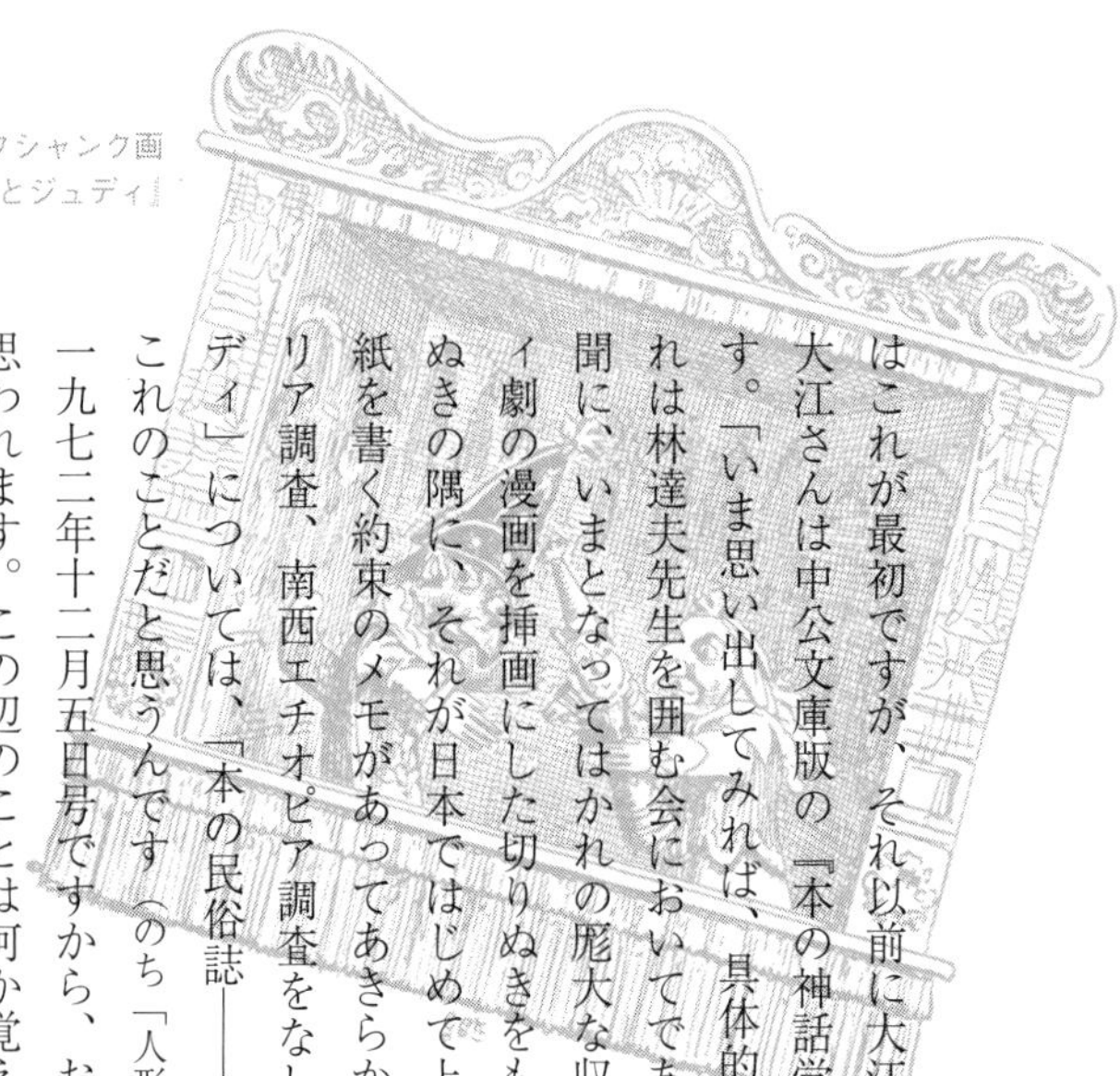

◉ジョージ・クルックシャンク画『パンチとジュディ』

はこれが最初ですが、それ以前に大江さんとは林達夫さんの会でお会いになっていたようですね。大江さんは中公文庫版の『本の神話学』の解説「〝知の世界の涯を旅する者〟」でこう述べています。「いま思い出してみれば、具体的な山口昌男の存在に接したのは、かなり以前のことだ。それは林達夫先生を囲む会においてであった。僕はそこで山口昌男から、いかにもかれ好みの小新聞に、いまとなってはかれの厖大な収集から提供されたものだとすぐにわかる、パンチとジュディ劇の漫画を挿画にした切りぬきをもらった。おなじ時に『ルル』の話もしたことは、この切りぬきの隅に、それが日本ではじめて上演された際の、僕の偶然の小知識について、後日かれに手紙を書く約束のメモがあってあきらかである。そしてこの会は、山口昌男がすでに北部ナイジェリア調査、南西エチオピア調査をなしとげたあとのことなのでもあった」(二五四頁)。「パンチとジュディ」については、「本の民俗誌――人形劇」という文章を『ほるぷ新聞』に掲載しているんで、これのことだと思うんです(のち「人形劇の宇宙的活力」と改題して『道化的世界』に収録)。この掲載が一九七二年十二月五日号ですから、おそらく、大江さんと最初にお会いになったのもその頃かと思われます。この辺のことは何か覚えていらっしゃいますか。

山口　いやあ、そんな話が出たこと自体も忘れているね(笑)。

――それとこれは以前にもお聞きしたことがあるんですが(「近代における周縁化の問題をめぐって」『はみ出し《ステップ・アウト》の文法』所収)、この鼎談のあと、大江さんと勉強会を持とうということになったんでしたよね。

山口　そうですね。谷川氏は加わらなかったわけね。彼は親父さんが哲学者（谷川徹三）だった関係からか、逆にあまり学問ぶるのが好きじゃないところがあるからね。

――これが「例の会」となるわけですね。

山口　そうだね。あのときは、岩波の大塚の前の社長だった安江（良介）氏も勉強会に加わらせてくれと言ってね。

――「例の会」は、山口さんや大江さんのほかに中村雄二郎さんや武満徹さんなどたくさんのかたが参加されていたようですが、具体的にはどんなことをなさったんですか。

山口　たとえば、武満徹だったら彼のレコードを全部持ってきて、彼自身がその解説をするとかだね。

――山口さんは何をやられたんですか。

山口　覚えていないけど、僕のことだから道化のことでも喋ったんじゃないかな。

――その「例の会」がのちに『叢書　文化の現在』や雑誌『へるめす』に繋がっていくわけですね。それから、もうひとつ「例の会」とは別に「都市の会」という会にも山口さんは参加されていましたよね。「都市の会」のメンバーだった前田愛さんが亡くなったとき『季刊へるめす』別巻第四号（一九八八年二月）で行った追悼の鼎談（多木浩二・中村雄二郎・山口昌男「脱領域の知性を讃えて――前田愛氏の仕事をどう継承するか」）で、多木浩二さんは「中村さん、山口さんと一緒に〈都市の会〉の前身にあたる会をしていて、それが終り、つづけて何かを考えようじゃないかという時に、僕が前田さんを誘った」〔一一三頁〕と発言されていて、更に「都市の会」の説明として、たぶん大塚さんが書かれたんだと思うんですが、註で「市川浩（哲学）、河合隼雄（心理学）、多木浩二（美術批評）、中村雄二郎（哲学）、前田愛（国文学）、山口昌男（文化人類学）の各氏によって一九七七～七八年頃に結成された。原則的に月一回、明治大学の中村研究室で開かれることが多かった。」〔同頁〕とあります。

山口　そうね。あの会にはそのほかに塙くんや大塚くんのような編集者も加わっていたのね。河合氏はこの会のために毎月京都から東京まで出てきて、終わるとそのまま帰って行ったんだ。前田氏とはニューヨークに一緒に行ってシンポジウム（一九八二年十月二～四日「大都市――その神話と現実」）に参加したりしたんだ。これは英語の論集を出したんじゃなかったかな（"The Proceedings of The International Symposium on Metropolis: The Locus of Contemporary Myths" NIRA and Japan Society 1984）。このとき僕は東京における中心と周縁の問題について話をしたわけね。

――その日本語訳は『祝祭都市』に収録されていますね（「文化テキストとしての東京」[*一]）。

話はだいぶ先に進んでしまったんで少し戻したいんですが、一九七六年の四月に、山口さんはプロヴィデンスのブラウン大学で行われた「東欧記号論国際シンポジウム」に参加されています。このときのことは、『知の遠近法』のなかの「アメリカに記号美学を求めて」という章にかなり詳しく書かれています。もともと山口さんがパリにいらっしゃったとき、アイリン・ウィーナーさんの書かれたヤン・ムカジョフスキー（チェコ構造美学研究者）に関する論文を目にして、それが面白かったのでウィーナーさんに手紙を書かれたと。その後、これは前に触れましたが、アイリン・ウィーナーさんとはケンブリッジで直接お会いになって、そのときに夫のトーマス・ウィーナーさんとも知り合われる。そして山口さんがインドネシアで調査をされていたとき、このシンポジウムの主催者であるトーマスさんから参加依頼の手紙が来たと「アメリカに記号美学を求めて」に書かれています。このときに山口さんが発表されたのが『文化の詩学Ⅰ』にも収録された「文化記号論研究における「異化」の概念」ですね。

山口　あのときは日本で書いている時間がなくて、結局ストーニーブルックのヤン・コットのところに泊まって書いたんだね。

――　このシンポジウムのときに、ウィリアム・ビーマンさんと知り合われたそうですね。

山口　ビーマンはシンポジウムには出席していなかったたん

◉ウィリアム・ビーマン氏と（1982 年 7 月、二人で北海道講演旅行をした際に立ち寄った喫茶店「チップドマリ」にて）

＊一　これは先の論集の日本語版、総合研究開発機構編『大都市と文化――ニューヨークと東京：その神話と現実』（学陽書房、一九八四年十月）から収録したもの。論集掲載時のタイトルは「大都市の表層と深層――文化記号論から見て」である。

だけど、会議で知り合った中国文学をやっていたデイヴィッド・ラティモアという人物に紹介されたんだね。それで話しているうちに気が合って、彼の家に泊まることになったのね。

——そのときには人類学や演劇の問題を話し合われたとか。

山口　彼自身はイランのフォークソングや演劇なんかを研究していたからね。特にそのなかでも結婚式のときに行われる〝ルホズィ〟という演劇に詳しくて、それがコメディア・デラルテの遠い起源に繋がるんじゃないかという話なんかをしていたんだ。

——ビーマンさんの家に暫くいたあと、これは以前にお聞きしましたが、ローマン・ヤコブソンさんと対談されるわけですね。それで、そのあとにニューヨークに行かれて、今度はリンカーン・センターの地下で行われていた独立小出版社の展示会をご覧になって、そこで『舞台芸術ジャーナル（Performing Arts Journal）』の編集者ゴータム・ダスグプタさんと出会われていますね。

山口　『舞台芸術ジャーナル』というのはビーマンに教えてもらった面白い雑誌でね、ちょうどそこに編集者のダスグプタがいたわけ。彼はインド人で原子物理学を学ぶためにニューヨークに来たんだけど、途中で専攻を演劇に変更したという人物でね、ボニー・マランカというイタリア系の女の子と親しくなって、それで二人でその雑誌を出していたのね。で、僕はダスグプタのところに泊めてもらって……。

——えーと、それはもっとあとの話ですよね。その話はまた別のときにお聞きすることにして、二度目にまた展示会を訪れて、ダスグプタさんと話をしていたところに、ダスグプタさんの知り合いの音楽家スタンリー・シルヴァーマンさんがやってきて紹介されますね。

山口　僕はシルヴァーマンが音楽を担当したリチャード・フォーマン（フォアマン）演出の『三文オペラ』を見たばかりのところだったからね。それで対談を申し込んだわけね。

――それが『世界』第三百七十三号（一九七六年十二月）に掲載された「二十世紀の知的冒険」の第二回目「昨日の音楽　明日の音楽」ですね。山口さんはそのあと一度日本に戻られて、六月に今度は人間科学研究センター主催のシンポジウム「東インドネシアにおける社会構造・家屋・宇宙観」に出席されるためにパリに向かわれています。この機会を利用してレヴィ＝ストロースさんと対談されて、それが「二十世紀の知的冒険」の第三回目「人間科学の新たな地平」として『世界』第三百七十四号（一九七七年一月）に載ります。この対談の最初のほうには『仮面の道』の話が出てきますが、山口さんは渡辺守章さんとこの本の翻訳を担当されていますね。若い頃は別として、山口さんはほとんど翻訳はやられていませんけれども、これを訳されたというのは？

山口　あのときは新潮社に山岸（浩）という編集者がいて、それが僕に頼んできたわけね。

――この本の翻訳の内容についてレヴィ＝ストロースさんとお話になったことはあるんですか。

山口　翻訳をやることになったという話はしたけれども、僕はアメリカ・インディアンのことを本格的に勉強したことはないから、それ以上突っ込んだ話というのはしなかったね。

――対談のあと、山口さんは三日間だけヴラチスラフ・エッフェンベルゲルさんに会うためにプラハに行かれていますね。

山口　彼はとてもすぐれた論文を書いた学者でね、チェコでは好かれていないシュールレアリスムについての論文を書いたために力レル大学を首になって、煉瓦工場かなにかで夜警として勤めていたんだね。僕はトーマス・ウィーナーからエッフェンベルゲルの電話番号を教えてもらっていたから、会いたいと思って行ったんだね。ホテルの近くで電話したら、奥さんは「彼は勤めに出ていていまはいない」と言うんで、次の日の朝もう一度電話したんだけど、そのときはもう誰も出なかった。彼は非常に優秀な人物だったんだけど、その後亡くなったんだね。

あのときは、プラハにもう一人、イジー・コラーシュという芸術家がいてね、画家の田淵安一氏が「プラハに行ったらぜひ会うといいよ」と言って住所を教えてくれたのね。それで、そのあとそこに行こうと歩いていたら労働者の歴史博物館のようなのがあって、その横を歩いていたら、地下へ降りて行く階段があって、その階段の下がバーだったのね。そこで飲んでいた労働者ふうの人たちに住所を書いた紙を見せてカタコトのドイツ語で尋ねたら、その家に行くためには、これから外に出て表の道に行って電車に乗ってと、親切に教えてくれてね。で、コラーシュの家まで辿り着いてベルを鳴らしたんだけど出て来ないいんだ。そうしたら、近くにいた若い人物が近づいてきて、「コラーシュに会いたいのか」と言うから、「そうだ」と言ったら、小石を拾ってぽーんと窓に向かって投げてね。すると、コラーシュは「誰だ！」と窓を開けたんだね。その人物は「この人は日本から君に会いたくてやって来たんだ」と言ってね。あとで判ったのは、彼はコラーシュの友人でカレル大学で教えている物理学の先生だったんだ。コラーシュはドイツ語だけしか喋らないからというんで、この先生が通訳をしてくれてね。コラーシュはいろいろな作品を見せてくれたんだけど、とくに彼らしいのは、古いエッチングを水に浸してぐしゃぐしゃにしたものを乾かして、それをもう一度紙に貼り直したものなんだね。こうすると大きな建物が崩れたような感じになってね。そういうのを何枚も見せてくれて、「このなかから一枚好きなのをやるから、持っていけ」と言うんで、そのなかの一枚を「これだ」とね。それで別れたんだね。

――そのあと、パリに戻られて、歴史学者のミッシェル・ド・セルトーさんと対談されています。ド・セルトーさんとはチェコに行かれる前に、パリ第七大学で人類学科の論文の公開審査を傍聴に行かれて、そこで試験官を務めていたド・セルトーさんとお会いになられて、対談の約束をされています。

山口　そうだったかね。ド・セルトーは十七世紀のヨーロッパでの魔女狩りに関する研究をしていたね。彼はそれまでの歴史学に入って来ないようなもの、排除されて来たものを取り上げていてね、それがこちらの考え方と非常に近いところがあったんで、対談ではそうした方向をやることがこれからの歴史学の面白い方法じゃないかということを話したんじゃなかったかと思うんだけどね。

――それが「二十世紀の知的冒険」の第四回目「歴史学の新しいパラダイム」ですね。そのあと、パリに公演に来ていた演出家のリチャード・フォーマンさんを田之倉さんと訪ねて対談を行っています。これが第六回「演劇の知的な力」です。

山口　フォーマンはニューヨークで見た『三文オペラ』の演出が面白かったからね。舞台が数分ごとに、どんどん変わっていくというとても魅力的な演出だった。それで対談してみたいと思ったんだな。

――そのあと日本に戻られるんですが、日本ではちょうど来日されていたヤン・コットさんと対談されるというふうで、この頃は連続して次々と対談されていますね。これが第五回目の「演劇と神話の多義空間」となるわけですね。

山口　ヤン・コットと対談したのはそのときか。あの頃は僕も元気だったからね。

――『世界』や『海』で海外の学者やアーティストと精力的に対談される一方で、『現代思想』では第四巻第七号（一九七六年七月）から一年間毎月、中村雄二郎さん、高階秀爾さんと「書物の世界」という書評鼎談を行っています。

山口　その頃、面白いと思った本の書評を翻訳、非翻訳を含めて取り上げていたわけね。だけど、いつの時代もそうだけど、僕が読んで面白いと思って取り上げても、結局ほかに反応する人間がいないいんだよね。

――それが何年かすると脚光を浴びたりする（笑）。

十一月の『朝日ジャーナル』第十八巻第四十七号からは隔週で「道化の宇宙」の連載が始まりますが、それについては如何でしょう。

山口　「道化の宇宙」ねぇ。もう覚えていないないな。

――そうですか。それは残念ですね。この連載はいつも楽しく読ませていただいていて、本屋で雑誌を買ったあと、家に帰るまで待ちきれず歩きながら読んで、危うく電柱にぶつかりそうになった記憶があるのですが……。

同じく十一月、金沢大学国文科の大学院で集中講義「中世紀行文学の宇宙像」を行っています。

山口　金沢ね。あのとき覚えているのは、講義が終わったあとに学生を連れて金沢の町を歩き回ったことね。金沢という町は、昔はお城を中心として浅野川と犀川の二つが流れていて、構造的に上手く二分されているのね。犀川のほうは高級武士を中心とした地域で、浅野川は下級武士が多く住んでいたと。遊郭なんかにしてもこちら側にあったわけね。お寺も犀川近辺のものは公的な感じなんだけど、浅野川のほうは、何かこう巫女ふうというか、ちょっと不思議な雰囲気のお寺が多いのね。

――金沢はその後も都市の会のメンバーと一緒にも行かれていますね。

山口　そうね。それは最初に行ったときに面白かったんで、僕が雄二郎氏や前田愛を誘って行ったんだ。

――一九七七年四月には、講談社の「世界の歴史」シリーズの第六巻として、『黒い大陸の栄光と悲惨』を上梓されています。これは日本で最初の翻訳ではないアフリカ通史となったわけですが、この本を執筆していた頃のことは覚えていらっしゃいますか。

山口　青山にある講談社の関係の建物で、井上くんと一緒に集中して書いたんだね。

——それはカンヅメ状態で書かれたということですか。

山口　そうね。

——井上さんというのは、井上兼行さんのことですよね。

山口　そう。彼は青木保の弟分なんだよ。兼行の親父さんというのは、明治から続いた古本屋の親父さんだったんだけどね。

——そうすると、青木さんの紹介だったんですか。

山口　そうだったんじゃないかな。

——『石田英一郎〈河童論〉』でも執筆に協力されていますね。

山口　それと、彼は岩波から出たバーバラ・バブコック編の『さかさまの世界』の翻訳（岩崎宗治氏との共訳、一九八四年八月）もやっているでしょう。

——あの本には山口さんも解説（「象徴人類学への道」）を書かれていますね。

そのあと「文化の現在——その活性化を求めて」と題した特集の『世界』第三百八十号（一九七七年七月）が出ますが、これは「例の会」の全面協力という形で編集されています。山口さんは「文化における中心と周縁」を発表され、そのほかには大江健三郎さん、高橋康也さん、大岡信さん、東野芳明さん、渡辺守章さん、原広司さん、武満徹さん、一柳慧さん、吉田喜重さん、鈴木忠志さん、井上ひさしさんといったかたがたが執筆されています。その上、皆さんで「文化の活性化を求めて」という座談会も行っています。ここには〝活性化〟という言葉が使われてい

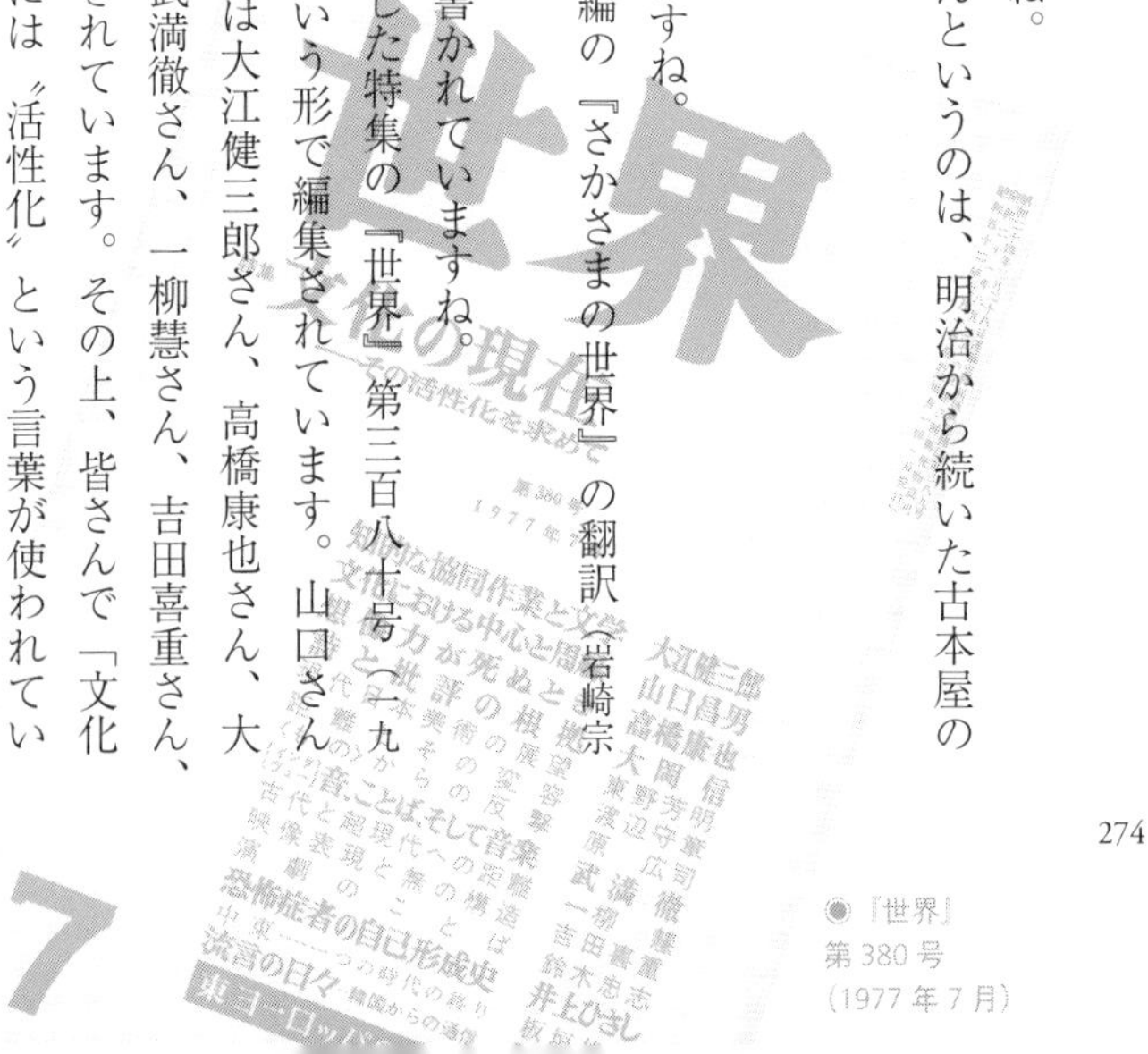

◉『世界』第380号（1977年7月）

ますが、それまでの科学的な文脈ではなく〝ものごとを活性化する〟といった意味合いで使ったのは、山口さんだったんですよね。

山口　そうだね。僕自身はそれ以前から使い出していたと思うんだけど、『世界』のこの特集号を岩波が電車の車内吊り広告として出して、その辺から一般的にも使われるようになったんじゃないかな。

――次いで八月には、早稲田銅鑼魔館の森尻純夫さんたちと岩手県の早池峰神楽をご覧になっていますね。

山口　その頃、森尻くんは芝居の面で僕から学ぼうと思って、僕を誘って一緒に行ったんだね。早池峰神楽は、次の年にも見に行っている。

――同じ八月には、ビーマンさんからの誘いでイランのシラーズで行われた国際芸術祭「即興演劇の伝統シンポジウム」に参加して、「滑稽劇の伝統――比較の視点」を発表されています。

山口　あのときは、とくにコメディア・デラルテの原型となるような即興演劇をやる役者がいてね。それが凄くいい役者で、こちらがそういう演劇に関心があるということを知って即興的な演技をやってくれたんだよ。二人のかけ合いでね。ビーマンがコメディア・デラルテに近いような部分をやってくれと頼んでくれて、言葉は判らなかったけど身体演技を主体としているからね。それでやったのを見たら、実際そうだったのね。

第十章　エル・コレヒオ・デ・メヒコで客員教授——1977-1978

——イランから戻られて、今度は九月からエル・コレヒオ・デ・メヒコ（メキシコ大学院大学）に客員教授として赴任されます。これは上智大学国際学部の川田侃《ただし》さんから電話があって、行きませんかと誘われたそうですね。川田さんとは、以前から親しかったんですか。

山口　いや、そうでもなかったんだ。むしろ、彼は大江氏と親しかったからね。大江氏が僕を紹介したんじゃなかったかと思うんだ。

——なるほど。そういえば大江さんも以前（一九七六年）コレヒオ・デ・メヒコで客員教授をなさっていたことがありましたね。

メキシコでのことは、「南進北馬日記——メキシコを軸として」と題された『日記』がありますので、これをもとにお聞きします。『日記』によりますと、九月十三日にメキシコ空港に夜九時過ぎに着いて、そこにオスカル・モンテスさんが迎えに来ていますね。

山口　オスカル・モンテスというのは、アルゼンチンから来ていた人間でね。日本文学について研究していたんだ。大江氏の本のスペイン語訳もやっている。非常に気のきいた人間だったね。

――このオスカル・モンテスさんをはじめとして、メキシコでもいろいろなかたにお会いになっていますね。まず、着いてしばらくしてから画家のヴラディ・セルジュさんにお会いになっています。このかたはトロツキーと一緒にメキシコに亡命してきた革命家のヴィクトル・セルジュの息子だそうですね。『日記』には「岡本太郎のように元気のいいお爺さん」と書かれています。

山口　彼はたまたま散歩していたときに入った画廊の主人に紹介されたんだ。

――画廊でヴラディ・セルジュさんのサイン会があって、そこに山口さんが行かれたんですよね。

山口　そうね。トロツキーの暗殺を描いた映画があったでしょ（ジョセフ・ロージー監督『暗殺者のメロディ』）。

――アラン・ドロンが暗殺者（ラモン・メルカデル）の役をやった映画ですね。

山口　そうだったかもしれないね。ヴィクトル・セルジュという人物はあそこに出てきたでしょう。メキシコというのは、そういう面白い人間が集まってくるところなんだね。

――ヴラディ・セルジュさんのことは、何か覚えていらっしゃいますか。

山口　画廊で会ったあとも、彼が教会かどこかで壁画を描いているところへ行ってだいぶ喋ったのを覚えている。

――九月三十日には、フリーダ・カーロの展覧会に行かれていますね。

山口　フリーダ・カーロの住んでいたところが美術館になっていてね。そこはトロツキーの家にも近いんだよ。トロツキーが通《かよ》ってきたというね。

――二人は一時、愛人関係にあったと言われていますからね。

山口　フリーダ・カーロは、映画（ジュリー・テイモア監督『フリーダ』）にもなったけれども、あれはとてもいい映画だったね。

――そうですね。フリーダ・カーロの絵が映像と上手く重ねて使われていましたね。展覧会で最初にフリーダ・カーロの絵をご覧になったときは、山口さんはどう感じましたか。

山口　特に〝西瓜〟を描いた絵が印象に残っている。西瓜そのものの、こう赤いぐっさりとしたああいう感じというのは、フリーダ・カーロそのものがよく表れているという気がしたんだね。僕はフリーダ・カーロの家にも行ったけれども、トロツキーの家にも訪ねて行ったことがあるんだ。まだ当時は博物館にはなっていなかったんだけど、掃除のばあちゃんみたいな人がなかに入れてくれてね。トロツキーの書斎がそのままになっていたんで、僕はトロツキーの読んでいた本をノートに書き留めたりしたこともあったんだ。

――フリーダ・カーロやトロツキーが住んでいたのはコヨアカンでしたが、山口さんはメキシコではどちらに住んでいたんですか。

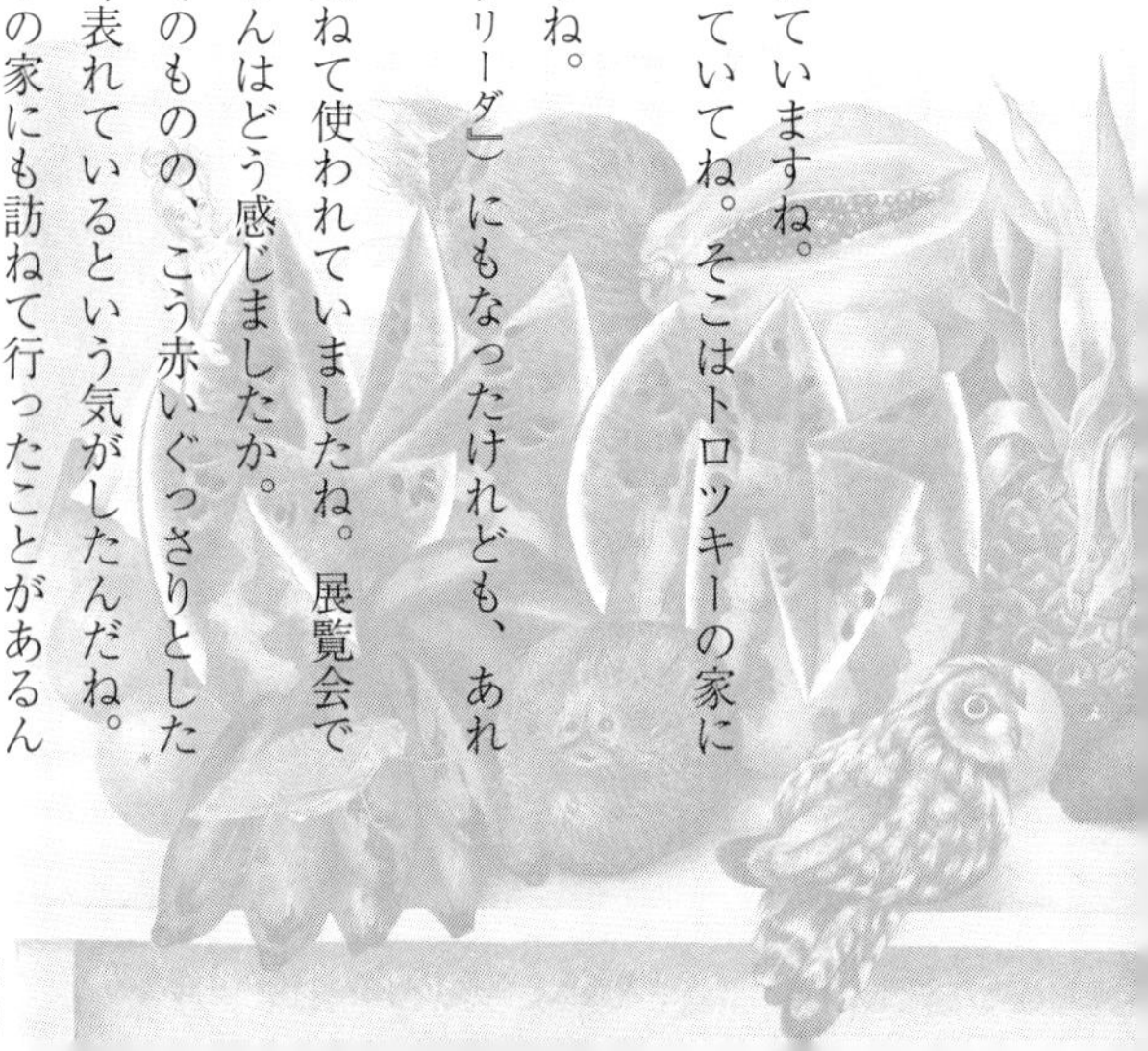

◉フリーダ・カーロ画
「露わになった人生を見て怯えた花嫁」

山口　サン・アンヘルというところ。そこは芸術家が住んでいたり、画廊などが多くてね。

――サン・アンヘルはメキシコ市からどれくらい離れているんですか。

山口　車で三十分くらいかな。コレヒオ・デ・メヒコにも三十分。要するに、市の中心から大学まで一時間くらいかかるんだけど、僕はその中間に住んでいたわけね。

――メキシコでも車を運転されていたようですね。

山口　うん。フォルクスワーゲンをね。

――それで、講義のほうは十月四日から始まっていますが、『日記』のなかの授業の部分を拾っていきますと、こんなふうに書かれています。

十月四日㈫　朝九時から講義。平安朝の末期まで喋る。

十月十二日㈬　朝九時から講義。平家物語をはじめとするあたり。院政政治のバロック性。

十月十八日㈫　講義は平家、義経記、義経―頼朝関係の神話論的構造について。仲々うまくまとまる。

十月二十五日㈫　朝九時から講義。本日は鬼と中世のテーマ。

十一月八日㈫　講義は中心と周縁。

十一月十四日㈪　十一時から神話とイデオロギーと称してリオ神話について語る。

十一月十五日㈫　朝講義、熱を入れて非理性の問題について喋る。

……と、相変わらず多岐にわたる山口さんの関心事をその都度取り上げていますね。

——授業では学生は何人くらいだったんですか。

山口　四十人くらいかな。

——講義は何語で？

山口　主に英語だけど、フランス語も使ったし、場合によってはスペイン語、日本語で書かれた論文を使ったこともあったね。

——大学の同僚には、ピーター・ワースレイさんがいらっしゃったそうですね。

山口　彼はのびのびしている人物だったね。大学はメキシコ人が中心で、客員教授を呼んでおきながらいろんなことで排除しているということを怒っていたね。それで新年の集まりがあったんだけど、彼は出て行かないと言ったわけね。それじゃあ、俺たちも出て行かないことにしようというので、客員教授が全員行かなかったということがあるけどね。

——ピーター・ワースレイさんというのは、カーゴ・カルトを研究されているかたですよね。日本でも『千年王国と未開社会——メラネシアのカーゴ・カルト運動』（吉田正紀訳、紀伊國屋書店、一九八一年二月）という翻訳が一冊出ていますね。

山口　青木保の関係していた紀伊國屋書店の文化人類学の叢書ね。

——同僚としては『パゾリーニとの対話』（波多野哲朗訳、晶文社、一九七二年四月）を出版されたジョン・ハリディさんのお名前も「日記」にはときどき出てきます。

山口　彼は非常にシャープな人間で、イタリアに教えに行っていたこともあるんだ。奥さん（ユン・チアン）が中国人で、ハリディと一緒に毛沢東の伝記（『マオ――誰も知らなかった毛沢東（上・下巻）』土屋京子訳、講談社、二〇〇五年十一月）を書いたりしているんだね。彼とは、その後ロンドンに行ったときに家に泊めてもらったこともあるね。

――『日記』の十一月八日のところに「ハリディとテニスを計画」と書かれています。テニスはメキシコで始められたんですか？

山口　そんなに上手ではなかったけどやっていたね。

――メキシコで始めて、日本に戻られてから盛んにやるようになったと。

山口　木村（修二）氏と出会ったりしたからね。

――木村さんというのは、『東京タイムス』の記者だったかたで、「テニス山口組」の実行委員長的な役をなさっていたかたですね。

山口　そう、テニスは彼から本格的に教わったんだ。

――十月三十一日から、画家の竹田鎮三郎さん、それからやはり画家でフレスコ画を描いている絹谷幸二さんらと共にエイゼンシュテインの映画『メキシコ万歳』にも出てくるオアハカの〝死者の祭り〟を見に行かれていますね。

山口　〝死者の祭り〟というのは、亡くなった人の親族が集まってお墓を掃除したりして死者の霊を弔う、まあ日本で言えばお盆のようなものなんだね。ご馳走をつくってお互いに呼び合って食べたりするわけ。で、僕たちの泊まっていたホテルの人が深夜に儀式をやると教えてくれたんで、それを見に行ったんだね。町の人たちがトランペットなんかの楽器を持ち寄って集まって、ある一軒の家に行く。そうするとそこの家の主人は、入ってきた人たちに囲まれて家のなかにつくってある祭壇の前に横たわって死んだふりをさせられるんだね。この主人を女装した男――これが土地の母、精霊を表している――が襲う仕草をする。周りでは楽器を奏でて踊りながらそれを囃したてているうちに死者が蘇る。それからまた家のなかや庭で踊り狂うんだね。家の人はその人たちに飲み物を提供したりしてね。それが終わると、また他の家に移動する、そこでまた同じように騒ぐわけ。僕たちも、二、三軒そのあとをついて歩いてね。

――〝死者の祭り〟というと、骸骨の仮面とか、人形なんかはよく知られていますけど、そういう儀式も行われるんですね。

竹田さんのお名前も『日記』にはときどき出てきますが、どこで知り合われたんですか。

山口　彼もサン・アンヘルの、比較的僕の近くに住んでいたからね。彼に頼まれて、僕は日本からきた絵画研究グループのツアーで講演したこともあるよ。

――それが『笑いと逸脱』に載っている「笑いについて」という講演ですね。『日記』によると一九七八年八月二十五日のところに「九時から一時間、笑いについて話す。笑いと多義性、ディファレンスなどについて」とあります。

山口　そうだったかね。

――大学の授業のほうは問題なく進んで行ったようですが、大学に慣れてきた頃に、山口さんはオクタヴィオ・パスさんと対談されますね。『日記』の十二月六日に「午後一時。塙（嘉彦）、早川（幸彦）、安原（顕）よりの電話。パスをやるので対談の依頼」とあります。対談が掲載されたのは『海』第十巻第三号（一九七八年三月）でしたから、担当は塙さんですよね。そうするとこれは、塙さんがパスとの対談を依頼してきて、そのあと同じ中央公論社の早川さん、安原さんがついでに電話口に出て喋ったということでしょうかね。

山口　もう覚えていないけど、そうだろうね。

――『日記』からパスさんとの対談に関係するところを拾ってみます。

十二月十日㈯　朝、パス夫人と話す。オクタヴィオ・パスと話して来週水曜日に電話することにする。

十二月十六日㈮　オクタヴィオ・パスと電話。四時三十分、タクシーでオクタヴィオ・パス宅。色々と話す。

十二月十七日㈯　パスを読む。

十二月十九日㈪　午後四時に出て、五時にパス宅。構造と現象学について話す。ヤコブソン批判も出る。セレモニーとフィエスタについて語る。

十二月二十日㈫　コレヒオに行って詩集をコピー。

十二月二十一日㈬　午後三時十五分まで最後の総仕上げをして、オスカルが迎えに来たところで、運転してパス宅に行く。メキシコのインテリの問題、コレヒオの問題など話したうえで、対談を始める。五時四十五分まで続ける。仲々話がはずんだ。

山口　『日記』にもあるけど、パスとは二回くらい打ち合わせで会って、三度目に対談したんだね。パスの住んでいたマンションの屋根裏部屋みたいなところでね。

――対談は『海』にも掲載されましたけれども、メキシコの新聞『ウノ・マス・ウノ（Uno Más Uno）』（一九七八年五月十三日）にも掲載されたそうですね。

山口　あれは、パスのところに一緒に行ったオスカル・モンテスがスペイン語に訳してくれたんだ。『ウノ・マス・ウノ』には、そのあとにもう一度「オクタビオ・パスと歴史の詩学」（日本語訳は『文化の詩学Ⅰ』所収）という文章を載せたんだね。オクタヴィオ・パスとはそれからあともときどき会っては食事をしては、そのあとに画廊を歩き回って過ごしたんだね。

◉オクタヴィオ・パス氏の肖像

――それが先ほど、仰った山口さんの住んでいらした辺りの画廊ということですか。

山口　いや、そこはサン・アンヘルとは違うんだ。パスの住んでいたデフォルマという大通りの辺りだったね。

――どんな絵をご覧になったんですか。

山口　バリ島の……。

―― コバルビアス？

山口　そう、コバルビアスの絵が置いてある画廊へ行って、「これが僕は非常に好きなんだ」と言ったら、パスは「そうだと思った」とね。「この人は文化人類学者だけれども絵のほうもかなり強い人だ」と画廊の人に紹介してくれたりしてね。

―― コバルビアスは『バリ島』（邦訳は関本紀美子訳、平凡社、一九九一年八月）という本を書いていましたね。山口さんはそれ以前にその本もご覧になっていたわけですね。

山口　うん。あの本は戦前にも出ていたんだ（ミーゲル・カヴァラビアス著、新明希予・首藤政雄訳『バリ島』産業経済社、一九四三年十一月）。でもその画廊にあったのは、メキシコを描いた絵だったけどね。

山口　バリ島を描いたのとはまた違った感じの絵なんですか。

山口　簡単な線で描いたものでね。それでオクタヴィオ・パスとは「サントリー」というレストランで食事をして、それが最後だったね。

―― サントリーというのは、あのお酒のサントリーですか？

山口　そう。メキシコにそのサントリーの経営しているレストランがあったんだ。

―― 山口さんがメキシコから戻られる前くらいですかね。でもパスさんとはまたその後も何か会われるんじゃないですか。

山口　そうだね。

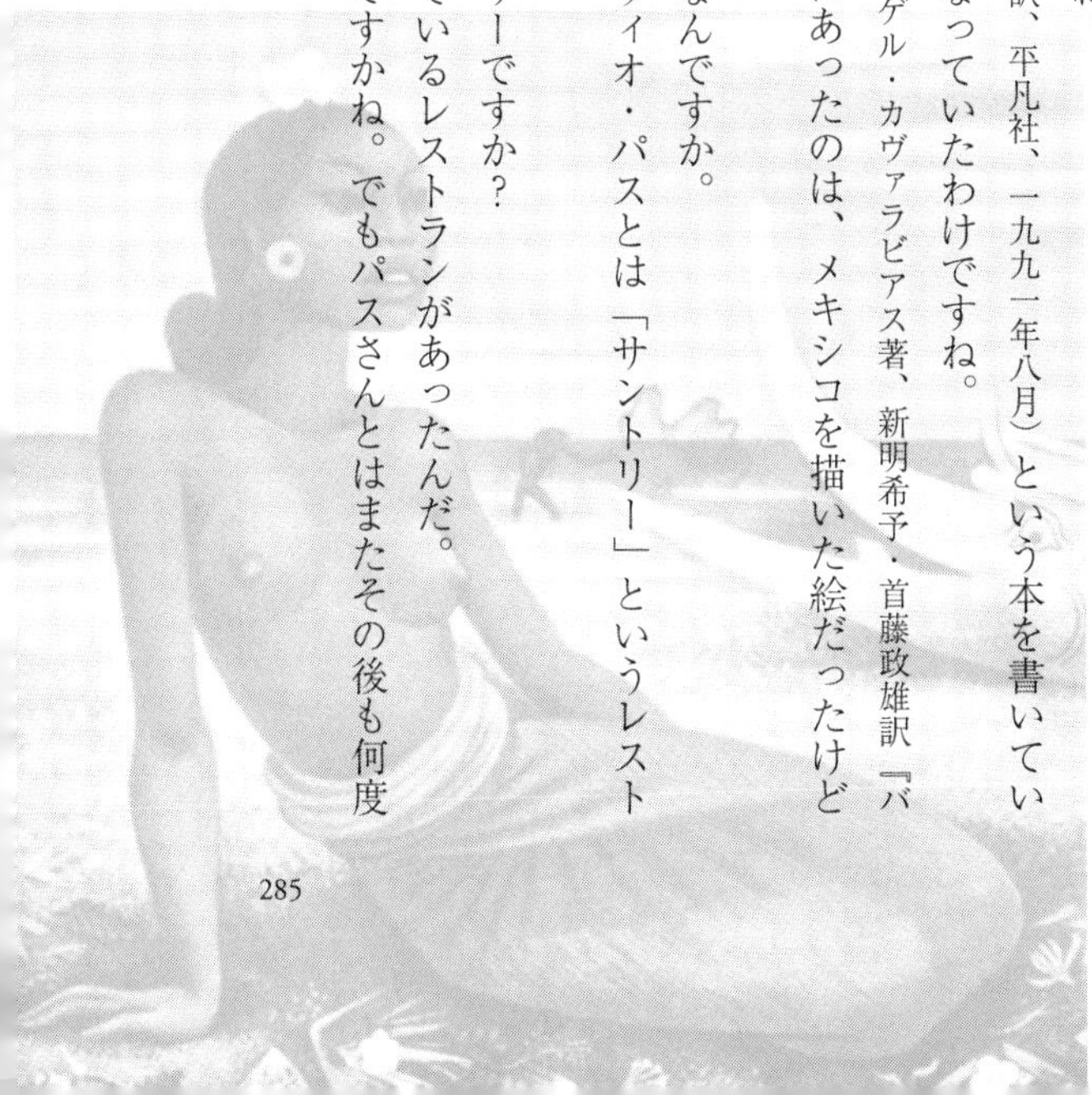

●ミゲル・コバルビアス画「サヌールの浜辺」

――メキシコでは落合一泰さんとも会われていますね。落合さんは、コレヒオ・デ・メヒコで教えていらっしゃったわけではないんですよね。

山口　彼は人類学の調査でメキシコに来ていたんだ。

――落合さんとは、一九七八年二月にチアパス高原にカーニヴァルを見に行かれていますね。このときのことは『文化の詩学Ⅰ』の序章「チアパス高原のカーニヴァル」に詳しく書かれています。

◉チアパス高原での落合氏と山口さん（鉛筆画）

山口　あと、彼と共同執筆という形でスペイン語の論文（"Mundo al Revés: Cultura Carnavalesca de los Altos de Chiapas, México"（「さかさまの世界――チアパス高原におけるカーニヴァル文化」）『アジア・アフリカ言語文化研究』第四十六・四十七合併号、一九九四年三月）を書いている。

――三月十四日にはアルド・チッコリーニさんのリサイタルに行かれています。

山口　ちょうどトイレに行ったらチッコリーニがいたんで少し喋って、それからまた幕間のときに会って、そのときに対談を申し込んだんだね。そうしたら、明日ホテルに来てくれとね。彼は

◉**チアパス高原のカーニヴァルの風景**
スケッチブックより（筆記用具はサインペン）。

あの頃、サティを弾いていた数少ない人間だったからね。

—— チッコリーニさんはサティのピアノ全集のレコードを出していましたね。あれは僕も持っています。

それで三月二十一日から、今度は映画監督の吉田喜重さんとコーラ族の祭りを見に行かれています。そのとき、吉田さんは何故メキシコにいらしたんですか。

山口 彼は支倉常長の映画を撮ろうとしていたんだ。支倉常長が江戸時代にローマ教皇に会うためにメキシコ経由でローマへ行ったでしょ。そのとき百人以上いた乗組員がメキシコを辿っているうちに最後は十人くらいになっちゃうと。ほかの人間はメキシコに吸収されてしまうという話を映画にしようとしていたんだけど、それは結局上手く行かなかったんだ。

—— そうすると、その映画のためにメキシコにいらした吉田さんを山口さんがコーラ族の祭りに誘ったということですか。

山口 そうだね。

—— 『日記』の三月二十日のところには、こうあります。「コレヒオに行くと吉田氏から電話あり。十七日夜に来ていたとの事。早速会って、テペック行きの計画を話す。行く事に決定。（中略）吉田氏と会って空港へ。九時の便でグァダラハラへ行く。バスターミナルに行くも席なし。

◉アルド・チッコリーニ氏の肖像

タクシーをやとって行く。テペックに着いたのは現地時間で午前一時三十分。何とか運転手の助けで一部屋探して一夜を過す。運転手も車の中に泊る」。

山口　そこからまたタクシーで空港へ行って、セスナ機をチャーターして、コーラ族のところへ行ったんだね。

――『日記』の二十一日には、こう書かれています。「朝タクシーをそのまま駆って空港へ。ドイツ系フランスの人類学者とそのボーイフレンドとジーザス・マナ帰省の子供と一緒。しかし四時三十分頃まで居眠りしたりして待つ。夜着いて、（欠字）の家に泊る。この夜は、白仮面の踊り、捲き込まれる。白馬の呈示。写真は３０００ペソと話にならず」。

山口　写真を撮ろうとすると、凄い額を要求したんだね。

――吉田さんはカメラを回すとかはしなかったんですか。

山口　いや、しなかったね。それで白い仮面の踊りがあったわけだけど、僕はそれに捲き込まれて一緒に踊らされたんだ。これは第一日目だったんだけど、二日目になって、また同じように行列に捲き込まれたんだけど、そのあとに、吉田氏は家のなかにいて、僕は「ちょっと出てくるから」と言って、トイレに行ったのね。そうして水をポンプでくみ上げているところに行って、「喉が渇いたから、ちょっと水を飲ませてちょうだい」と言ったんだけど、またそこで捕まっちゃったんだ。で、今度は祭りに奉仕する側に回されて、トウモロコシを粉に挽く労働を手伝わされたんだね。

◉吉田喜重氏の肖像

コーラ族の祭りで面白かったのは二日目。月の光の下で若者が丸く輪になってね。木刀を手にした若者たちが次々と前に出てきては、その刀でマスターベーション的な振りをしてみせるんだ。そのときに若者の代表みたいなのが、石の入った亀の甲羅を腰に結びつけて、踊りながらそれをカラカラと音をさせて拍子をつける。これは成人式と考えていいと思うんだけどね。

――その辺のお話は、お祭りから戻られてからひと月くらいして、メキシコで吉田さんと対談された「開かれた冥界」（『挑発としての芸術』所収）に未だ興奮醒めやらぬという感じで語られていますね。

コーラ族の祭りから戻られて、三月二十八日から三日間だけ今度は、リマのカトリック大学に教えに行かれています。『日記』によりますと、一日目（二十九日）は「九時三十分から講義、結構湧く」とあって、二日目は「チャップリン、キートンを使いながらズレについて話す」、三日目は「朝最後の講義をリオについて語り、円環を閉じる」とあります。このときのことは覚えていらっしゃいますか。

山口　いや、もう忘れちゃった。

――そうですか。それでそのあとに、マイアミ経由でニューヨークに行かれて、四月七日には

Social Science Research Council（社会科学評議会）に出席されています。ここでは「アフリカの美と音について語り合う」と『日記』にあります。

山口　それも覚えていないな。

――更に、そのあとにペンシルベニア大学のほうに行かれ、十日には大学の講演会で「お得意のリオのコスモロジーの一席」と『日記』にあって、十一日にはウィリアム・ホールでの比較文化研究会で"Stranger as metaphor of metaphor: the case of Harlequin"（隠喩の隠喩としての異人――ハーレクィンの場合）を話されています。これももう忘れていますか。

山口　うん（笑）。いつも頼まれてそんな話をしていたからね。

――それでまたメキシコに戻られるんですが、『日記』の四月二十二日のところに「二人の無頼漢に車をぶつけられた挙句襲われる。鍵投げなどする」とあります。

山口　それは覚えている。あのときは吉田喜重氏も乗っていたかな。二人組の男が車をぶつけてきて、こちらが車を止めると、いきなり運転席のところへ来て、キーを抜き取ったんだね。

――それは、山口さんたちから何か盗もうということだったんですか。

山口　そう。それで、そのキーを藪のなかに投げ捨てたんだ。

――「鍵投げ」というのはそういう意味だったんですね。

山口　だけど、僕は予備のキーをポケットに持っていたからさ。それを差し込んでまた車を出したんだね。

――それで、上手く逃げられた？

山口 うん。

――結構、危ない目にも遭われているんですね。『日記』によりますと、五月二日にはシカゴ経由でデトロイトに行かれ、ミシガン大学で開催された「芸術記号論国際シンポジウム」に出席されています。ここでまた、ウィーナーさんたちと会われていますが、シンポジウムの合間を縫って、四日にアレクサンドル・ピアチゴルスキーさん、そして五日にディミトリー・シーガルさんと対談されています。このときのことは覚えていらっしゃいますか。

山口 ピアチゴルスキーね。彼は仏教記号学をやっていた人間だね。

――そうです。ピアチゴルスキーさんとの対談は、『現代思想』第八巻第十四号（一九八〇年十一月臨時増刊）に「仏教記号学に向けて」と題して掲載されていますね。シーガルさんについては如何ですか。

山口 彼とは、ロシアの詩人、マンデリシュタームについて話したんじゃなかったかな。

――シーガルさんのほうは「記号論の冒険」として『世界』第三百九十七号（一九七八年十二月）に掲載され、のちに『二十世紀の知的冒険』に収録されます。このシンポジウムが終わったあと、オースティンに行かれてマイケル・ホルクイストさんの事務所を訪ねていますね。

山口 彼はバフチンの研究をやっていたから興味を持ったんだ。あのときは彼に電話して訪ねたんだね。

――そのホルクイストさんの事務所で、バーバラ・バブコックさんとロジャー・エイブラハムズさんにも偶然会われています。

山口　そうか。バブコックとはホルクイストのところで会ったのか。

――『日記』によりますと、お二人と「外に出て一時間程話す。同じ種類の人間は出会うものだという話をする」とありますね。

山口　バブコックは僕のやっているようなことを並行してやっていたからね。

――エイブラハムズさんというのは？

山口　彼は混血のフォークロリストでね、カリブ海の祝祭世界なんかを調査していた人物だね。

――ホルクイストさんからは、『バフチン論集』への寄稿を依頼されています。

山口　うん、でもあの論集は結局出なかったんだ。

――その後、メキシコのほうに戻られますが、コレヒオ・デ・メヒコにはツベタン・トドロフさんが来られて、その講義を山口さんも何度か聞きに行かれてますね。

山口　それで、講義のあとに彼とはコーヒー・ハウスで一時

◉ツベタン・トドロフ氏の肖像

間くらい喋ったんだね。

――トドロフさんとも対談を予定されていたようですね。

山口　そうね。だけど彼のスケジュールが合わなくて、結局これは中止になったんだ。

◉メキシコ滞在中の山口さん

――その頃、英文で『ローラ・モンテス（邦題は『歴史は女で作られる』）』についての論文（"For an Archaeology of 'Lola Montes'"）を執筆されています。邦訳は『カイエ』第二巻第四号（一九七九年四月）に松田徹さんの訳で「『ローラ・モンテス』のアルケオロジー」（『スクリーンの中の文化英雄たち』所収）として掲載されています。あれはどういうことで書かれることになったんですか。

山口　あの文章が載った本（"Ophuls" BFI Publishing, 1978）を編集したポール・ウィルマンとは、彼がメキシコに来たときに会って、『ルル』と『ローラ・モンテス』の関係なんかについて喋ったら、面白いからそれを書いてくれないかということで依頼されたんだ。

――六月四日からは、今度はコスタリカ共和国に行かれて、コスタリカ大学で講義されています。

山口　コスタリカという国は、軍隊を持っていない平和な国ということになっているんだね。このときは名前は忘れちゃったんだけど、コスタリカ大学にいる中国人の先生とアメリカで会ったのかな。それで、話をしてくれということで、日本とコスタリカの結びつきの可能性について話をしたんだね。憲法九条によって日本は戦争から遠ざかって行く、そういうことがコスタリカを非常に身近なものに感じさせているという話をしたんだね。

——コスタリカではテレビのインタヴューも受けています。

山口　インタヴューされたんだけど、その番組を見たという記憶はないね。

——『日記』の六月七日のところに「夜やっと十一時三十分にテレビインタヴュー、終りのニコリで勝負したかの感があり」と書かれていますね（笑）。

コスタリカ大学での三日間の講義が終わってから、カラカス、バルバドス、マルティニークなどを巡って、メキシコには六月二十日に戻っています。その旅のなかでカルペンティエール（カルペンティエル）の『失われた足跡』（牛島信明訳、『集英社版 世界の文学』第二十八巻、一九七八年四月）を読まれていて十一日のところには「『失われた足跡』を読んで興奮」と出てきます。

◉コスタリカでのテレビ出演、「終りのニコリ」の場面

◉カラカスからマルティニークまでの間の風景

『南進北馬日記』と題されたメキシコ時代の日記には、旅のなかでのドローイングが描かれている（筆記用具は万年筆）。

Point-à-Pitre の
中央市場 ホテルNormadie の窓から

山口　『失われた足跡』というのは、南米の奥地に幻の楽器を探して入って行く話なんだ。失われた世界への関心という意味では、この作品は僕と共通するものがあるからね。それでそのあと、パリでカルペンティエールに会ったんで対談しようとしたんだけど、彼は喉の手術をしたばかりで声が出なかったんだな。それで後日改めてと約束したんだけど、それから間もなく彼は亡くなったんだ。

――それは残念でしたね。

それで、メキシコに戻られてからなんですが、八月十二日にはメキシコにやってきた郡司正勝さんとお会いになっていらっしゃいますね。

山口　彼が泊まっていたホテルに行って会った。郡司氏はハワイで演劇の国際学会に出て、そのついでにメキシコにやって来たと言っていたね。

――郡司さんのご本を、山口さんはずいぶん読まれたとか。郡司さんのご本の書評も何冊か書かれていますね。

山口　彼は歌舞伎における道化の問題を扱っていたからね。それで関心を持ったんだね。僕が札幌大学の学部長をやることになったとき、それなら自分は札幌出身なんで蔵書を寄贈しましょうと郡司氏は言ってね。

――いま、札幌大学に「郡司文庫」として残っているのがそれですね。

それから、二十五日にはコメディア・デラルテの仮面を作っているドナート・サルトーリさんとも会われていますね。

山口　彼はＵＮＡＭ（Universidad Nacional Autonoma de Mexico）、メキシコ国立自治大学ね、そこでコメディア・デラルテの仮面の作り方を指導していたんだ。それで僕はその工房を訪ねて、彼の講義を聞いていて、そのあと日墨会館に行って二人で喋ったんだね。

――サルトーリさんの仮面展というのは、僕もイタリア文化会館で行われたのを見たことがあります（『仮面と演劇――ドナート・サルトーリ制作によるコンメディア・デッラルテの仮面』一九七八年六月）が、とても面白いものでした。

そのあと、山口さんはヴァイエ・デ・ブラヴォーというところに移られますね。ここはメキシコ市からどれくらい離れているんですか。

山口　車で二、三時間だね。コレヒオ・デ・メヒコで教えるのが終わったから、まあ骨休めということでヴァイエ・デ・ブラヴォーには三カ月くらいいいたんじゃないかな。僕が住んでいたのはお医者さんの別荘で、そこを借りて住んでいたんだ。

――そこにあった藤田嗣治の絵をもらったとか。

山口　そう、その絵というのは、藤田がメキシコへ来たときに、女が男を突き刺して殺した現場を描いた銅版画なんだね。持ち主

◉ドナート・サルトーリ氏の名刺に山口さんが描いた肖像画

のお医者さんは、もう一枚ディエゴ・リベラを描いた肖像画も持っていたんだけど、「これは自分が非常に大切にしているのでお前にやらないけれども、エッチングのほうはあげましょう」と言ってね。僕はそこの三カ月分の家賃を前払いしたら、そんなことは珍しいと言って、お礼としてその絵をくれたんだ。その家には、部屋が五つくらいあった。十九世紀の頃のピアノも置いてあってね。

——ずいぶん優雅な暮らしをなさっていたんですね。

山口　それで土地のおばさんが食事の世話をしてくれて、そこではそれを食べていたんだ。夕方になると、誰かしらやって来て、飲み屋に飲みに行ってね。そのうちの一軒では、革命家の流れをくんだ人がいたので、革命歌を歌っていたのを覚えているね。

◉ヴァイエ・デ・ブラヴォーにて

第十一章　カトリック大学でも客員教授――1978-1979

――『日記』によりますと、一九七八年九月二十六日にメキシコを去って、カンクーン、ヒューストンを経てオースティンに移動しています。ここでホルクイストさんのところに寄ったあと、十月六日からブラウン大学で行われたアメリカ記号学会に出席されています。シービオクさんが「シャーロック・ホームズの記号論」を発表されたのはこのときだったようですね。

山口　探偵のシャーロック・ホームズが犯人の残した記号のなかから犯行を推理するというスタイルが、記号論の方法と似ているというあれね。あの発表は、なかなか面白いと思ったから、あとで僕は論文を送ってもらったんだ。

――のちに『シャーロック・ホームズの記号論』として岩波現代選書の一冊として翻訳が出ますね（富山太佳夫訳、一九八一年六月）。この本には『思想』第六百七十六号（一九八〇年十月）に掲載されたシービオクさんと山口さんの対談（「記号学の拡がり」）も収録されています。

このあとは『日記』が暫くないんですが、大塚さんの『山口昌男の手紙』によれば、オーステインからロンドンに行かれています。そのとき風邪を引いてホテルで寝ていた大塚さんを訪ね、ジョン・ハリディさんも誘って三人でパブを飲み歩き、山口さんはハリディさんのところに泊ったとあります。前に、ロンドンでハリディさんの家に泊まられたとおっしゃっていたのは、このときのことですね。そのあと、パリへ移動して日本に戻っています。

年が明けて、『日記』（一九七九年）の二月二十八日のところに「三時三十分　古野危篤とて、労災病院へ」とあって翌日の三月一日に「夜、古野死亡とて労災病院に行く。遺体を運んで自宅へ。夜遅くまで協議」、そして二日に「一日中、古野宅で電話番、夜お通夜、後井上と少し飲む」と、古野清人さんが亡くなったときの記述が出てきます。古野さんについては以前にもお聞きしていますが、そのときに聞き忘れたんですけれども、古野さんは天理語学専門学校で校長をなさっていますね。

山口　そうだね。僕は古野さんと一緒に天理の真柱《しんばしら》（中山正善）とも、真柱の夫人にも会ったことがあるんだ。

——　これは以前にもお聞きしたことですが、山口さんは修士論文を書かれるために天理参考館のアフリカ文庫を利用されていますよね。そうすると、中山さんと親しかった古野さんが山口さんをアフリカ文庫に導いたと考えていいんでしょうか。

山口　うん、そうだね。それで僕は奈良に行って、天理の教会の一つに泊めてもらってアフリカ文庫に通っていたんだね。

――なるほど、やはりそうでしたか。

それでまた話を戻しますが、三月十六日には来日したマリオ・バルガス・ジョサ（リョサ）さんと『世界』第四百四号（一九七九年七月）で対談をなさっています（「ラテン・アメリカの文学と知的伝統」『二十世紀の知的冒険』に収録）。

山口　あのとき僕はリマのカトリック大学に教えに行くことになっていたんだな。ところがバルガス・ジョサが日本に来るというんで対談してくれないかと頼まれたわけね。それで急遽予定を変更してペルー行きを少し先に延ばしたんだね。

◉マリオ・バルガス・ジョサ氏の肖像

――バルガス・ジョサさんとの対談で覚えていらっしゃることはありますか。

山口　話してみると、バルガス・ジョサとはパスやバフチンのことなんかで話が弾んでね。それで、僕がリマに行ってからも、彼は歩いて行けるところに住んでいたから、気楽に喋っていたんだね。彼も僕のところへ一回遊びにきたことがあるし、彼が仲間と集まるミラフローレスという地区

◉「マリオ・バルガス・ジョサの取り巻き達」（リマにて）

の街角にあるコーヒーハウスで、仲間と一緒に会ったりして話したこともあるね。

　彼は、その後大統領選に出たでしょう。あのときはフジモリ氏が当選したけどね。

――そのアルベルト・フジモリさんとも山口さんはお会いになったことがあるんでしょ。

山口　日本でね。僕が札幌大学の学長をしていたときだね。彼は住んでいたところは教えなかったけど、ある人物の口ききで、表立って判らないようなところに泊まっていたのね。それでフジモリ氏は田園調布の駅を待ち合わせ場所に指摘してきてね。あのときは今福（龍太）くんも一緒だったと思うんだけど、駅の近くの中華料理屋の二階で食事をしながら、彼に札幌大学に客員教授として来てくれないかという話をしたんだ。フジモリ氏はOKしてくれたんだけれども、大学の理事が反対してね。政治問題にかかわるのはまずいというんで実現しなかったんだね。

――そのときはフジモリさんは一人で来られたんですか。

山口　一人だったね。

――話を戻しますと、ジョサさんと対談した夜には、新宿文化センターで来日したピッコロ・テアトロをご覧になっています。それで、またソレーリさんと……。

山口　うん。ソレーリとは公演の前日に、上野のテンプラ屋に行って話したんだね。あのときは田之倉もいたね。

――それで、三月十七日に発たれるわけですね。メキシコ経由で行かれています。メキシコではまたパスさんたちと会われたあと、三月二十二日にリマに行かれています。『日記』には「午後一時頃やっとリマに着く。大使館の渡辺氏が出迎える。ホアンとアレハンドロも、友枝もいたのにびっくり」とあります。この三人のお名前は、ときどき『日記』に出てきます。友枝さんというのは、『雄牛とコンドル』（岩波書店、一九八六年一月）などを書かれた友枝啓泰《ひろやす》さんのことですよね。

山口　そう。その頃、彼はリマに住んでアンデスの調査をやっていたんだ。

――ホアンさんというのは？

山口　ホアン・オシオね。彼はペルー南部の山岳信仰を研究していた人物だね。

――やはり人類学者ですか。

山口　そう。それからアレハンドロ・オルティスもそう、彼はアンデスの神話の研究をやっていたんだ。確か、オルティスは何年か前に日本にも来たことがあるんじゃないかな。

――ペルーでの『日記』には、学生のフレディさんというかたのお名前もよく出てきます。このかたには、テキストの翻訳を頼んでいたようですね。『日記』から拾ってみます。

四月二日(月)　十一時から（フレディ）とテキスト作りをはじめる。察しが良いのでうまく行きそう。色々な問題について話す。

四月三十日(月)　二時にフレディが来る。三時三十分まで訳の努力。

五月二十日(日)　一日中フレディと共にテキスト作りですごす。さかしまの世界、第二部一日で作ってしまう。

六月七日(木)　午後、やっとフレディと中心と周縁について仕事をはじめる。

六月十日(日)　フレディとの中心と周縁論を二時間程訳する《ママ》。

山口　カトリック大学では主にスペイン語で授業をやったからね。それで、テキストを彼に訳してもらったんだね。

――フレディさんは、日本語もできたんですか。

山口　いや、英語ね。僕が英語で書いてそれを彼がスペイン語に訳すわけ。これを基に、スペイン語で本を出すという計画もあったんだ。結局実現しなかったけどね。

――授業については、四月十九日に「ノートづくりは、いよいよフローレスに及び好調。講義の出席者は教師二人、学生三人、減少の一途をたどる」とあります。どうも、山口さんの授業に学生はついていてこれなかったようですね。

山口　そうね。僕は大学院で教えていて、もともと学生がフィールドワークに行っていて少なかったというのもあるんだけどね。

——『日記』の四月七日と六月九日のところに、友枝さんと天野博物館を訪れた記述が出てきます。当時、館長の天野芳太郎さんは八十歳くらいだったと思うんですが、まだご存命だったんでしょ。

山口　天野さんとは何を喋ったのかな。彼は、アンデスの先住民は焼き物でも崩れたものをそれはそれで保存してあるというケースが多いと言っていたね。日本でもできそこないの茶器とか、割れたものを修復して大事にする文化があると。ペルーの神話体系からでは祖先がアジアから来たということを確かめるわけにはいかないけれども、未完の、完成しないものの美学という点では案外日本と共通点があるんだというようなことを言っていたね。

それと天野博物館は展示に新しい視点を持っていてね。普通の博物館だと展示物はガラスケースのなかに納めて触れないようになっているけど、天野博物館ではガラスがすだれのようになっていて、それを持ち上げてなかにある展示物に自由に触れられるようにしてあるんだね。

——なるほど、『日記』に「すだれ風のガラスが何とも言えずよし」という記述がありますが、そのことを指しているんですね。

友枝さんとは五月十五日にアンデスの水祭りにも参加されていますね。

山口　友枝と一泊して見に行ったんじゃなかったかな。水祭りはさっき言ったホアン・オシオが研究対象としていた地域（アンダマルカ）だったのね。山の上のほうの水があるところに行って

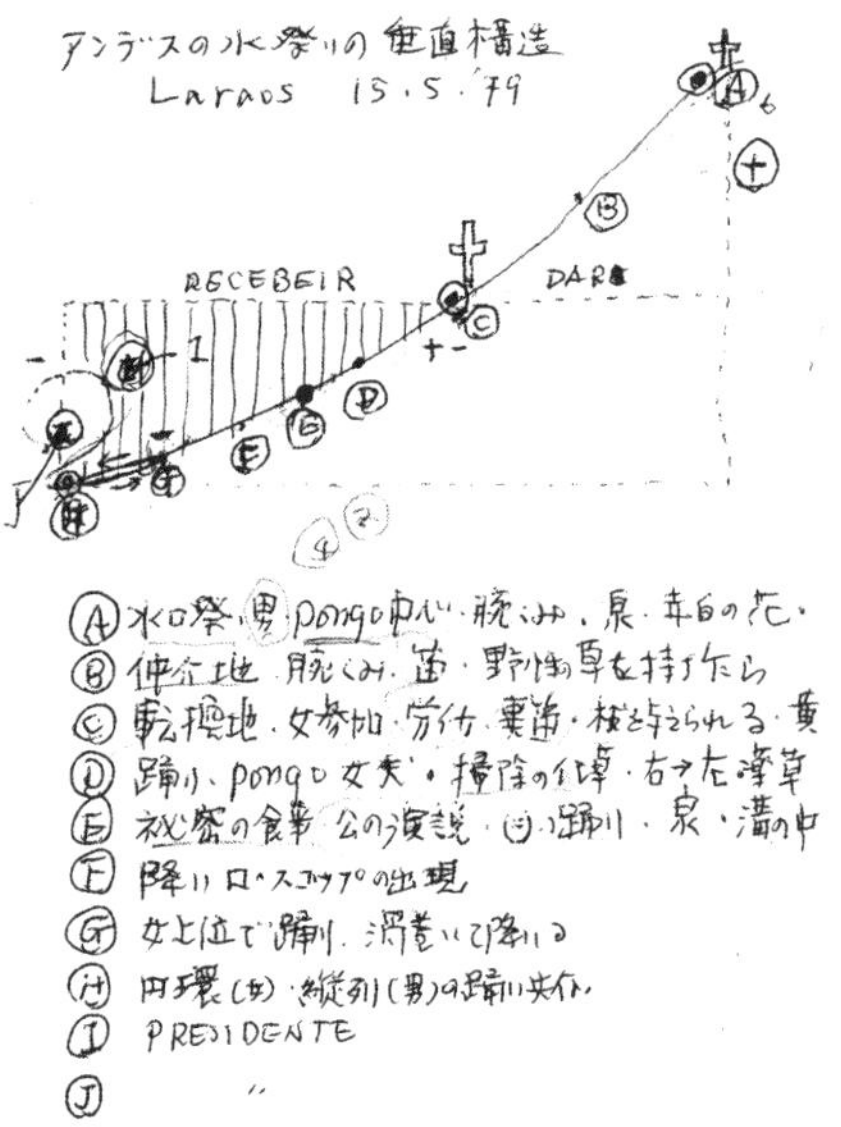

◉『日記』に描かれた「アンデスの水祭りの垂直構造」の図、似た図が『山口昌男の手紙』〔二七四頁〕にある。

ね。そこはアンデスの谷を流れる水のルーツになるところなんだね。そのいちばん基になる場所まで登って行って、そこで笛を中心にした音楽の演奏に立ち会ったわけね。そこから石造りの灌漑溝がずーっと下まで続いていて、そこを掃除しながら降りてくるのね。何百メートルか降りてきたところで踊って、酒を飲んでまた降りてくる。僕もその祭りにいつの間にか参加させられて、何かの枝を持たされて一種の神の役目を負わされたんだけどね。最後はビールを掛け合って終わるんだ。

―― それは何のためのお祭りなんですか。

山口 水の神さまに感謝するためのものだね。

―― 話は前後しますが、四月十一日のところに「マリアテギの全集などを買い戻る。夜、マリアテギの全集の中にカーニヴァルの記述を発見大喜び」とホセ・カルロス・マリアテギのことが出てきます。

山口　マリアテギは若い頃にヨーロッパをずっと回っていたんだけど、モダニズムに対する勘が凄くいいのに驚いたのね。彼はチャップリンも論じているでしょう。イギリスのサーカス道化の延長線上にチャップリンをみて、そのチャップリンがアメリカの資本主義時代に辿った運命についての非常にいい文章を残しているんだね。

――カーニヴァルに関するものも含め、マリアテギのチャップリン論は、その後日本語に訳されましたね（「チャップリン論の図式」辻豊治、小林致広編訳『インディアスと西洋の狭間で――マリアテギ政治・文化論集』現代企画室、一九九九年五月、所収）。確かそのチャップリン論が収録された本の「訳者あとがき」にマリアテギの文化論が重要であると述べたのは山口さんであると書かれていました。*一

リマではマリアテギを結構読まれていたんですか。

山口　いや、それほど読んだわけではないけどね。

――五月二十一日には、ロベルト・ダ・マータさん、ジルベルト・ベロさんと対談するためにブラジルに向かわれています。この二人と対談してみようと思ったのはどういう理由からだった

＊一　小林致広「日本におけるマリアテギの紹介は、ラテンアメリカの独創的な社会主義者と評価される彼の政治思想を中心にしたかたちで行われてきた。そのなかで、マリアテギが西欧の先鋭的な文学、芸術や文化の運動に抱いていた関心や日常的事象を題材とした文明論の重要性を指摘したのは、山口昌男氏であった。バルガス・リョサとの対談「ラテン・アメリカの文学と知的伝統」（『世界』一九七九年七月号）において、山口氏は、「政治における戦闘性ばかりでなく、文化においてもきわめて柔軟な感受性に向かって開かれた知的伝統」の一例としてマリアテギを紹介している。」〔三七八頁〕

んですか？

山口　ロベルト・ダ・マータは『カーニヴァル・大泥棒・英雄』（"Carnavais, malandros e heróis" Rio de Janeiro: Zahar, 1979）という本を読んで興味を持ったんだな。ジルベルト・ベロのほうは、オシオやオルティスの友人でね、彼がペルーに来たときに僕は会っているんだ。そのときに話して面白い人物だったんで『世界』の対談シリーズで取り上げてみようと思ったのね。

――『世界』の掲載ではベロさんとの対談「逸脱の人間科学」が第四百十三号（一九八〇年四月）、ダ・マータさんとの対談「カーニバルの宇宙論」は第四百十六号（七月）ですが、『日記』で確認すると、対談された順番は逆で、ダ・マータさんとは二十三日、ベロさんは翌日の二十四日だったようです（二つの対談は、のちに『知の狩人』に収録）。ダ・マータさんのときは、テープレコーダーを忘れたようですね。

山口　そう。それで借り物のテープレコーダーを使ったんだけど、あとで聞いてみたら雑音が酷くて、テープ起こしをするのに苦労したんだね。

――ベロさんのときは？

山口　うん、それは問題なくね。

――ベロさんとの対談のあと、ダ・マータさんのゼミでお話なさっていますね。『日記』に「午後一時半からロベルトのゼミでカーニバル論を語る。出席学生は十人、スタッフ四人くらい。知的刺戟は大いに与えたようであった」とあります。

山口　そうだったかな。それはもう覚えていないね。

――そのあと、リマに戻って講義を終えると、「文学記号論シンポジウム」に出席するため、六月十二日に発ってニューヨーク経由で十四日にテルアビブに着いていらっしゃいます。『日記』で確認しますと、シンポジウムは十七日から十九日まではテルアビブ大学で、そして二十日から二十二日まではエルサレム大学で行われています。出席者には、エーコさん、シービオクさん、ウィーナー夫妻、シーガルさん、デイヴィッド・ロッジさんなどがいらっしゃったようです。このロッジさんなんですが、山口さんは『知の即興空間』に収録されている「四月はいちばん無情な月」という文章で、一九八六年四月にロンドンで行われた国際記号学会の常任理事会に出席されてエーコさん、シービオクさんたちと話しているとき、ロッジさんの書いた学界小説『小さな世界――アカデミック・ロマンス』（高儀進訳、白水社、一九八六年三月）が話題に上って、この小説に出てくるイスラエルでの場面は、「文学記号論シンポジウム」がモデルになっているんじゃないかと話したとあります。小説では「批評の未来学会」という設定になっていて、この学会では正式行事を最小限にして、空いた時間を「ジェリコやヨルダン渓谷やガラリヤまで遠出をしたりすることに充てる」（三三八頁）というふうに書かれているんですが、このシンポジウムに出席された山口さんの『日記』にも、六月二十日のところに「午前九時にエルサレムに向うバスに乗る。着いたところでオールド・シティの観光をやらされる」、二十一日に「午後のバス・ツアーは失敬」、二十三日に「朝八時バスで出発。先ずジェリコ平原に出て、マサダの山に登る」とあります。モデルというのはこの辺のことを指しているんでしょうかね。

山口　よく覚えていないけど、そうだったかもしれないね。あのときは、死海にも行って泳いだのは覚えているな。そこで僕はエーコの水着姿をスケッチしているのね。

――あっ！　そうすると、これがそれですね（『日記』のなかのU・エーコ氏が描かれたページを示す）。

◉水着姿のウンベルト・エーコ氏

山口　そうそう、これ。

――「文学記号論シンポジウム」が終わったあと、二十九日に今度はブダペストでの「記号学の基礎語彙シンポジウム」に出席されるためにミュンヘン経由でハンガリーに向かわれています。この会議にはシービオクさんやエーコさん達も出られています。これは記号学会で記号学の辞書を作る計画があったということですか。

山口　そうね。だけど、結局辞書はできなかったんだね。

――そのあと六月三十日にパリに行かれて、七月一日に田之倉さんやド・コッペさんたちとポンピドゥー・センターで開催されていた「パリ―モスクワ展」をご覧になられています。

山口　あれは大規模なもので、非常に迫力のある展覧会だった。

――その足で国立文書館で開催されていた「ディアギレフ展」もご覧になっていますね。

山口　「ディアギレフ展」ね。あの展覧会も凄くよかった。

――そのときのカタログは僕も手に入れて持っていますが、カタログからもとても充実した展覧会だったことが判ります。

このときは四日にはもうパリを発って、テキサス大学で行われた「小説の記号論シンポジウム」に出席するためにオースティンに行かれ、六日のシンポジウムでは「源氏物語の文化記号論的分析」を報告されています。山口さんの『源氏物語』論というと『文化の詩学Ⅰ』のなかの「『源氏物語』の文化記号論」が知られていますが、これは一九八〇年二月五日にインディアナ大学で発表した論文を『記号学研究一』（日本記号学会編、北斗出版、一九八一年四月）に翻訳して掲載したもの（『記号学研究一』でのタイトルは「源氏物語――文化記号論の視点からみた」）を収録しているんですが、『日記』によると、すでにこのときに『源氏物語』論を発表されていたわけですね。

山口　本来僕は『源氏物語』よりも『今昔物語』のほうが好きなんだけどね。まあ、それはそれとして『源氏物語』は王権の問題とかかわっているからね。『源氏物語』について、僕はそれ以前にもオックスフォードで発表した論文（"The Kingship, Theatricarity and Marginal Reality in Japan"）のなかで触れているのね。それでこのときは『源氏物語』そのものを取り上げて、王権のシステムのなかに置かれた光源氏という異人の存在を記号論的立場から分析してみようと思ったわけだね。

――『源氏物語』論については、そのあとも十一月十三日にペンシルベニア大学でも発表されて、そしてインディアナ大学での講演となるわけですね。
オースティンでは、七月十日にジョン・ボウルトさんとお会いになったことが記されています。「朝十時頃に、ジョン・ボウルトと会って外へ出て話す。いつもの事ながら歯が立たず。胸を借りる相手としていいのだろう。ロシア構成派の事など」とあります。「いつもの事ながら」とありますので、それ以前にもお会いになっているようですね。

山口　ジョン・ボウルトというのは、ロシア・アヴァンギャルドをやっている美術史家でしょ。どこで知り合ったのかな。覚えていないな。ジョン・ボウルトとは、いま筑波大学にいる五十殿《おむか》（利治）氏が親しいんだね。

――その翌日の七月十一日にはテキサス大学のヒューマン・リサーチ・センターで「ディアギレフ・コレクション」をご覧になっています。『日記』には「プロが全部ある」と書かれています。公演プログラムが全部あったということでしょうね。

山口　うん。あそこはディアギレフ・バレエの常設の展示室があって、衣装なんかも置いてあったんだね。

――なるほど、パリと併せてディアギレフ関係のものをこの時期に随分集中してご覧になることができたわけですね。
そのあと、サンフランシスコに寄って、七月十七日に帰国されています。そして半月後の三

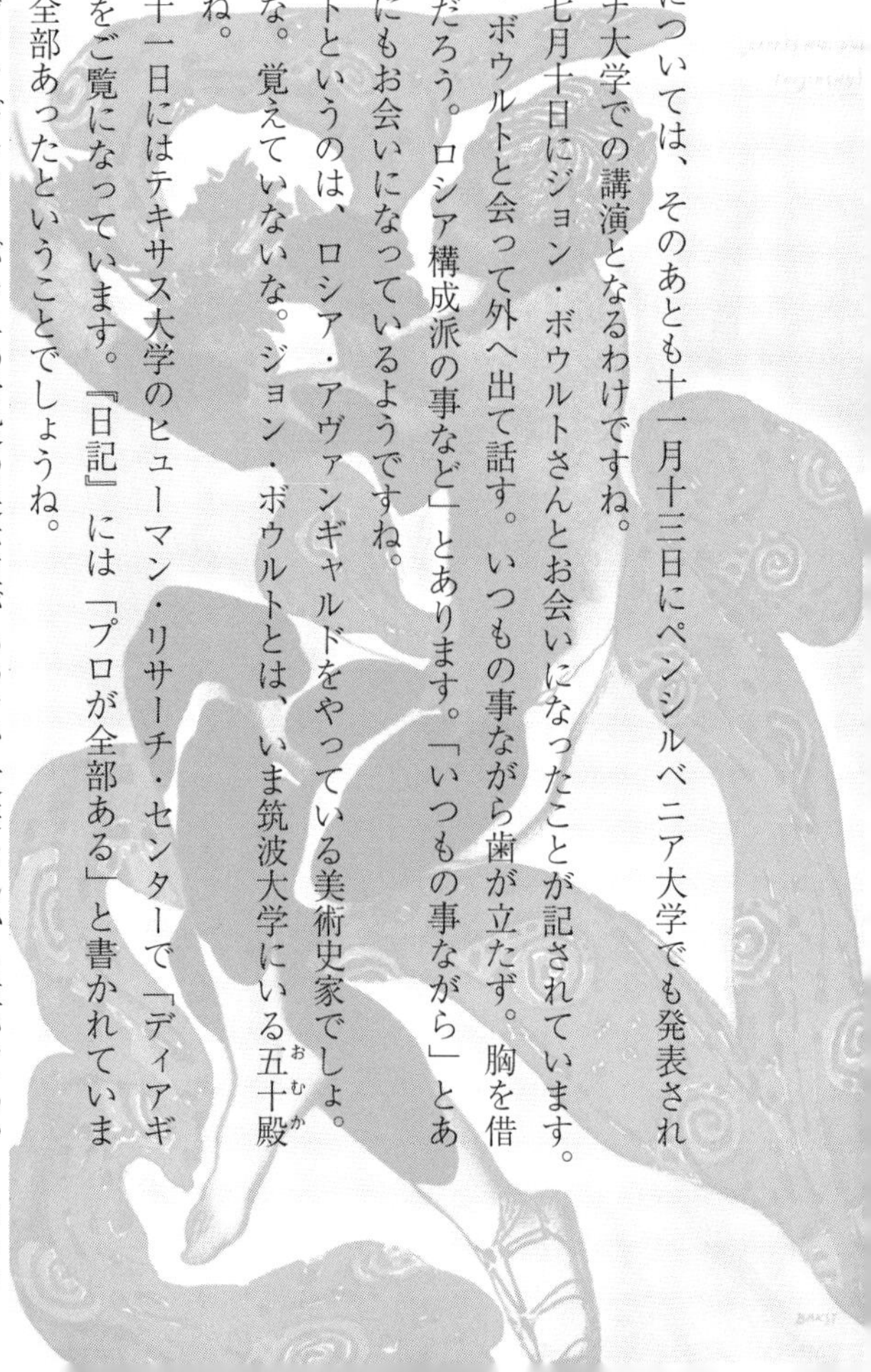

●レオン・バクスト画
ディアギレフ・バレエで
「『牧神』を踊るV・ニジンスキーのための衣裳」

◉バリ島旅行で寄ったボロブドゥール遺跡にて（向かって左より、吉田喜重、井上ひさし、一人置いて、大塚信一、高橋康也、清水徹、中村雄二郎、原広司、山口昌男、渡辺守章、大江健三郎の各氏）

十日から八月七日までは「例の会」の人たち（井上ひさし、大江健三郎、清水徹、高橋康也、中村雄二郎、原広司、吉田喜重、渡辺守章、大塚信一の各氏）とバリ島に行かれています。このときのことは、旅行に行かれたメンバーで「神々の島バリ――インドネシアの文化と芸能をたずねて」という座談会が『世界』第四百八号（一九七九年十一月）に掲載されています。それによると、最初はジャワ島にあるインドネシアの首都ジャカルタに行かれて、そこから古都のジョグジャカルタ、そのあとにバリ島に行かれたようですね。バリ島に移動されるときにソロ（スラカルタ）からの便が欠航で大変な思いをされたとか。

山口　ソロではいくら待ってもバリ島行きの飛行機が来なくてね。それで深夜にバスでずーっと走ってスラバヤまで行って、そこから飛行機でバリまで行ったんだね。それでもう疲れ果てていたら、井上氏が「これが本当のセンチメントル・ジャーニーですね」というダジャレを言ったんだね（笑）。大江氏もそれに対抗したのかそれから飛行機に乗ってバリの近くまで来たら「翼よあれがバリの灯だ」とね（笑）。

――バリ島では、ケチャとかバロン・ダンスとかをいろいろご覧になられたんですよね。

山口 そうね、バリ島には民族芸能がたくさんあるからね。中村氏はそのときに見たランダ劇に非常に刺激を受けて「魔女ランダ考――バリ島の〈パトスの知〉」（『叢書 文化の現在6 生と死の弁証法』岩波書店、一九八〇年十二月、所収、のちに『魔女ランダ考――演劇的知とはなにか』岩波書店、一九八三年一月に収録）を書くことになったわけでしょう。

第十二章　NYとフィラデルフィアの二重生活――1979-1980

――バリ島から戻られて、暫く日本にいらっしゃったあと、九月十二日にはペンシルベニア大学で客員教授を務めるためにニューヨークに行かれます。『日記』には「JFK〔ジョン・F・ケネディ空港〕に十一時三十分に着く。その儘タクシーに乗り、五十キロの荷物と共にゴータムの家に。丁度ゴータムが居り、地下室に住みつくことにする」とあります。以前におっしゃっていたゴータム・ダスグプタさんの事務所に住んだというのはこのときのことですね。事務所はどんなところだったんですか。

山口　場所はセント・マークス・プレイスというところにあってね。半地下のフロアの一角をカーテンで仕切って、僕が住めるようにベッドが置いてあったということなんだけどね。

――フィラデルフィアのペンシルベニア大学の近くにも部屋を借りていますね。九月十四日のところに「朝八時に宮坂が来て、その儘部屋を探しに出かける。部屋は二部屋が見付かり、手金五十ドルと一日の部屋代百ドルを払う」とあります。

山口　二階にある部屋で、こちらのほうは特に何ということはない部屋だったね。

――ここに出てくる宮坂さんというのは、慶応大学で人類学を教えていらっしゃる宮坂敬造さんのことですよね。『日記』にもときどきお名前が出てくるんですが、当時宮坂さんは何をしていらっしゃったんですか。

山口　ペン大（ペンシルベニア大学）に留学していたんだ。

――二つも住まいがあったというのも凄いですね。

山口　ニューヨークには見るべきものがたくさんあるからね。このときは週の半分はニューヨーク、あとの半分はペン大のあるフィラデルフィアにいたんだ。

――なんか札幌大学にいらしたときに、週の半分ずつ、府中と札幌を往復されていたのを思い出しました（笑）。

行かれて早々に、ニューヨークでトッド・ブラウニングの映画特集をご覧になっています。『日記』の九月十八日のところに「夜は七時三十分からトッド・ブラウニングのWhere East is East〔邦題『獣人タイガ』〕を見る。見応えがあった」、二十三日には「トッド・ブラウニングのシリーズの最後"The Devil Doll"〔邦題『悪魔の人形』〕を見る。フランス風に終わらせようとしたジャン・バルジャン物語りという趣き」と書かれています。そのあとも特集とは別に十二月二十六日に「小生はトッド・ブラウニングのDracula〔邦題『魔人ドラキュラ』〕とFrankenstein〔ジェイムズ・ホエール監督、邦題『フランケンシュタイン』〕を見るためにブリーカーへ。トッドは失笑したが、W・ヘルツォークのドラキュラ〔『ノスフェラトゥ』〕がどちらかというとこの作品をなぞっていることがわかった。Frankenの方が出来がいい」とあります。

山口　あれはイースト・ヴィレッジにある映画館で見たのかな。それで僕は『中央公論』第九十五巻第十五号（一九八〇年十二月）で、フリークスの問題について論じたわけだ（「ヴァルネラビリティについて」のちに『文化の詩学Ⅰ』に収録）。

――そうですね。山口さんのフリークス論で取り上げたレスリー・フィードラーの『フリークス』もその後、青土社から翻訳（伊藤俊治ほか訳、一九八六年十月）が出ましたね。

◉居候していたダスグプタ氏の事務所にて

十月三日には、今度はアメリカ記号論学会に出席されるためにインディアナ大学で向かわれています。このときは飛行機を間違えたようですね。「朝八時に出発ラ・ガーディア〔空港〕では二時間三十分待たされる。シカゴでは間違えてイリノイ、ブルーミントン行きに乗せられ、少時《ママ》待って後、シカゴに戻ってもう一度インディアナに行く。空港でヴァディムが迎えてくれる」とあります。空港で待っていたヴァディムさんというかたは？

山口　ホルクイストなんかと一緒にバフチンの研究をしているヴァディム・リアプノフのことだろうね。

――この学会では、五日にルルのお話をなさっています。

山口　ルルについてはインターテクスチュアリティの例として、僕は幾つかの場所で話をしているんだね。

――学会にはウンベルト・エーコさんも出席されていて、このときに山口さんは対談を申し込まれています。そして八日にニューヨークのほうに戻られて、十七日にはニューヨーク州立大学で行われたエーコさんの講演を聞かれ、翌日の十八日に対談されています。『日記』の十八日のところに「昼ウンベルト・エーコと待ち合わせて理恵（日本料理屋）へ行くも閉まっている。それ故中華料理に行き、その後、部屋に戻って対談。エーコの知的背景について面白い話を聴き出す」とあります。

山口　その部屋というのがさっき言ったダスグプタの編集事務所ね。この建物には中庭があって、エーコとはそこで喋ったんだ。

――そのときの対談は『世界』第四百十一号（一九八〇年二月）に「開かれた記号論へ」のタイトルで掲載されました（のちに『知の狩人』に収録）。

『日記』の十月二十二日のところには大江さんの『同時代ゲーム』（新潮社、一九七九年十一月）を

◉ NYで最も古い居酒屋の一つ McSorley's Old Ale House にて

読んだことが出てきます。「朝から、前夜からの大江氏の同時代ゲームを読み始める。面白くてやめられず、観念的と言われるかも知れない。暴力的といわれるかも知れない。しかし知的な仕掛けは無類に面白い。世界にこだますする。話はピラパラナ〈ブラジルの地域名〉を想い出させる舟で遡源して母胎に至るところから始まり異人に化す始祖の消え方はパゾリーニ的であるし、村の宇宙の双分制もよく生かされている。妖母のイメージも若衆組も江青と近衛兵だ」とあって、二十三日にも「朝から大江〈同時代ゲーム〉を読む。面白くてやめられず。子供と宇宙の話し、迷路など」とあります。

山口　あれはまだ本になる前のゲラの状態のものを大江氏に送ってもらって読んだのね。

——『山口昌男の手紙』によれば、『同時代ゲーム』論を書く予定もあったようですね。

山口　結局、それは書かなかったけどね。

——ニューヨークでは本やレコードもずいぶん買われたようですね。例えば、十月二十九日のところに「2ndと9thに戻って来て黄金横丁を発見。古レコード屋、ケルト民俗の古本屋、演劇などの古本屋が現れる。結局夢中になり右の成果」とあって買った本のリストが書かれています。

山口　ニューヨークに限らない、僕の場合どこに行ってもそうだからさ。本のほうから近づいてくるという感じだね(笑)。

――十一月に入って、ペンシルベニア大学のローガン・ホールのフォーク・ラウンジで文化記号論講演会を三回に分けて行っています。第一回が一日に行った「バフチンと人類学」、第二回が八日の「神話的トリックスターとその後継者」、第三回が十五日の「スケープゴーティング（身代わりになること）」です。

山口　日頃考えていたことをこの機会にまとめて喋ったんだね。

――フォーク・ラウンジというのはホールのようなところなんですか。

◉ペンシルベニア大学での講演風景

山口　いや、普通の教室だね。

――その間の十一月十三日には、前に触れた『源氏物語』論をウィリアム・ホールにあるコモン・ルームでお話されています。

その前日の十二日のことですが、ニューヨーク大学のリチャード・シェクナーさんのクラスの授業で行われたヴィクター・ターナーさんの講義を聞かれています。この辺からときどきシェクナーさんのお名前が出てきます。例えば、十一月十九日のところに「リチャード・シェクナーが昼食をしようというので、三時頃まで待つ。MSに行って、花道や反閇《へんばい》の話、山伏神楽の話、相撲の演劇性の話などをしてやる」とあります。

山口　ニューヨークではシェクナーとは比較的よく会っていたんだね。僕は彼の家に遊びに行ったこともあるんだ。ニューヨークの家というのはサリヴァン通りにあるんだけど、入り口に鍵がないんだね。それで三階にある彼の部屋まで行ったんだけど、そこも鍵をしていなくて開けっ放しのままになっていたのね。「鍵をかけなくて大丈夫なの?」ってシェクナーに聞いたら、そこはシシリアン・マフィアが住んでいる地区でね、チンピラなんかがもし空き巣に入ったらすぐ消されちゃうんで、鍵をかけなくても安全なんだと言うんだね（笑）。

――さすがニューヨークという感じですね。

十一月二十八日には、アメリカ人類学協会年次総会に出席するためにシンシナティ（オハイオ州）に行かれています。このときには、吉田禎吾さんや大貫恵美子さんも出席されています。

山口　そうか。その辺のことはもう覚えていないね。

――このときは三十日に戻られています。その後、十二月二十日に「朝ロイ・ウイリスのte1で目覚める」とあって、ロイ・ウイリスさんは山口さんのところに泊まったりもしています。

山口　それも覚えていないな。

―― 年が変わって、一九八〇年一月十八日にカルロス・フェンテスさんと対談をなさっています。「十時カルロス・フェンテスと会い、ローガン・ホールで対談。シーベルベルク（ジーバーベルク）の Our Hitler（『我らの裡なるヒットラー』）について徹底的にやられる。後半は、道化文化論で盛り返す」と書かれています。

山口 フェンテスとは、メキシコにいたときに対談をするつもりだったんだけど、時間が合わなかったんだね。それでそのときにペン大で対談したんだ。あのときはその頃に見たシーベルベルクの映画について喋ったのかな。どうもあのとき彼はあまり機嫌がよくなかったという印象があるね。

―― そうでしたか。それで二月十二日に、今度はピーター・ゲイさんとも対談されています。「朝七時に出て、九時二十五分の汽車で、ニュー・ヘヴンに行く。二時三十分にピーター・ゲイの所に行くも、話がはずまず、おまけにカセットの電池切れ」とあります。

山口 ピーター・ゲイね。彼の『ワイマール文化』（到津十三男訳、みすず書房、一九七一年一月、のちに新版、亀嶋庸一訳、同、一九八七年十一月が出た）は、僕が『本の神話学』を書いたときに引用した歴史学者だったから、前から会ってみたいと思っていたのね。ところが会ってみるとどうも話が嚙み合なくてね。あの頃、彼の関心はもう精神分析のほうに移っていたからね。

―― なるほど。「カセットの電池切れ」のせいばかりでなく、そういうこともあってピーター・ゲイさんとの対談は結局活字にはならなかったわけですね。

更に、その翌日、十三日にはアーサー・ゴールドさん、リチャード・フィズデールさんのお二人と対談されています。『日記』に「朝十時にアーサー・ゴールド氏に電話、十二時十五分から一時までなら時間空けられるとのことで大竹〔昭子〕氏を誘って、ウエスト・ベルグ・ホテルに出かける。思いがけなくリチャード・フィズデール氏も現れて昨日とうって変って忙しい対談になる。大竹嬢の写真の件で、バッテリがなくなりあわてるも、スケッチしたり、フランス料理を喰べ、MSで夕陽を見ながらエール〔ビールの一種〕をのみ、戻る」とあります。

山口　アーサー・ゴールドとリチャード・フィズデールというのは、ピアニストで、ミシア・セールについての非常にいい本を出したんだね（この本はのちに邦訳が出た。アーサー・ゴールド、ロバート・フィッツデイル、鈴木主税訳『ミシア』草思社、一九八五年十一月）。

――『日記』によりますと、その前にリンカーン・センターでディアギレフ展があって一月二十六日にご覧になられています。「大して面白くなく、少々がっかりする」とありますね。

山口　それはよく覚えていないけど、パリで凄いのを見たあとだったからでしょう。

――その関連で十六日に、リンカーン・センターのアリス・タリー・ホールでディアギレフ展に関連するコンサートが行われて、そこでゴールドさんとフィズデールさんがピアノを弾かれていたんですよね。

山口　サティとかプーランクとかを演奏したのね。その演奏もよかったんだけど、曲の合間にディアギレフ・バレエなんかの舞台写真を使ったスライド・ショーを上映してね。解説をアーサ

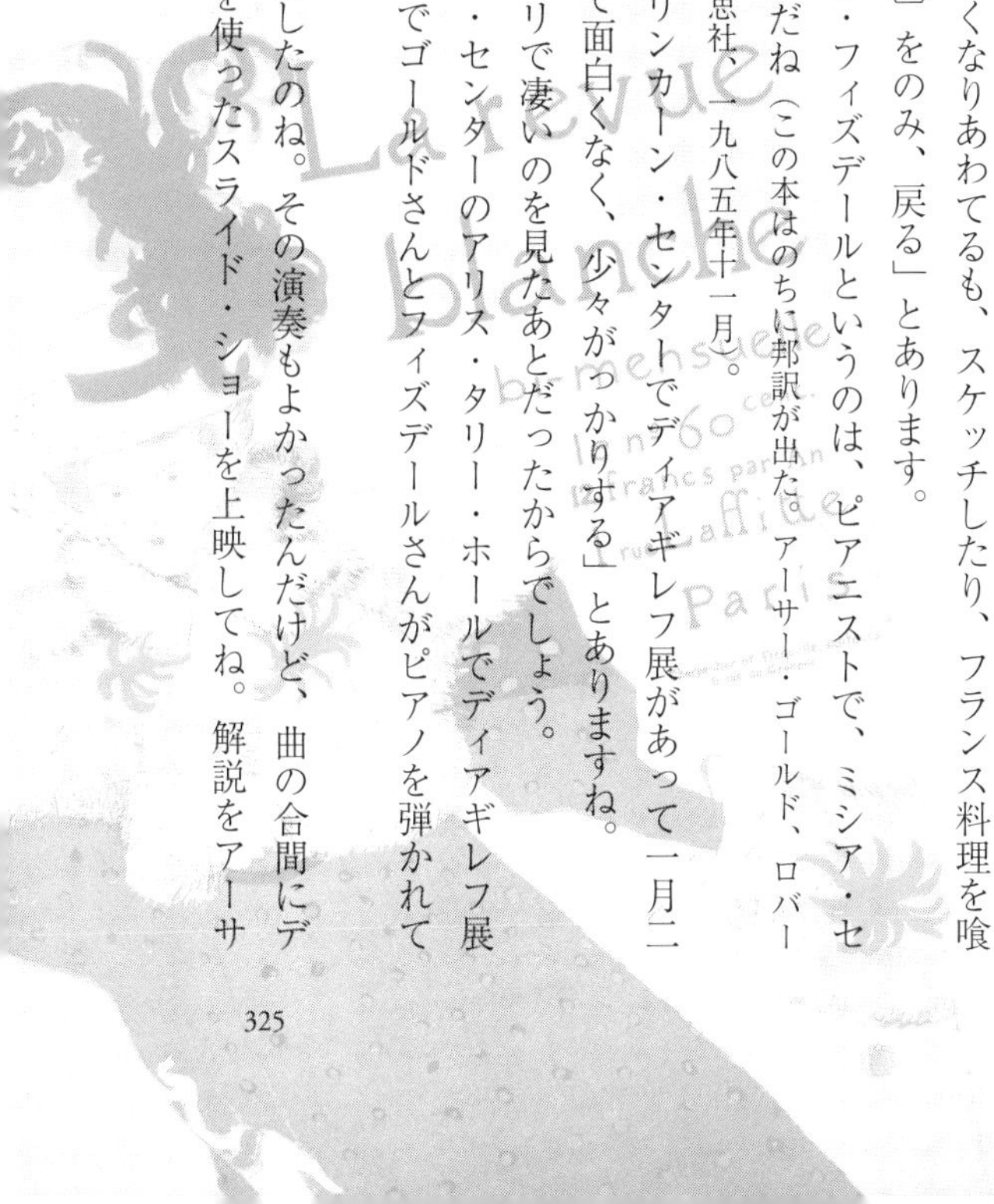

●トゥールーズ＝ロートレック画、ミシアをモデルにした『ラ・ルヴュ・ブランシュ』のポスター

ー・ゴールドがやったわけだね。それを聞いて、こちらの関心と近いところにいるなと感じたんだ。そうしたらさっきの本が出て、それを読んで対談してみようと電話したわけ。

―― 大竹さんはこのときのことを『著作集』の「楽」でこんなふうに書いています。「当時のわたしは、まだ物も書いていなければ、写真も撮ってなかった。インタビューに同行するというのがどういうことかも考えず、コンパクトカメラだけを持ってただの物見遊山気分でついていった。外で写真を撮ろうということになり、ふたりに路上に立ってもらったが、いざカメラを構えるとシャッターが下りない。電池が切れていたのだ。あわてて電池探しに走りまわり、ようやく見つけてもどってくると、山口さんは神妙な顔をして立っているふたりを前にノートを広げてなにかしていた。／「もし、アキコのカメラがだめだったときはこれでいこうと思って」。／山口さんはふたりの似顔絵を描いていたのだった」（八頁）（大竹昭子「ニューヨーク、疾風怒濤の日々」、「楽」『山口昌男著作集 第二巻 始原』）。

山口 そうか。それももう覚えていないな。

―― 今日はどうもお疲れのご様子なので、この続きはまた次回にお聞きすることにします。

あとがき

川村伸秀

山口昌男さんから、「今度、僕の古稀の文集を作ることにしたから、君が編集をやってくれ」と頼まれたのは、二〇〇一年春のことである。その頃山口さんとはほぼ毎週のように会っていた。一九九九年四月から札幌大学の学長を務めていた山口さんは、インタヴューでも触れたように、週の半分は札幌で過ごし、半分は東京に戻ってくるという相変わらずのハード・スケジュールをこなしていた。新千歳空港から飛行機で羽田に降り立つと、そこからモノレール・電車と乗り継いで東京駅、そしてタクシーで銀座にある山口さんお気に入りのギャラリー巷房へというのが、東京へ戻ってきたときのお決まりのコースだった。すると、当時会社勤めだった僕のところへ電話がかかってくる。大抵は、巷房のオーナー・東崎喜代子さんからで、「いま山口さんがみえているんですけど、どうでしょうとおっしゃっていますが……」。そして、いそいそと巷房へと出掛けていく。すると、そこには毎回メンバーの違う山口さんの知り合いの人たちが集まっていて、ときに食事を買ってきたり、或いは銀座周辺のお店へ繰り出して夕食を取りながら、山口さんを中心に愉しいお喋りが始まるという具合だった。そうやって山口さんと会っていたある日のこと、冒頭に書いたように山口さんに告げられた。「面白そうですね、やりましょう！」と僕は答えた。

山口さんの誕生日である八月二十日前後に合わせて古稀のパーティを行い、その出席者に文集を配るというのが当初の予定であった。だが、その後ラヴェンナ市立大学と札幌大学との姉妹校提携の話が持ち上がり、打ち合わせのためにイタリアへと向かった山口さんは、無理がたたって帰国後入院という事態に陥ってしまったのだった。病名は脳内出血。病院にお見舞いに伺ったとき、ちょうど病室にやってきた主治医から、出血箇所から察するに回復しても物事に意欲を起こすことがなくなるかもしれないとの話を聞いて、その場にいたふさ子夫人をはじめとする、お見舞いに来ていた我々一同は暗い気分で病室を後にした。

しかし、山口さんは奇蹟的な復活をみせた。一時は懸念された山口さんには欠かせない好奇心も以前のままで、退院後は、もう少しじっとしていてくれるといいんだけど、とふさ子さんが冗談交じりにこぼすほど行動的に動き回っていた。こうして、古稀のパーティは少し延びたが九月九日、府中芸術の森劇場「平成の間」で開催され、文集も無事に間に合わせることができた。文集のタイトルは、山口さんの著書『内田魯庵山脈――〈失われた日本人〉発掘』から拝借して

『山口昌男山脈――古稀記念文集』とした。

その後、会社を辞めてフリーになる少し前のことだったが、僕は山口さんに個人雑誌の提案をした。「『山口昌男山脈』のようなのを雑誌で出しませんか」と。「僕もちょうどそういうのが欲しかったところだ」との山口さんの即答で始まったのが、雑誌版『山口昌男山脈』だった。創刊号は、二〇〇二年七月に発行、本書の第五章までは「回想の人類学」のタイトルでそこに連載したものである。『山口山脈』は五号で休刊したが、それでも自伝的インタヴューはその後も折をみては続けていた。第六章以降は、それをまとめたものである。

山口さんのお宅に打ち合わせでお邪魔していたある日のこと。「こんなものが出てきた」と幾冊もの手帳を山口さんから手渡された。中を開いてみて驚いた。それは山口さんの年毎のスケジュール帳で、小さな字で驚くほどにびっしりと日程が書き込まれていた。更に驚いたことには、なかには日記が記されているものさえもあったのだ。日記の多くは海外に出掛けたときのもので、国内のものはほとんどなかった。「これは君に渡しておこう」とそれらを差し出された。「僕が持っていていいんですか」と聞き返すと、「ああ、君には必要だろう。だがほかには見せるなよ」と念を押された。これは別のところに書いたのでここでは詳しく触れないが、最初に山口さんとお会いしたのは、何十年も前のこと、山口さんの著作目録を作ってお宅にお邪魔したときだった。おそらく山口さんは僕を山口さんの記録係とでも考えていたのだろう。少なくとも、インタヴューにこの手帳が大いに役立ったことは、本文をご覧いただければお判りいただけよう。

ちなみに連載インタヴューおよび本書のタイトルとした〝回想の人類学〟とは、一九七四年の手帳のなかに記されていたメモから取ったものである。ここには、「回想の人類学」と題して山口さんの小さい頃からの出来事が細かく書かれていた。例えば、「①本の挑発…日本民謡集、ウズラの漫画、幼倶、コゾケさん、新関健之助、大城のぼる、まぼろし城、見えない飛行機、樺島勝一、伊藤幾久造、のらくろ」といった具合である。このメモを書いた当時、山口さんは調査地であるインドネシアに滞在していて、日本にいるときのような時間に追われる心配もなく、いずれ自伝を私家版で出すつもりでこんな覚え書きのようなものを綴っていたようだ。

最後のインタヴューを行ったのは、二〇〇八年十月に脳梗塞で倒れる少し前だった。その頃になると、山口さんのお身体はだいぶ弱られていた。記憶もあとになるほど、覚えていないことも多くなっていったから、こちらの調べたことと先の手帳を羅針盤のように頼りにして続けられた。

最後にご一緒して出掛けたのは、五月三日、新宿花園神社で行われた唐組公演『夕坂童子』であった（その後はすべてご自宅でお会いした）。武蔵境の駅までふさ子夫人が車で送ってきて、そこから山口さんと中央線で新宿駅へ。駅からタクシーを拾って神社に着いたのだが、あいにく赤テントが張ってある場所からは遠いほうの口で降りてしまった。それでも普通の人の足なら数分で着ける距離だったが、当時歩行に困難を生じていた山口さんの足では、辿り着くまでに三十分は要しただろう。そのときは、山口さんが来てくれたと公演を終えた唐十郎さんが嬉しそうにやって来たのを覚えている。実は、そのあとも十月に井の頭恩賜公園で山口さんと唐さんの芝居を一緒に見に行くことになっていたのだが、その前に入院されてしまった。

残念ながら、話は八〇年までしかお聞きすることができなかった。もし、山口さんがお元気でインタヴューを続けることができていたなら、おそらく本書はいまの倍以上の厚さに膨らんでいたことだろう。ここで、これ以降の山口さんについて簡単に触れておこう。

二月末にニューヨークからパリに移動した山口さんは、三月末に帰国した。この年は十一月頭まで日本国内に留まっている。六月にＮＨＫ・ＦＭラジオの「日曜喫茶室」に出演して、喜劇役者の財津一郎氏と同席したことで、エノケンの座付作者だった菊谷栄を知ることになる。これがきっかけとなって、先般未完の原稿を整理して刊行した『エノケンと菊谷栄――昭和精神史の匿れた水脈』（晶文社、二〇一五年一月）に取り組むようになったいきさつは、同書の「編集後記 その二 山口人類学のミッシングリンク」に記しておいた通りである。十二月には、ワシントンで行われたアメリカ人類学会に出席、会議終了後にヴィクター・ターナー、ロベルト・ダ・マータ、バーバラ・マイヤーホフらの諸氏との雑談中に山口さんが日本での人類学会開催を提案し、翌年八月、筑波大学で国際シンポジウム「見世物と民衆娯楽の人類学」を開催するに至っている。このシンポジウムで裏方の一人を務めたのが、若き日の中沢新一さんであった。

八〇年代に入ってからも山口さんは頻繁に海外に出掛けた。なかでも、一九八三年にはアフリカ、インドネシアに続く第三の大がかりなフィールドとしてカリブ海諸国の島々を選び、調査に赴いている。山口さんの主な目的は、奴隷貿易でアフリカから連れてこられた黒人たちによってカリブの島々に伝えられたトリックスター神話の変遷を調べることだった。翌年には、ウンベルト・エーコ氏の推薦で国際記号学会の副会長に選ばれている。少なくともこの頃の山口さんは、世界の最先端にいた知識人と並走していたと言っていいだろう。

国内では、インタヴューにも出てくる例の会をバックボーンとして、一九八〇年十一月から「叢書文化の現在」全十三巻（岩波書店）を刊行、さらにそれが発展した形で一九八四年十二月からは磯崎新、大江健三郎、大岡信、武満徹、中村雄二郎の各氏と共に編集同人となって『季刊へるめす』（岩波書店）を始めている（『へるめす』はのちに隔月刊となった）。これも『エノケンと菊谷栄』の「編集後記」で触れたことだが、ここに一九八八年から「挫折の昭和史」の連載を開始したあたりから、山口さんの関心は急速に近代日本の精神史発掘作業へと向かっていく。

一九九一年十月、テニスを趣味にしていた山口さんは、坪内祐三さんや故・木村修一さんら当時山口さんの周辺にいた人たちと共に作っていた、いわゆる〝テニス山口組〟の合宿で福島県大沼郡昭和村を訪れた。このとき廃校の決まっていた地元の喰丸小学校と出会った山口さんは、いたくこの木造校舎が気に入って、以後関係者とのねばり強い交渉の末に、この建物を使って喰丸文化再学習センターを設立するまでに漕ぎつける。翌年の開所式にはじまり、山口さんはこの場所を使って、その後「喰丸お月見講座」「喰丸の夏講座」「紙芝居の市」等の愉しいイベントを次々と開催した。

一九九四年三月には東京外国語大学アジア・アフリカ言語文化研究所所長を定年退職、四月からは静岡県立大学大学院国際関係学研究科教授に就任した。喰丸小学校の近くに別荘を購入した山口さんは、大学での教授職を終えたのちは、この地で悠々自適の生活を送るつもりでいた。だが、町長の交代、地元の人々との齟齬など幾つかの要因が重なって喰丸文化再学習センターの存続が危ぶまれる一方で、札幌大学から新しく文化学部を設立するのでぜひ学部長にとの話があり、山口さんはこれを受けた。札幌大学では、最初に述べたように、一九九九年からは学長に就任している。この他、記せばさまざまな出来事は多々あるのだが、細かく触れていくと「あとがき」の枠には収まりきらなくなってしまう。それについてはまた機会を改めることにしよう。

生前、山口さんは「このインタヴューを本にするときには、写真やイラストをたくさん入れたいね」と語っていた。できるだけ、その意向に沿うような形で図版をふんだんに入れてレイアウトを構成してみたが、はたして天国の（いや、二つの世界を自由に往還するヘルメスの如く、ときには地獄を訪れているかもしれない）山口さんは喜んでくれるだろうか。

本書の成立については、山口ふさ子夫人に大変お世話になった。『山口山脈』連載中は、阿藤進也（当時・めいけい出版）、島田和俊・岸本健治（当時・国書刊行会）の各氏に、本書の写真提供・確認等の面で宇波彰、田之倉稔、長島信弘、山口忠の各氏にご協力いただいた。また晶文社では『エノケンと菊谷栄』に続き、倉田晃宏さんにご担当いただいた。装幀はこれも前回同様、大森裕二氏にお願いした。皆さんのお力を借りてどうにかここに、いずれインタヴューを本に、という山口さんとの約束を果たすことができました。どうもありがとうございます。（二〇一五年八月）

【初出一覧】

本書第一章／「回想の人類学 第一回」▼『山口昌男山脈 第一号』めいけい出版、二〇〇二年七月
「アフリカ通信」▼同右
本書第二章／「回想の人類学 第二回」▼『山口昌男山脈 第二号』めいけい出版、二〇〇二年十月
「エチオピア通信」▼同右
本書第三章／「回想の人類学 第三回」▼『山口昌男山脈 第三号』国書刊行会、二〇〇三年九月
本書第四章／「回想の人類学 第四回」▼『山口昌男山脈 第四号』国書刊行会、二〇〇四年四月
本書第五章／「回想の人類学 第五回」▼『山口昌男山脈 第五号』国書刊行会、二〇〇五年一月
「ユカギール族」▼『世界大百科事典（一九六四年版）第二十二巻』、平凡社、一九六七年十一月
「ヤクート族」▼同右
「無題」▼『しぶがき』麻布中学校三年五組、一九五六年十月
「上野君へ」▼『たけのこ』麻布高校一年六組、一九五八年一月
「アフリカの中の日本——ナイジェリアの場合」▼『国際文化』第百四十一号、国際文化振興会、一九六六年三月
「ランボーの不幸」▼『ランボー全集 第二巻』月報二、人文書院、一九七七年七月
「悪女ルル——天使の仮の姿」▼『別冊太陽「スクリーンの悪女——愛と破滅の世界」』平凡社、一九九一年一月
「思想'76 のらくろはわれらの同時代人」▼『中央公論』第九十一巻第三号、中央公論新社、一九七六年三月

人名索引

ま

み

む

め

も

や

山口昌男著作目録

No.1　〈翻訳〉ジャック・ブリアール著『青銅時代』
　（文庫クセジュ 312）白水社　1961.12.20
No.2　〈翻訳〉アンリ・ラブレ著『黒いアフリカの歴史』
　（文庫クセジュ 330）白水社　1962.9.20
No.3　〈翻訳〉ユベール・デシャン著『黒いアフリカの宗教』
　（文庫クセジュ 347）白水社　1963.7.30
No.4-1　〈編集〉『未開と文明』（現代人の思想 15）平凡社　1969.2.20
No.4-2　〈編集〉『未開と文明』（現代人の思想セレクション 3）平凡社
　2000.9.21
No.5　『アフリカの神話的世界』（岩波新書青版 774）岩波書店
　1971.1.28
No.6-1　『人類学的思考』せりか書房　1971.3.31
No.6-2　『新編 人類学的思考』筑摩書房　1979.11.20
No.6-3　『人類学的思考』（筑摩叢書 346）筑摩書房　1990.11.30
　解説：中沢新一
No.7-1　『本の神話学』中央公論社　1971.7.30
No.7-2　『本の神話学』（中公文庫）中央公論社　1977.12.10
　解説：大江健三郎
No.7-3　『本の神話学』（岩波現代文庫）岩波書店　2014.1.16
　解説：今福龍太
No.8-1　『歴史・祝祭・神話』中央公論社　1974.7.5
No.8-2　『歴史・祝祭・神話』（中公文庫）中央公論社　1978.12.10
　解説：渡辺守章
No.8-3　『歴史・祝祭・神話』（岩波現代文庫）岩波書店　2014.1.16
　解説：今福龍太
No.9-1　『文化と両義性』（哲学叢書）岩波書店　1975.5.30
No.9-2　『文化と両義性』（岩波現代文庫）岩波書店　2000.5.16
　解説：中沢新一
No.9-3　〈韓国語版〉金武坤訳『문학의두얼굴』Minumsa　2003.6.20
No.10-1　『道化の民俗学』新潮社　1975.6.25
No.10-2　『道化の民俗学』（筑摩叢書 295）筑摩書房　1985.2.25
　解説：高山宏

No.10-3　『道化の民俗学』（ちくま学芸文庫）筑摩書房　1993.3.5
解説：高山宏
No.10-4　『道化の民俗学』（岩波現代文庫）岩波書店　2007.4.17
解説：田之倉稔
No.11-1　『道化的世界』筑摩書房　1975.6.30
No.11-2　『道化的世界』（ちくま文庫）筑摩書房　1986.1.28
解説：川本三郎
No.12　『黒い大陸の栄光と悲惨』（世界の歴史 6）講談社　1977.4.20
No.13　〈翻訳〉クロード・レヴィ＝ストロース著『仮面の道』
（叢書　創造の小径）新潮社　1977.8.10
共訳者：渡辺守章
No.14　『シンポジウム 差別の精神史序説』（三省堂選書 25）三省堂
1977.8.25
参加者：井上ひさし、野元菊雄、広末保、別役実、松田修、
三橋修、由良君美、横井清
No.15-1　『知の祝祭』青土社　1977.11.20
No.15-2　『知の祝祭――文化における中心と周縁』（河出文庫）
河出書房新社　1988.5.2
解説：三浦雅士
No.16-1　『知の遠近法』岩波書店　1978.4.20
No.16-2　『知の遠近法』（同時代ライブラリー 25）岩波書店　1990.6.1
解説：川本三郎
No.16-3　『知の遠近法』（岩波現代文庫）岩波書店　2004.10.15
解説：川本三郎
No.17-1　『石田英一郎〈河童論〉』（日本民俗文化大系 8）講談社　1979.1.10
No.17-2　『河童のコスモロジー――石田英一郎の思想と学問』
（講談社学術文庫）講談社　1986.1.10
（No.17-1 のタイトルを変更したもの）
No.18　〈編集〉『歴史的文化像――西村朝日太郎博士古稀記念』新泉社
1980.4.1
共編者：蒲生正男、下田直春
No.19　〈対談集〉『二十世紀の知的冒険――山口昌男対談集』岩波書店
1980.4.23
No.20-1　『仕掛けとしての文化』青土社　1980.5.31
No.20-2　『仕掛けとしての文化』（講談社学術文庫）講談社　1988.3.10
No.21-1　『道化の宇宙』白水社　1980.7.23
No.21-2　『道化の宇宙』（講談社文庫）講談社　1985.9.15

No.22　〈鼎談集〉『共同討議 書物の世界』青土社　1980.9.15
参加者：高階秀爾、中村雄二郎
No.23　〈対談集〉『挑発としての芸術——山口昌男対話集』青土社　1980.10.20
No.24　『知の旅への誘い』（岩波新書黄版 153）岩波書店　1981.4.20
共著者：中村雄二郎
No.25　〈編集〉『書物——世界の隠喩』（叢書 文化の現在 10）岩波書店　1981.9.18
共編者：大江健三郎、中村雄二郎
No.26-1　〈監修〉『説き語り記号論』（ブリタニカ叢書）日本ブリタニカ　1981.9.25
No.26-2　〈監修〉『新装版 説き語り記号論』（ポリロゴス叢書）国文社　1983.8.5
No.27　〈対談集〉『知の狩人——続・二十世紀の知的冒険』岩波書店　1982.2.24
No.28　『FOOT WORK ——足の生態学』PARCO 出版　1982.4.20
共著者：磯崎新、鈴木忠志、高橋康也
No.29　〈編集〉『文化の活性化』（叢書 文化の現在 13）岩波書店　1982.7.9
共編者：大江健三郎、中村雄二郎
No.30　〈対談集〉『フランス』岩波書店　1983.5.23
参加者：蓮實重彥、渡辺守章
No.31　〈連続講演〉『文化人類学への招待』（岩波新書黄版 204）岩波書店　1982.9.20
解説：大江健三郎
No.32-1　『文化の詩学 Ⅰ』（岩波現代選書 79）岩波書店　1983.6.23
No.32-2　『文化の詩学 Ⅰ』（特装版 岩波現代選書）岩波書店　1998.7.6
No.32-3　『文化の詩学 Ⅰ』（岩波現代文庫）岩波書店　2002.9.18
No.33-1　『文化の詩学 Ⅱ』（岩波現代選書 80）岩波書店　1983.7.22
No.33-2　『文化の詩学 Ⅱ』（特装版 岩波現代選書）岩波書店　1998.7.6
No.33-3　『文化の詩学 Ⅱ』（岩波現代文庫）岩波書店　2002.10.16
解説：稲賀繁美
No.34　〈編集〉『見世物の人類学』三省堂　1983.10.25
共編者：ヴィクター・ターナー
No.35-1　〈インタヴュー〉『語りの宇宙——記号論インタヴュー集』冬樹社　1983.11.30
聞き手：三浦雅士

No.35-2　〈インタヴュー〉『新装版 語りの宇宙――記号論インタヴュー集』
　（冬樹社ライブラリー）冬樹社　1990.10.20
　聞き手：三浦雅士
No.36-1　『SCRAP BOOK No.1 笑いと逸脱』筑摩書房　1984.1.30
No.36-2　『笑いと逸脱』（ちくま文庫）筑摩書房　1990.6.26
　解説：中森明夫
No.37　『SCRAP BOOK No.2 文化と仕掛け』筑摩書房　1984.3.5
No.38　『演ずる観客――劇空間万華鏡 第1巻』白水社　1984.5.31
No.39　『流行論』（週刊本1）朝日出版社　1984.10.1
No.40　『祝祭都市――象徴人類学的アプローチ』
　（旅とトポスの精神史）岩波書店　1984.11.19
No.41　〈編集〉『火まつり』リブロポート　1985.5.20
No.42　〈編集〉『林達夫座談集 世界は舞台』岩波書店　1986.5.15
No.43　『スクリーンの中の文化英雄たち』潮出版社　1986.5.20
No.44　『SCRAP BOOK No.3 冥界遊び』筑摩書房　1986.7.5
No.45　『文化人類学の視角』岩波書店　1986.9.19
No.46　〈編集〉『越境スポーツ大コラム』TBSブリタニカ　1987.3.16
No.47　〈対談集〉『知のルビコンを超えて――山口昌男対談集』人文書院
　1987.07.10
No.48　〈座談会〉『異人・河童・日本人――日本文化を読む』新曜社
　1987.11.25
　参加者：住谷一彦、坪井洋文、村武精一
No.49-1　〈対談集〉『ミカドと世紀末――王権の論理』平凡社　1987.11.25
　対話者：猪瀬直樹
No.49-2　〈対談集〉『ミカドと世紀末――王権の論理』（新潮文庫）新潮社
　1990.10.25
　対話者：猪瀬直樹
No.49-3　〈対談集〉『ミカドと世紀末――王権の論理』（小学館文庫）
　小学館　1998.4.1
　対話者：猪瀬直樹
No.50　〈日本語版監修〉オルネラ・ボルタ著（椋田直子訳）
　『サティ イメージ博物館』音楽之友社　1987.11.30
No.51　〈対談集〉『山口昌男・対談集　身体の想像力――音楽・演劇・
　ファンタジー』岩波書店　1987.12.16
No.52-1　〈講演集〉『学校という舞台――いじめ・挫折からの脱出』
　（講談社現代新書893）講談社　1988.3.20
No.52-2　〈講演集〉『いじめの記号論』（岩波現代文庫）岩波書店

2007.2.16
(No.52-1 のタイトルを変更したもの)
No.53 『モーツァルト好きを怒らせよう——祝祭音楽のすすめ』
第三文明社 1988.8.25
No.54-1 『天皇制の文化人類学』立風書房 1989.3.31
解説:今福龍太
No.54-2 『天皇制の文化人類学』(岩波現代文庫)岩波書店 2000.1.14
(No.54-1 とは一部収録内容が異なる)
No.55 『「知」の錬金術』講談社 1989.6.20
No.56 〈対談集〉『古典の詩学——山口昌男国文学対談集』人文書院
1989.10.30
No.57 〈対談集〉『オペラの世紀——山口昌男音楽対談集』第三文明社
1989.11.15
No.58 『知の即興空間——パフォーマンスとしての文化』岩波書店
1989.12.19
No.59 『のらくろはわれらの同時代人——山口昌男・漫画論集』立風書房
1990.3.20
No.60 『気配の時代』筑摩書房 1990.4.20
No.61 『宇宙の孤児——演劇論集』第三文明社 1990.11.20
No.62 『病いの宇宙誌』人間と歴史社 1990.12.5
No.63 〈監修〉リチャード・モールトビー編、井上健監訳『20 世紀の歴史 大衆文化 上巻 1990 ~ 45 夢、売ります』平凡社 1991.2.22
No.64 『トロツキーの神話学』立風書房 1991.4.25
No.65 〈監修〉『反構造としての笑い——破壊と再生のプログラム』
NTT 出版 1993.2.24
No.66 『自然と文明の想像力』宝島社 1993.6.1
No.67 『ヴェネツィア——栄光の都市国家』東京書籍 1993.11.10
共著者:饗庭孝男、陣内秀信
No.68-1 『「挫折」の昭和史』岩波書店 1995.3.24
No.68-2-1 『「挫折」の昭和史 上巻』(岩波現代文庫)岩波書店 2005.3.16
No.68-2-2 『「挫折」の昭和史 下巻』(岩波現代文庫)岩波書店 2005.4.15
解説:福田和也
No.69-1 『「敗者」の精神史』岩波書店 1995.7.21
No.69-2 〈韓国語版〉呉正煥訳『패자의 정신사』Hangil 2005.3.10
No.69-3-1 『「敗者」の精神史 上巻』(岩波現代文庫)岩波書店 2005.6.16
No.69-3-2 『「敗者」の精神史 下巻』(岩波現代文庫)岩波書店 2005.7.15
解説:坪内祐三

No.70 〈編集〉『映画伝来——シネマトグラフと〈明治の日本〉』
岩波書店 1995.11.29
共編者：木下直之、吉田喜重
No.71 〈監修〉『日本肖像大事典 上巻』日本図書センター 1997.1.25
No.72 〈監修〉『日本肖像大事典 中巻』日本図書センター 1997.1.25
No.73 〈監修〉『日本肖像大事典 下巻』日本図書センター 1997.1.25
No.74 〈編集〉内田魯庵著『魯庵の明治』（講談社文芸文庫）講談社
1997.5.9
共編者：坪内祐三
No.75 〈監修・座談会〉『周縁からの文化』（21 世紀に遺す）蒼洋社
1997.11.25
参加者：高橋文二、神尾登喜子、廣川勝美
No.76 〈編集〉内田魯庵著『魯庵日記』（講談社文芸文庫）講談社
1998.7.10
共編者：坪内祐三
No.77 『知の自由人たち』（NHK ライブラリー 95）日本放送出版協会
1998.12.20
No.78 『踊る大地球——フィールドワーク・スケッチ』晶文社
1999.3.5
解説：杉浦日向子、聞き手：畑中純、中川六平
No.79 『敗者学のすすめ』平凡社 2000.2.21
No.80 〈監修〉『目でみる日本人物百科 第 1 巻』日本図書センター
2000.3.25
No.81 〈監修〉『目でみる日本人物百科 第 2 巻』日本図書センター
2000.3.25
No.82 〈監修〉『目でみる日本人物百科 第 3 巻』日本図書センター
2000.3.25
No.83 〈監修〉『目でみる日本人物百科 第 4 巻』日本図書センター
2000.3.25
No.84 〈監修〉『目でみる日本人物百科 第 5 巻』日本図書センター
2000.3.25
No.85 〈監修〉『目でみる日本人物百科 第 6 巻』日本図書センター
2000.3.25
No.86 〈監修〉『目でみる日本人物百科 第 7 巻』日本図書センター
2000.3.25
No.87 〈監修〉『目でみる日本人物百科 第 8 巻』日本図書センター
2000.3.25

No.88　『独断的大学論——面白くなければ大学ではない！』
ジーオー企画出版　2000.10.20
No.89-1　『内田魯庵山脈——〈失われた日本人〉発掘』晶文社　2001.1.10
No.89-2-1　『内田魯庵山脈——〈失われた日本人〉発掘 上巻』（岩波現代文庫）
岩波書店　2010.11.16
No.89-2-2　『内田魯庵山脈——〈失われた日本人〉発掘 下巻』（岩波現代文庫）
岩波書店　2010.1.10
解説：石塚純一
No.90　〈対談集〉『はみ出し《ステップ・アウト》の文法——敗者学をめぐって』平凡社
2001.3.21
No.91　『山口昌男著作集 第1巻 知』筑摩書房　2002.10.25
編集・解説：今福龍太
No.92　『山口昌男著作集 第2巻 始原』筑摩書房　2002.12.25
編集・解説：今福龍太
No.93　『山口昌男著作集 第3巻 道化』筑摩書房　2003.1.25
編集・解説：今福龍太
No.94　『山口昌男著作集 第4巻 アフリカ』筑摩書房　2003.2.25
編集・解説：今福龍太
No.95　『山口昌男著作集 第5巻 周縁』筑摩書房　2003.3.25
編集・解説：今福龍太
No.96　『山口昌男ラビリンス』国書刊行会　2003.5.30
No.97　『経営者の精神史——近代日本を築いた破天荒な実業家たち』
ダイヤモンド社　2004.3.4
No.98　〈監修〉坪井正五郎著『うしのよだれ』（知の自由人叢書）
国書刊行会　2005.9.30
No.99　〈監修〉斎藤昌三著『少雨荘書物随筆』（知の自由人叢書）
国書刊行会　2006.1.31
No.100　〈監修〉市島春城著『春城師友録』（知の自由人叢書）
国書刊行会　2006.4.30
No.101　〈監修〉沼波瓊音著『意匠ひろひ』（知の自由人叢書）
国書刊行会　2006.8.31
No.102　〈監修〉フレデリック・スタール著『お札行脚』
（知の自由人叢書）国書刊行会　2007.3.31
No.103　『本の狩人——読書年代記』右文書院　2008.10.20
No.104　〈監修〉『寺山修司著作集 第2巻 小説・ドラマ・シナリオ』
クインテッセンス出版　2009.1.15
共同監修者：白石征

No.105　〈監修〉『寺山修司著作集 第3巻 戯曲』クインテッセンス出版
2009.2.15
共同監修者：白石征
No.106　〈監修〉『寺山修司著作集 第4巻 自叙伝・青春・幸福論』
クインテッセンス出版　2009.3.15
共同監修者：白石征
No.107　〈監修〉『寺山修司著作集 第5巻 文学・芸術・映画・演劇評論』
クインテッセンス出版　2009.4.15
共同監修者：白石征
No.108　〈監修〉『寺山修司著作集 第1巻 詩・短歌・俳句・童話』
クインテッセンス出版　2009.5.15
共同監修者：白石征
No.109　『学問の春――〈知と遊び〉の10講義』（平凡社新書479）平凡社
2009.8.11
No.110　『山口昌男コレクション』（ちくま学芸文庫）筑摩書房　2013.6.10
編集・解説：今福龍太
No.111　"Il re al margine. Cinque saggi sulla regalità in Giappone e in Africa"
Transeuropa 2014.3.1
a cura di Domenico Palumbo, Ken Takemoto
No.112　『エノケンと菊谷栄――昭和精神史の匿れた水脈』晶文社
2015.1.20

その他

無用亭編『山口昌男山脈――古稀記念文集』（私家版）　2001.9.9
『山口昌男山脈 第1号』めいけい出版　2002.7.25
『山口昌男山脈 第2号』めいけい出版　2002.10.25
『山口昌男山脈 第3号』国書刊行会　2003.9.30
『山口昌男山脈 第4号』国書刊行会　2004.4.15
『山口昌男山脈 第5号』国書刊行会　2005.1.20

著者について

山口昌男（やまぐち・まさお）

一九三一年北海道生まれ。文化人類学者。アジア・アフリカ言語文化研究所教授、同研究所所長、札幌大学学長等を歴任。西アフリカ、インドネシア、カリブ海諸国等でフィールドワークを行う。道化・トリックスターの分析、中心と周縁理論、近代日本の負け派に着目した敗者学等を通じて、国内外の思想界に衝撃を与え、その広い学識は文学・芸術等の分野にも影響を及ぼした。二〇一三年三月逝去。著書に『本の神話学』『道化の民俗学』『文化と両義性』『文化の詩学』『「挫折」の昭和史』『「敗者」の精神史』『内田魯庵山脈』（以上、岩波現代文庫）ほか多数。

聞き手・川村伸秀（かわむら・のぶひで）

一九五三年東京生まれ。編集者・文筆家。山口昌男の単行本を多く編集。著書に『坪井正五郎――日本で最初の人類学者』（弘文堂）、『山口昌男 人類学的思考の沃野』（東京外国語大学出版会、真島一郎との共編著）がある。

回想《かいそう》の人類学《じんるいがく》

二〇一五年九月三〇日初版

著者 山口昌男

聞き手 川村伸秀

発行者 株式会社晶文社

東京都千代田区神田神保町一―一一

電話（〇三）三五一八―四九四〇（代表）・四九四二（編集）

URL http://www.shobunsha.co.jp

印刷・製本 中央精版印刷株式会社

ISBN978-4-7949-6891-3 Printed in Japan